150 Jahre
Kohlhammer

Markus Tiwald

Die Logienquelle

Text, Kontext, Theologie

Verlag W. Kohlhammer

1. Auflage 2016

Alle Rechte vorbehalten
© W. Kohlhammer GmbH, Stuttgart
Gesamtherstellung: W. Kohlhammer GmbH, Stuttgart

Print:
ISBN 978-3-17-025627-9

E-Book-Formate:
pdf: ISBN 978-3-17-025628-6
epub: ISBN 978-3-17-025629-3
mobi: ISBN 978-3-17-025630-9

Für den Inhalt abgedruckter oder verlinkter Websites ist ausschließlich der jeweilige Betreiber verantwortlich. Die W. Kohlhammer GmbH hat keinen Einfluss auf die verknüpften Seiten und übernimmt hierfür keinerlei Haftung.

Inhalt

Inhalt	. . . .	5
Vorwort	. . . .	11
Teil I: Der Text der Logienquelle	. . . .	13

1.	**Die »Synoptische Frage«**		15
1.1	Vormoderne Fragestellung		15
1.2	Neuansatz in der Moderne		15
1.3	Zweiquellentheorie		17
	1.3.1	Markus-Priorität	17
	1.3.2	Logienquelle	17
	1.3.3	Sondergut	18
	1.3.4	Doppelüberlieferung und Dubletten	19
1.4	Anfragen und Alternativen zur Zweiquellentheorie		19
	1.4.1	Die »minor agreements«	19
	1.4.2	ProtoMk und DeuteroMk	20
	1.4.3	Die »große Lücke«	20
	1.4.4	Kannte Mk die Logienquelle?	21
2.	**Die Bedeutung einer Rekonstruktion von Q**		22
2.1	Q als eigener Strang der Jesusüberlieferung		22
2.2	Q als *missing link* zwischen der frühen Jesusüberlieferung und den späteren Evangelien		23
2.3	Q als Dokument des Frühjudentums		23
3.	**Die Frage der Rekonstruierbarkeit von Q**		25
3.1	Zur Frage der Genauigkeit einer Rekonstruktion		25
3.2	Die Sprache der Logienquelle		26
	3.2.1	Analphabetismus	26
	3.2.2	Schriftlichkeit der Logienquelle	27
	3.2.3	Aramäisch oder Griechisch?	27
	3.2.4	Rückübersetzungsversuche	29

3.3	Mündliche Überlieferung und Verschriftlichung	30
	3.3.1 »Wachstumsringe« in Q	31
	3.3.2 Schriftliche Vorstufen zu Q?	31
	3.3.3 »Secondary Orality«	32
3.4	Q-Rezensionen?	32
3.5	Die Abfolge der Texte in Q	33
3.6	Die Zitation der Logienquelle	33
3.7	Aufbau und Gliederung der Logienquelle	33
3.8	Die Q-Rekonstruktion	35
	3.8.1 Geschichtlicher Rückblick	35
	3.8.2 Das Internationale Q-Projekt (IQP)	35
	3.8.3 Critical Edition of Q	36
	3.8.4 Forschungsgeschichte: »Documenta Q«	37
3.9	Ausgaben der Logienquelle	38
4.	**Der rekonstruierte Q-Text**	40
4.1	Erläuterung der Markierungen im Text	40
4.2	Verwendung des Textes in diesem Band	42
4.3	Der Text der Logienquelle	42
5.	**Die literarische Gattung von Q**	71
5.1	Q – ein Evangelium?	71
5.2	Der Begriff »Evangelium«	71
	5.2.1 »Evangelium« in der Antike	71
	5.2.2 Die »Frohbotschaft« in AT und Frühjudentum	72
	5.2.3 Das mündliche »Urevangelium«	72
	5.2.4 »Evangelium« als literarische Gattung	73
5.3	Spruchevangelien im Urchristentum	74
	5.3.1 Thomasevangelium	74
	5.3.2 Jesus-Logien im JohEv	75
	5.3.3 Die Logienquelle als Spruchevangelium	76

Teil II: Der Kontext der Logienquelle 79

1.	**Zeit und Ort der Abfassung**	81
1.1	Die Zeit der Abfassung	81
	1.1.1 Frühdatierung von Q	81
	1.1.2 Spätdatierung von Q	82
	1.1.3 Eigener Datierungsversuch	82
1.2	Der Ort der Abfassung	83
	1.2.1 Lokalkolorit in Q?	83
	1.2.2 Die in Q genannten Orte Nordpalästinas/Syriens	84
	1.2.3 Jesusjünger in Galiläa	87

		1.2.4	Alternative Verortungen: Judäa und Jerusalem	88
		1.2.5	Die Jesusbewegung als rurales Phänomen	89
		1.2.6	Ein *cultural split* in Palästina	91
		1.2.7	Rurale Strukturen in Q	92
		1.2.8	»Q's Mental Map«	93
2.	**Die Gemeinde hinter der Logienquelle**			94
2.1	Q und das Frühjudentum			94
2.2	Q und die Tora			94
2.3	Anfrage 1: Jesu Anspruch in Rivalität zur Tora?			95
		2.3.1	Jesu exklusiver Anspruch	95
		2.3.2	... als Ausdruck frühjüdischen Ringens um die Tora	96
		2.3.3	Eschatologisches Sonderwissen	97
		2.3.4	Ergebnis: Jesus vs. Tora?	100
2.4	Anfrage 2: Antijüdische Polemik in Q?			101
		2.4.1	Polemik im Frühjudentum	101
		2.4.2	Ergebnis: Antijüdische Polemik in Q?	102
2.5	Die »Gegner« in der Logienquelle			103
		2.5.1	Pharisäer und Gesetzeslehrer	103
		2.5.2	Jerusalem, der Tempel, das dtr Geschichtsverständnis und das »Motiv vom gewaltsamen Prophetengeschick«	104
		2.5.3	»Diese Generation«	107
		2.5.4	»Christenverfolgungen« in Q?	109
		2.5.5	Abschließende Wertung zu den »Gegnern« in Q	110
2.6	Heidenmission in Q?			111
		2.6.1	Judenmission und Heidenmission in der Urkirche	112
		2.6.2	Die »Heiden« in Q	112
		2.6.3	»Shaming Rhetoric« in Q	113
2.7	Q und die »Ritualtora«			114
2.8	Die Q-Gemeinde als Teil des Frühjudentums			116
3.	**Die Verfasser der Logienquelle**			117
3.1	Wanderradikale Propheten			117
		3.1.1	Die »Wanderradikalen«-These	117
		3.1.2	Realsymbolische Zeichenhandlungen	119
		3.1.3	Kritik an der Wanderradikalen-These	120
		3.1.4	Wanderradikale in der Didache?	121
		3.1.5	Wanderboten im syrischen Urchristentum	122
		3.1.6	Wandernde Boten – sesshafte Gemeinden	124
		3.1.7	Missionarischer Vermögensverzicht als »Gebot des Herrn« . . .	126
		3.1.8	Die Praxis Jesu als Ethos der Q-Boten	127
3.2	... oder Dorfschreiber			128
3.3	... oder beides: Autoritäten und Autoren			129

3.4	Q und die Kyniker	130
	3.4.1 Q – eine Schrift von »jüdischen Kynikern«?	130
	3.4.2 Anfragen	131
	3.4.3 Berührungspunkte	133
4.	**Die Erben von Q: Warum wurde Q verfasst und blieb uns trotzdem nicht erhalten?**	**136**
4.1	Umstände der Abfassung	136
4.2	Das MtEv als »Nachlassverwalter« von Q	137
	4.2.1 Die Mt-Gemeinde: Quellen, Gründung und Theologie	137
	4.2.2 Die Mt-Gemeinde, das Judentum und die Tora	138
	4.2.3 Entwicklungslinien: Q und Mt	141
	4.2.4 Das MtEv und das Erbe von Q	142
5.	**Q als Missing Link**	**144**
5.1	*Missing Link I*: Frühjudentum – Christentum	144
5.2	*Missing Link II*: Jesusbewegung – Urkirche	145

Teil III: Die Theologie der Logienquelle 147

1.	**Der »narrative Plot« der Logienquelle**	**149**
1.1	Der narrative Spannungsbogen	149
1.2	Die argumentative Gesamtstruktur von Q	150
1.3	Narrative Sinnstiftung	150
2.	**Die »Christologie« der Logienquelle**	**151**
2.1	Menschensohn	151
	2.1.1 Gebrauch in jüdischer Bibel und Frühjudentum	152
	2.1.2 Jesus und der »Menschensohn«	152
	2.1.3 Konklusionen	154
	2.1.4 Die eschatologische Naherwartung in Q	155
2.2	Sohn/Sohn Gottes	155
2.3	Johannes, Jesus und die Propheten	156
2.4	Johannes und Jesus als Kinder der Weisheit	157
2.5	Q – prophetisch oder weisheitlich?	158
	2.5.1 Zwei verschiedene Deutungen …	158
	2.5.2 … dieselbe Sichtweise unter anderem Aspekt	158
	2.5.3 Q – »apokalyptisch« oder »eschatologisch«?	159
2.6	Der eschatologische Freudenbote	160
2.7	Passion und Ostern?	161
	2.7.1 Fehlendes Kerygma …	161
	2.7.2 … oder anderes Kerygma	162

		2.7.3 Tod und Auferstehung Jesu in der Logienquelle	162
2.8		Der »Messias« im Frühjudentum	163
		2.8.1 Die Grundbedeutung von »Messias«	163
		2.8.2 Eschatologischer Messianismus	164
		2.8.3 Vermeidung des Messias-Titels durch Jesus und Q	166
2.9		Auswertung: Q als theologisches *Missing Link*	166
		2.9.1 Ursprünglichkeit	166
		2.9.2 ... und Weiterentwicklung	167

3. Das Theologumenon vom gewaltsamen Prophetengeschick 168

4. Q und Israel 169
4.1 Das gewaltsame Prophetengeschick 169
4.2 Der Tempel 169
    4.2.1 Tempelwort und Tempelaktion Jesu in Q 169
    4.2.2 Tempelfrömmigkeit in Q 170
    4.2.3 Rivalitäten der Galiläer gegen Jerusalem 171

5. Die »Ekklesiologie« der Logienquelle 173
5.1 Das Gottesvolk 173
5.2 »Amtsträger« in Q? 173

6. Q und die Frauen 175
6.1 Anfragen und Monita 175
6.2 Frauen in der Logienquelle 176
    6.2.1 Die Sichtbarmachung von Frauen 176
    6.2.2 ... oder konservatives Festschreiben von Rollenbildern? 176
6.3 »Wanderradikalinnen« 177
    6.3.1 Frauen von Wanderpropheten 177
    6.3.2 Missionarische Ehepaare 178
    6.3.3 Weibliche Missionare ohne Mann 179

Schlusswort 182

Abkürzungen und Zitationsmodus 185
Allgemeine Abkürzungen 185
Weitere Anmerkungen zu Abkürzungen und Zitationsmodus 185
    Sekundärliteratur 185
    Transliteration des Hebräischen 186
    Bibeltexte 186
    Qumrantexte 186
    Zitation der Quellenschriften 186

Literatur				187
1.	Quellentexte			187
	1.1	Antike Quellen		187
		1.1.1	Frühjüdische Apokryphen und Pseudepigraphien	187
		1.1.2	Qumrantexte	187
		1.1.3	Philon und Josephus	187
		1.1.4	Pagane Autoren	187
		1.1.5	Rabbinische Schriften	188
		1.1.6	Patristische Literatur	188
	1.2	Moderne Quellen		188
		1.2.1	Ausgaben der Logienquelle	188
		1.2.2	Literatur aus der Frühgeschichte der Q-Forschung (bis 1960)	189
		1.2.3	Kirchenamtliche Texte	189
2.	Sekundärliteratur			189
Register				201

Vorwort

Studienbücher zur Logienquelle sind im deutschsprachigen Raum selten.[1] Das mag daran liegen, dass vielen Forschern die Arbeit mit einem rekonstruierten Text – wie es Q nun einmal ist – Unbehagen bereitet. Die Bedenken sind verständlich – wenn auch nicht immer konsequent, da die meisten Forscher ja auch mit der Zweiquellentheorie arbeiten: Akzeptiere ich die eine Theorie, muss ich auch Q mit berücksichtigen. Dieses Junktim soll aber nicht nur aus der Not – *faute de mieux* – geboren sein. Schließlich gehört die »Erforschung der Logienquelle ... gegenwärtig zu den dynamischsten Bereichen der ntl. Exegese, so dass noch viele Untersuchungen und Theorien zu erwarten sind.«[2] Der »primitive« Text der Logienquelle (im positivsten Sinne von »Ursprünglichkeit«) stellt immerhin einen eigenständigen Strang der frühen Jesusbewegung dar. Gerade weil das paulinisch-markinische Kerygma den »moderneren« Ansatz bildete (und damit für die Zukunft »die besseren Karten« besaß), ist doch die Logienquelle ursprünglicher und regelrecht als *missing link* zu bezeichnen. Als literarisches »Brückenfossil« schließt es die Lücke zwischen Frühjudentum und Christentum, aber auch zwischen charismatischen Anfängen der Jesusbewegung und frühkirchlicher Institutionswerdung.

All jenen sei dieser Band gewidmet, die sich auf die Reise in jene Zeit begeben wollen, als die ersten Jesusjünger noch Juden waren.

Danken möchte ich in erster Linie Herrn Florian Specker vom Verlag Kohlhammer, der mit der schönen Idee, ein Studienbuch über die neueren Entwicklungen in der Q-Forschung zu verfassen, an mich herangetreten ist. Das unkomplizierte Arbeiten mit ihm und dem Verlag Kohlhammer war eine Freude! Danken möchte ich auch meinem Lehrstuhlteam: allen voran Frau Michaela Richter für das gewissenhafte Korrekturlesen und ihre computertechnische Kompetenz; sodann Kathrin Wenzel, Marie-Helén van Heys, Markus Mähler und Lothar Junker für die intensive Literaturrecherche.

Danken möchte ich aber auch allen »*fellow Q-bies*« (wie sich Q-Forscher augenzwinkernd nennen) für die herzliche Atmosphäre in der *Q-Community*. Wahrscheinlich färbt ja stets ein Stück der *materia prima* – die irenische Unkompliziertheit der Q-Missionare – auf die damit arbeitenden Forscherinnen und Forscher ab!

Essen, im Mai 2016   Markus Tiwald

---

1 Vgl. den Literaturüberblick bei Lindemann, Logienquelle, 377–424.
2 Schnelle, Einleitung, 264.

Teil I: Der Text der Logienquelle

Die Logienquelle Q ist uns nicht erhalten geblieben. Von den vier kanonischen Evangelien haben wir alte Textfragmente, die bis ins beginnende zweite nachchristliche Jahrhundert zurückdatieren,[3] doch von der Logienquelle ist kein einziges Manuskript übrig geblieben. Was also berechtigt uns, solch einen Text zu rekonstruieren?

---

3   Der älteste erhaltene Beleg eines neutestamentlichen Textes ist das Papyrusfragment P[52] (heute in der John Rylands Library, Manchester), das um 125 n. Chr. zu datieren ist (Aland/Aland, Text, 94). Entgegen anderslautenden, reißerischen Meldungen wurden in Qumran keine Texte des Neuen Testaments gefunden (Enste, Markustext).

1. Die »Synoptische Frage«

1.1 Vormoderne Fragestellung

Der Kirchenvater Augustinus (354–430) war der Erste, der sich Gedanken über die schriftstellerischen Beziehungen zwischen den synoptischen Evangelien machte. Seiner Meinung nach wurden sie in der Ordnung abgefasst, in der sie heute in der Bibel aufgeführt sind, wobei die späteren jeweils Kenntnis der früheren gehabt hätten (*De consensu evangelistarum* I,2,4). Dabei ergibt sich das Schema:

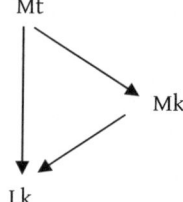

Zu Recht muss man aber darauf verweisen, dass die antiken (und auch mittelalterlichen) Vorstellungen einer *Verbalinspiration* für die Redaktionsarbeit der Evangelisten nur beschränkten Spielraum ließen, da man damals von einem wörtlichen Diktat des Textes durch den Heiligen Geist ausging. Die neuzeitliche Weiterführung der synoptischen Frage ist daher »nicht einfach als eine Fortsetzung der augustinischen Überlegungen anzusehen.«[4] In dem Maße, in dem in der Neuzeit die Idee der Verbalinspiration immer mehr ins Hintertreffen geriet, musste auch die Abhängigkeit der Evangelien neu durchdacht werden.

1.2 Neuansatz in der Moderne

Schon im 18. Jh. hatte der Weimarer Theologe J. G. Herder (1744–1803) die Ähnlichkeit der drei »synoptischen« Evangelien (griech. σύνοψις, *sýnopsis*, »Zusammenschau« i. S. einer literarischen Abhängigkeit), also MkEv, MtEv und LkEv, auf ein mündliches Urevangelium in aramäischer Sprache zurückgeführt (*Traditions-Hypothese*).[5] Tatsächlich legen die zumeist wortwörtlichen Übereinstimmungen eine lite-

---

4 Broer/Weidemann, Einleitung, 46.
5 Zu den folgenden Ausführungen vgl. die Überblicke bei Broer/Weidemann, Einleitung, 44–78; Harb, Rede, 5–7; Bauer, Problem, 54–62; Heil, Spruchquelle, 11–14.

rarische Abhängigkeit der drei »Synoptiker« nahe. Daher postuliert F. Schleiermacher (1768–1834) bereits eine größere Anzahl unabhängiger Einzelaufzeichnungen und Sammlungen von Texten, von denen manche jeweils mehreren, manche aber auch nur je einem Evangelisten vorgelegen wären (*Fragmenten-* oder *Diegesenhypothese*). Schließlich vermuteten J. G. Eichhorn (1752–1827) und G. E. Lessing (1729–1784) ein schriftliches, aramäisches Urevangelium (*Urevangeliumshypothese*), das von den drei Synoptikern unterschiedlich übersetzt worden sei. Doch auch diese Annahme scheitert an den starken wortwörtlichen Übereinstimmungen auf *griechischer* (!) Sprachbasis der drei Synoptiker. Die in Folge vorgebrachten *Benutzungshypothesen* rechnen mit unterschiedlichen literarischen Abhängigkeiten der Texte:

Die *Griesbachhypothese* ist nach ihrem Urheber J. J. Griesbach (1745–1812) benannt und sieht im MtEv das älteste Evangelium, welches der Autor des LkEv benutzt habe.

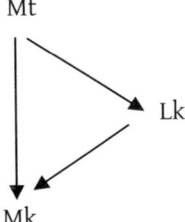

Das MkEv ist nach dieser Annahme lediglich eine Zusammenfassung der beiden anderen Evangelien. Dass der Verfasser des MkEv nach dieser Hypothese so bedeutsame Passagen wie die Bergpredigt, die Kindheitsgeschichten und die Osterevangelien aus seinen Vorlagen hinausgekürzt habe, macht diesen Ansatz doch sehr unwahrscheinlich. Allerdings wird hier die bereits in Antike und Mittelalter vertretene Matthäus-Priorität (Mt als ältestes Evangelium) weitergeführt, die davon ausging, dass der Verfasser des MtEv einer der zwölf Apostel gewesen sei, von dem die Nicht-Apostel Lk und Mk abgeschrieben hätten. Heute wird eine »Neo-Griesbach-Hypothese« nur mehr vereinzelt im angelsächsischen Bereich vertreten und als »Two-Gospel-Hypothesis« (Zwei-Evangelien-Hypothese) bezeichnet.

Die *Farrer-Goulder-Hypothese* wurde von A. Farrer (1904–1968) entwickelt und von M. D. Goulder (1927–2010) weitergeführt. Sie geht von einer Mk-Priorität aus; Mt habe das MkEv benutzt, Lk die beiden anderen. Unbeantwortet bleibt hier, warum Lk so viel mt Sondergut weggelassen habe.

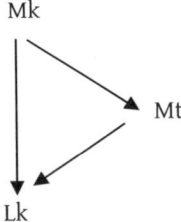

1.3 Zweiquellentheorie

Die am weitesten verbreitete Erklärung ist die *Zweiquellentheorie*, mit der heute so gut wie alle seriösen Bibelwissenschaftler arbeiten (daher auch nicht »Zweiquellen-*hypothese*«, sondern »Zweiquellen*theorie*«).[6]

1.3.1 Markus-Priorität

Die Zweiquellentheorie geht von der »Markus-Priorität« aus, also von der Annahme, dass das MkEv das älteste Evangelium sei. Schon K. Lachmann (1793–1851) war in dem 1835 publizierten Artikel *De ordine narrationum in evangeliis synopticis* aufgefallen,[7] dass Mt und Lk in ihrer grundsätzlichen Anordnung der Perikopen dort übereinstimmen, wo sie auch mit Mk identisch sind. Verlassen aber Mt oder Lk den mk Faden, dann weicht auch deren Perikopenanordnung voneinander ab. Lachmann folgerte daraus, dass Mk das damals postulierte »Urevangelium« (s. o. I.1.2) am getreuesten wiedergäbe. So hatte auch schon J. G. Herder im MkEv das älteste synoptische Evangelium gesehen.

Dem heutigen Stand der Wissenschaft zufolge ist die Markus-Priorität kaum mehr zu erschüttern. Recht präzise lässt sich beweisen, dass sowohl Mt als auch Lk das *gesamte* (s. u. I.1.4.3) MkEv kannten, dieses allerdings stilistisch überarbeiteten, inhaltlich ergänzten, theologisch weiterführten und in einen je neuen erzähltechnischen Rahmen spannten. All diese Verbesserungen und Erweiterungen würden keinen Sinn ergeben, wenn nicht Mk das älteste Evangelium geschrieben hätte.

Dabei ist zu beachten, dass Mt und Lk einander nicht gekannt haben, sie gestalten ihre Überarbeitungen des MkEv in je unabhängiger Weise. So etwa übernimmt Mt 90% des Mk-Stoffes, während Lk nur 55% verwendet (zum Grund dafür s. u. I.1.4.3).

1.3.2 Logienquelle

Wie der Name »Zweiquellentheorie« schon sagt, haben Mt und Lk neben der ersten Quelle, dem MkEv, noch eine zweite Quelle besessen, die sogenannte »Logienquelle«, abgekürzt »Q« (für »Quelle«). Denn über lange Passagen stimmen Mt und

---

[6] Vgl. Luz, Matthäus I, 47: Wer die Zweiquellentheorie »in Frage stellen will, muß einen Großteil der seit 1945 geleisteten redaktionsgeschichtlich orientierten Forschung an den Synoptikern widerlegen – ein wahrhaft mutiges Unterfangen, das mir weder nötig noch möglich zu sein scheint.« Ein detaillierter Forschungsüberblick zu neuerer Literatur und aktuellen Positionen in der »Synoptischen Frage« findet sich bei Lindemann, Problem, 214–250. In einem kritischen Durchgang zu modernen Anfragen an die Zweiquellentheorie kommt er zum Schluss: »... eine plausiblere Hypothese, die tatsächlich *allen* Teilfragen gerecht würde, wird offenbar nicht gefunden« (ebd. 250).

[7] Die vollen bibliographischen Belege zur Frühgeschichte der Q-Forschung (19. Jh. bis 1960) sind im Literaturverzeichnis am Ende der Arbeit unter 1.2.2 gesondert angeführt und werden im Folgenden nicht mit einzelnen Fußnoten belegt.

Lk wortwörtlich überein, ohne dabei von Mk abhängig zu sein. Es muss also noch eine zweite Quelle gegeben haben.

Die Existenz solch einer zweiten Quelle wurde zuerst von C. H. Weisse (auch: Weiße, 1801–1866) in seinem 1838 erschienenen Werk *Die evangelische Geschichte kritisch und philosophisch bearbeitet* postuliert. Da der Gehalt dieser Quelle – bestehend aus den Übereinstimmungen von MtEv und LkEv über den Mk-Text hinaus – größtenteils Aussprüche und Reden Jesu (auf Griechisch *logia*, »Sprüche«) wiedergibt, meinte man hier die von Papias von Hierapolis zu Beginn des 2. Jh. erwähnten *logia*, eine angebliche Sammlung von aramäischen Jesus-Sprüchen, gefunden zu haben.[8] Im Papias-Fragment 5,16 (= Eusebius, HE 3,39) heißt es:

> Matthäus hat die Logien also in hebräischer Sprache zusammengestellt; es übersetzte sie aber jeder, so gut er konnte.

So man nicht der Deutung Kürzingers[9] folgt, hat sich heute die Einsicht durchgesetzt, dass Papias hier auf eine von ihm angenommene aramäische Urform des Evangeliums abzielt. Aufgrund dieses Zitats rechnete man noch bis in das 20. Jh. hinein mit einer aramäischen Quelle von Logien für das MtEv. Bezüglich der Logienquelle allerdings scheitert solch eine Annahme auch aus einem anderen Grund: Die als Q zu postulierenden wortwörtlichen Übereinstimmungen zwischen MtEv und LkEv funktionieren auf *griechischer* Sprachbasis, aber nicht auf Aramäisch. Dennoch führte dieser »kreative Irrtum« dazu, dass H. J. Holzmann (1832–1910) das Sigel Λ (den griechischen Buchstaben *Lambda*) als Abkürzung für *logia* verwendete und der Zweiquellentheorie mit seinem 1863 erschienenen Werk *Die synoptischen Evangelien, ihr Ursprung und geschichtlicher Charakter* zum Durchbruch verhalf (die Tübinger Schule favorisierte damals noch die Griesbachhypothese). J. Weiß (1863–1914) war 1890 schließlich der Erste, der für diese *logia* das Sigel »Q« im Sinne der zweiten »Quelle« verwendete, obwohl er in seinen Publikationen zumeist von der »Redenquelle« oder den »Logia« sprach. Erst 1899 setzte sich mit der Monographie von P. Wernle (1872–1939), *Die synoptische Frage*, das Sigel »Q« für die Logienquelle durch.

1.3.3 Sondergut

Neben den beiden schriftlichen Quellen – MkEv und Logienquelle – haben Mt und Lk ihren Werken auch noch »Sondergut« hinzugefügt, Mt sein Sondergut-Mt (S^{Mt}), Lk sein Sondergut-Lk (S^{Lk}). Zur Herkunft dieses Sonderguts wissen wir wenig, es dürfte sich um mündliche Traditionen unterschiedlichster Provenienz handeln. Gerade in den Kindheits- und Ostergeschichten ist dieses Material dominant.

---

8 Vgl. dazu Heil, Rekonstruktion, 128f.
9 Die Passage »in hebräischer Sprache« könnte nach Kürzinger, Aussage, 263, auch mit »nach hebräischer Darstellungsweise« übersetzt werden und würde dann nicht auf die Sprache, sondern auf den jüdischen Blickwinkel der Darstellung abheben.

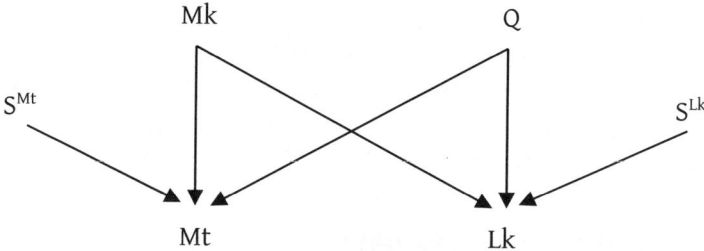

1.3.4 Doppelüberlieferung und Dubletten

Manche Texteinheiten bei Mt und Lk kommen in zweifacher Weise vor. So etwa wird die Aussendung der Jünger Jesu zur Mission in Lk 9,1–5 und ein weiteres Mal in Lk 10,1–12 berichtet, während Mt die Aussendungsrede nur einmal in Mt 10,5–16 bietet. In diesem Fall, wenn nur einer, Mt *oder* Lk, diese Verdoppelung besitzt, spricht man von einer *Dublette*. Besitzen beide, Mt *und* Lk, solch eine Verdoppelung, spricht man von einer *Doppelüberlieferung*. Dies ist beispielsweise der Fall beim Wort von der kompromisslosen Nachfolge, das in Mt 10,37f. und Mt 19,29f. gedoppelt ist, aber auch in Lk 14,26f. und Lk 18,29f.

Dubletten und Doppelüberlieferungen stellen ein starkes Argument zugunsten der Zweiquellentheorie dar: Einmal folgt der Evangelist seiner Mk-Vorlage, einmal der Logienquelle.

Gerade im Fall der Aussendungsrede hat Mt Mk-Text und Q-Vorlage ineinander verwoben, wie er dies häufiger tut. Lk hingegen verwendet bei der Übernahme seiner Quellen eine »Blocktechnik«: Ein Block Mk wird von einem Block Q abgelöst. Dadurch weist Lk auch mehr Dubletten auf als Mt.

Allerdings ist die Rekonstruktion der Logienquelle bei Dubletten nicht einfach, da sich nicht immer entscheiden lässt, ob ein bestimmtes Wort oder eine ganze Phrase nun auf den redaktionellen Einfluss des Evangelisten (Mt oder Lk) zurückgeht oder bereits so in Q stand.[10]

1.4 Anfragen und Alternativen zur Zweiquellentheorie

1.4.1 Die »minor agreements«

Die sogenannten *minor agreements* meinen die »kleineren Übereinstimmungen« überall dort, wo Mt und Lk ihre Mk-Vorlage in gleicher Weise abändern. Dies ge-

---

10 In Bezug auf die Aussendungsrede wurde dies durchexerziert von Tiwald, Wanderradikalismus, 102–121.

schieht in einigen wenigen (daher: »minor«) Fällen, wo z. B. Texte des Mk sowohl von Mt wie auch von Lk gestrichen wurden, aber auch bei redaktionellen Eingriffen. All dies dürfte es nach der Zweiquellentheorie nicht geben, da dieser zufolge Mt und Lk einander nicht kannten. Haben Mt und Lk diese Änderungen eigenständig und ohne Kenntnis des anderen in ihre Evangelien eingetragen? Oder griffen beide auf eine frühere bzw. spätere Variante des uns heute überlieferten MkEv zurück?

1.4.2 ProtoMk und DeuteroMk

Eine uns heute verlorengegangene frühere Variante des MkEv wird als ProtoMk, eine spätere Variante als DeuteroMk/DtMk bezeichnet. Ob es diese überhaupt gegeben hat, lässt sich heute nicht mehr entscheiden. Jedenfalls würde man dadurch eine neue Unbekannte in die ohnehin schon spekulative Gesamtkonstruktion einbauen, da dieses Mk-Exemplar später verloren gegangen sein müsste und uns heute nicht mehr erhalten ist. Allerdings könnte eine solche Hypothese helfen, die *minor agreements* zu erklären. Dies etwa vertreten U. Schnelle, für den DtMk allerdings nur eine »Bearbeitungsschicht« und nicht einen umfassenden Neuentwurf des MkEv darstellt, und U. Luz, der ebenfalls unterstreicht, dass die »Minor Agreements aber nicht zu einer grundsätzlichen Revision der Zwei-Quellen-Hypothese« nötigen, da »sie kein klares gemeinsames sprachliches und/oder theologisches Profil zeigen«.[11] Eine Sonderform der DtMk-These bietet A. Fuchs, der weite Abschnitte, die generell der Logienquelle zugerechnet werden, für DtMk reklamiert, ohne die Existenz der Logienquelle grundsätzlich zu bestreiten.[12]

Dies alles sind ohne Zweifel gangbare Wege, sinnvoller aber scheint es, das Phänomen der *secondary orality* (s. u. I.3.3.3) stärker zu werten, also einer zur *schriftlichen* Überlieferung parallel weiterlaufenden *mündlichen* Tradition. Wir dürfen nicht vergessen, dass die meisten Menschen damals Analphabeten waren und auch des Lesens Kundige zumeist auswendig rezitierten. Schriften waren sehr teuer und nur im Besitz von Reichen oder Gemeinschaften, obendrein aufgrund ihrer sperrigen Form schwer zu transportieren. Daher könnte auch eine kontrastierende mündliche Überlieferung in die schriftliche Form der Texte interferiert haben. Dies ist zumindest eine weniger aufwendige Hypothese, statt zusätzlich noch die Annahme von DtMk einzuführen.

1.4.3 Die »große Lücke«

Bei den Stellen, die Lk aus dem MkEv weglässt, sticht vor allem die sogenannte »große Lücke« (auch »große Auslassung«) zwischen Lk 9,17 und 9,18 ins Auge, wo

---

11 Schnelle, Einleitung, 216; Luz, Matthäus I, 50.
12 Vgl. Fuchs, Überschneidungen, 78–81, der zum Urteil kommt, dass es »von sekundärer Bedeutung [ist], aus welchen Traditionen oder Quellen das Material für die Umgestaltung des Deuteromarkus bzw. nach ihm des Mt und Lk stammt ...« (Original teilweise kursiv).

Mk 6,45–8,26 seinen Platz gehabt hätte, aber fehlt. Häufig wurde vermutet, dass Lk ein verstümmeltes Mk-Exemplar (DtMk) oder eine frühere, kürzere Form des MkEv (ProtoMk) vorliegen gehabt habe.[13] Es gibt aber Hinweise, dass Lk hier bewusst redigiert hat: Zum einen war wohl die Dublettenvermeidung (Mk 8,1–10 zu Mk 6,34–44) federführend, zum anderen auch der Wunsch des Lk, die mit der Israelthematik verbundenen Fragen (z. B. die Frage nach rein und unrein, Mk 7,1–23; die Heidin im Kontrast zu Israel, 7,24–31; der Sauerteig der Pharisäer und des Herodes, 8,15) gesondert zu behandeln (dies wird durch die lk Erzählpragmatik erst in der Apg thematisiert, etwa Apg 10,1–11,18).[14] An einigen Hinweisen kann man erkennen, dass Lk den von ihm ausgelassenen Text Mk 6,45–8,26 dennoch kannte. So etwa übernimmt er die Ortsangabe Betsaida in 9,10 aus Mk 6,45 und 8,22.[15] Dies kann als Hinweis dienen, dass es sich bei der »großen Lücke« tatsächlich um eine »große Auslassung« handelt.

1.4.4 Kannte Mk die Logienquelle?

Das MkEv weist sehr viel Stoff auf, der in ähnlicher Weise auch in Q vorkommt (die sogenannten *Mark-Q Overlaps*): Mk 1,2; 1,7–8; 1,12–13; 3,22–26.27–29; 4,21.22.24.25; 4,30–32; 6,7–13; 8,11.12; 8,34–35; 8,38; 9,37.40.42.50; 10,10–11; 10,31; 11,22–23; 12,37b–40; 13,9.11.33–37).[16] Hätte Mk allerdings Q gekannt, dann wäre nur schwer zu erklären, warum er viele andere schöne Passagen aus Q ausgelassen hat. Daher muss eine direkte literarische Verbindung zwischen Mk und Q als unwahrscheinlich zurückgewiesen werden.

Allerdings erkennt man an dieser Stelle sehr gut, wie altes, mündliches Traditionsgut der Jesusüberlieferung unterschiedlich – doch im Kern ähnlich – von der Urkirche überliefert wurde. Gerade hier kann man die prinzipielle Zuverlässigkeit der mündlichen Jesusüberlieferung *trotz* unterschiedlicher Überlieferungsströme und *trotz* unterschiedlicher späterer Auswortung beobachten.

---

13 Für Deuteromarkus optierte zuletzt auch Schnelle, Einleitung, 215f.
14 Vgl. dazu Oberlinner, Verwirklichung, 198.
15 Vgl. Bovon, Lukas I, 477.
16 Vgl. hier und im Folgenden Schnelle, Einleitung, 259f.

2. Die Bedeutung einer Rekonstruktion von Q

2.1 Q als eigener Strang der Jesusüberlieferung

Die seit Lachmann 1835 postulierte Markus-Priorität hatte in der Wissenschaft zunächst dazu geführt, dem MkEv die höchste historische Authentizität in der Wiedergabe der Jesustradition zuzuschreiben. Nachdem W. Wrede allerdings 1901 sein Buch *Das Messiasgeheimnis in den Evangelien* veröffentlicht hatte, war klar geworden, dass auch Mk starken redaktionellen Interessen folgte und keinen ungefilterten Zugang zu Jesusworten ermöglichte.[17] Auf der Suche nach dem »ursprünglichen« Jesus ging nun das Augenmerk durch A. v. Harnacks Schrift *Das Wesen des Christentums* (Auflagen 1900–1929, jeweils um Anmerkungen erweitert) auf die Logienquelle über.[18] Allerdings wurde in der deutschen Formgeschichte die Logienquelle bloß als ergänzende paränetische Sammlung von Jesusworten angesehen, die mit den Höhenflügen des paulinischen Kerygmas nicht mitzuhalten vermochte. Dies jedoch änderte sich mit der bei G. Bornkamm entstandenen, 1959 publizierten Dissertation von H. E. Tödt *Der Menschensohn in der synoptischen Überlieferung*. Seit dieser Publikation setzte sich die Erkenntnis durch, dass Q einen eigenen kerygmatischen Entwurf voraussetzt und einen unabhängigen Strang der Jesusüberlieferung präsentiert. Damit allerdings stieg auch der Quellenwert dieses frühen Dokuments der Jesusbewegung beträchtlich! So etwa hatte O. H. Steck in seiner 1967 erschienenen Dissertation erkannt, dass das deuteronomistische Geschichtsbild federführend hinter der Theologie der Q-Verfasser stand (s. u. III.2.5.2). In allerjüngster Zeit wurde dieser Ansatz weiterentwickelt: 2010 konnte M. Labahn mit seiner Habilitationsschrift *Der Gekommene als Wiederkommender. Die Logienquelle als erzählte Geschichte* überzeugend darstellen, dass die Logienquelle nicht nur eine willkürliche Zusammenstellung frei flottierender Jesusworte darstellt, sondern einen durchgehenden narrativen Plot aufweist (s. u. III.1).

---

17 Vgl. im Folgenden Heil, Rekonstruktion, 129; ders., Spruchquelle, 13f.
18 Vgl. dazu besonders die Niederschrift der Zweiten Vorlesung und die darin geäußerte Kritik an D. F. Strauß. Nach von Harnack wird gerade »in der dem Matthäus und Lukas gemeinsamen Quelle sowie in zahlreichen Abschnitten des Markus« durch »umfangreiche und wesentlich [sic] zuverlässige Sammlungen von Sprüchen und Taten Jesu« (66; zitiert nach Ed. Rendtorff) die von Strauß angezweifelte Geschichtlichkeit der synoptischen Evangelien gerettet. Gerade das Mt und Lk vorliegende Quellenmaterial bezeichnet von Harnack als »primäre Überlieferung«, bei der »die griechische Sprache gleichsam nur wie ein durchsichtiger Schleier über diesen Schriften [liegt], deren Inhalt sich auch nur mit leichter Mühe in das Hebräische oder Aramäische zurückübertragen läßt« (67).

2.2 Q als *missing link* zwischen der frühen Jesusüberlieferung und den späteren Evangelien

Die redaktionsgeschichtlichen Arbeiten von D. Lührmann (1969), R. A. Edwards (1971), P. Hoffmann (1972) und A. Polag (1977) legten ein besonderes Augenmerk auf die theologische Konzeption und den soziohistorischen Hintergrund der Logienquelle. Dabei kam auch die einzigartige Stellung von Q innerhalb des Frühchristentums zur Sprache. Die besondere Nähe der Logienquelle zu den Ursprüngen der Jesusbewegung, wie etwa die Abfassung in Nord-Palästina (s. u. II.1.2) oder die archaische Theologie, in der der »Christus«-Titel noch nicht für Jesus verwendet wird (s. u. III.2), lassen Q als ein Bindeglied zwischen der frühen Jesusüberlieferung und der späteren Evangelientradition erscheinen. Besonders wenn man mit einer längeren mündlichen Überlieferungszeit der Logienquelle rechnet, bevor diese schriftlich niedergelegt wurde (s. u. I.3.3 und II.1), kann man an der Logienquelle sowohl mündliche Traditionsprozesse wie auch den Übergang zur Schriftlichkeit analysieren. In der Gegenwart ist es gerade J. Kloppenborg, der mit der Annahme von Wachstumsstrata innerhalb von Q (Q^1-Q^2-Q^3; s. u. I.3.3.1) auf die unterschiedlichen theologischen Entwicklungsstufen der Logienquelle verwiesen hat.[19]

Obendrein kann man an der Logienquelle auch noch deutlich das ursprüngliche »Lokalkolorit« der Jesusbewegung wahrnehmen: Die Jesusjünger haben hier noch nicht den Sprung ins urbane Milieu geschafft, der das spätere Christentum so auszeichnete.[20] Auf Schritt und Tritt schimmern noch die kleinbürgerlichen galiläisch-ruralen Strukturen durch (s. u. II.1.2). Auch dies macht die Logienquelle wertvoll als einzigartiges Zeugnis der frühen palästinischen Jesusbewegung.

Diese unzweifelhafte Nähe zu den ersten Nachfolgern Jesu darf jedoch nicht einem unkritischen Romantizismus Vorschub leisten, in der Logienquelle nun den alleinigen »O-Ton« Jesu heraushören zu wollen. Auch die Logienquelle unterlag theologischen Deutungs- und Entwicklungsprozessen. Will man allerdings die Konzeption der *tria tempora traditionis* ernst nehmen,[21] der *drei Zeitstufen der Überlieferung*, die erstens Jesus, zweitens die mündliche Überlieferung und dann erst drittens die Evangelien ansetzt, so ist uns mit der Logienquelle tatsächlich ein Hinweis auf eine längere mündliche Überlieferung des Jesusmaterials vor dessen Verschriftlichung erhalten geblieben.

2.3 Q als Dokument des Frühjudentums

Erst in jüngerer Gegenwart wurde einem bisher unberücksichtigten Aspekt der Logienquelle Aufmerksamkeit geschenkt: Die Logienquelle stellt nicht nur ein Doku-

---

19 Vgl. Kloppenborg Verbin, Excavating, 143–153.
20 Vgl. Ebner, Stadt, 15–17.
21 Die *tria tempora traditionis* sind ein Ausdruck, der in der Instruktion der Päpstlichen Bibelkommission »Sancta mater ecclesia« (Papst Paul VI.) 1964 verwendet wurde (DH 4404).

ment der frühen Jesusjünger dar, sondern kann auch als Dokument des Frühjudentums gelesen werden (s. u. II.2.8 und II.5.1).[22] Diese Erkenntnis konnte allerdings erst konkretere Gestalt annehmen, seit in der Bibelwissenschaft das Bewusstsein wächst, dass das »Parting of the Ways«, die Trennung von Juden und Christen, ein länger andauernder Prozess war und nicht das Werk einer Generation. Gerade für die Logienquelle ist anzunehmen, dass sie noch »von einer intakten jüdischen Matrix aus zu lesen und zu verstehen ist«.[23] Gleicherweise fällt es schwer, in der Trägergruppe hinter Q bereits »Christen« sehen zu wollen – schließlich taucht der »Christus«-Titel kein einziges Mal in Q auf (s. u. III.2). Daher sollte man bezüglich der Q-Gruppe wohl besser von *jesusgläubigen Juden* sprechen.

Damit allerdings wird die Logienquelle nicht nur zu einem wichtigen Zeugnis, das die Entwicklung des Christentums zu dokumentieren hilft, sondern auch zu einem Beleg für unterschiedliche theologische Ansätze des Frühjudentums, deren Erforschung auch interdisziplinäre Bedeutung hat.

---

22 Als »Frühjudentum« bezeichnet man die Zeit von 300 v. Chr. bis 200 n. Chr., vgl. Tiwald, Frühjudentum, 26f. Bei Lindemann, Logienquelle, 377–424, findet sich ein detaillierter Überblick zu sämtlichen neueren Publikationen betreffs Q, in dem auch auf diese Tendenzen der Forschung verwiesen wird.
23 Ebner, Q, 98; vgl. 100.

3. Die Frage der Rekonstruierbarkeit von Q

3.1 Zur Frage der Genauigkeit einer Rekonstruktion

Nicht nur der hypothetische Charakter der Logienquelle selbst, sondern auch die konkrete Rekonstruktion des Textes stellt vor Probleme. Dort, wo MtEv und LkEv über den Mk-Text hinaus wortwörtlich miteinander übereinstimmen, macht die Wiederherstellung des verlorenen Textes keine Schwierigkeiten – hier haben Mt und Lk ihre Q-Vorlage offenbar wörtlich übernommen. Doch dies ist nicht immer der Fall. Ein Blick auf die Mk-Vorlage, die uns ja als eigener Text erhalten geblieben ist, vermag dies zu verdeutlichen: So etwa übernimmt Mt 90% des Mk-Stoffes, während Lk nur 55% verwendet[24] (als Grund dafür kann u. a. die »große Lücke« benannt werden, s. o. I.1.4.3). Da allerdings die Auslassungen unterschiedlich ausfallen, finden von den insgesamt 609 Versen des MkEv nur etwa 30 kein Äquivalent bei den beiden »Seitenreferenten« (so werden Mt und Lk in Bezug zum MkEv genannt). Es handelt sich hier um drei Perikopen (Mk 4,26–29: Gleichnis von der selbstwachsenden Saat; 7,31–37: Heilung eines Taubstummen; 8,22–26: Heilung des Blinden von Betsaida) und drei kürzere Texte (Mk 3,20f.: Jesu Verwandte halten ihn für verrückt; 9,49: das Wort vom Salzen mit Feuer; 14,51f.: die Flucht des nackten Jünglings). Auch die Reihenfolge des MkEv wurde größtenteils beibehalten: Das MtEv weicht nur in zwölf Fällen von seiner Mk-Vorlage ab, Lk noch seltener.

Daraus lässt sich schließen: Wenn Mt und Lk Q als literarische Quelle mit der gleichen Sorgfalt behandelt haben wie das MkEv, dann ist anzunehmen, dass sich aus ihren beiden Evangelien fast die gesamte Logienquelle rekonstruieren lässt – und das auch in der richtigen Reihenfolge.

Gerade vom ersten Evangelisten werden wir aufgrund seines Profils sagen können: »Theologisch steht Matthäus Q näher als dem Mk.«[25] Für ihn gilt das MkEv als theologisch »korrekturbedürftig«, ja, vielleicht ist Mt sogar »markuskritisch«, wenn nicht sogar »antimarkinisch.«[26] – Trotz dieser theologischen Vorbehalte schuldet Mt seiner Mk-Quelle eine solche Loyalität, dass er 90% davon übernimmt. Dies muss dann freilich auch *a fortiori* für seine zweite Quelle, also Q, gelten, da Mt dieser Quelle näherstand als dem MkEv. Wahrscheinlich waren es sogar Q-Missionare, denen die mt Gemeinde ihre Existenz verdankt: Wandernde Boten der Logienquelle operierten schon zuvor im nordpalästinisch-syrischen Grenzraum (s. u. II.1.2); wahrscheinlich wurde die in Syrien

---

24 Vgl. Broer/Weidemann, Einleitung, 47.
25 Konradt, Matthäus, 21.
26 Konradt, Matthäus, 21.

zu lokalisierende Matthäusgemeinde von umherziehenden Propheten der Logienquelle gegründet.[27] Das MtEv könnte dann geradezu als »theologischer Nachlaßverwalter der Quelle Q«[28] verstanden werden (s. u. II.4.2).

Aber auch für Lk lässt sich ein ähnlich akribischer Umgang mit seinen Quellen veranschlagen. Schon bei der »großen Lücke« (s. o. I.1.4.3) haben wir gesehen, dass Lk ausgelassenes Material an anderer Stelle »wiederverwertet« und somit eine Tendenz beweist, auch nicht ins Konzept passendes Quellenmaterial doch noch unterzubringen.

Summa summarum: Rechnet man das von Mk übernommene Material ab, so stimmen MtEv und LkEv noch immer in weiteren ca. 200 Versen mehr oder weniger wörtlich überein.[29] Auf dieser Basis lässt sich eine »konservative« Rekonstruktion der Logienquelle bewerkstelligen, obwohl darüber hinaus nicht auszuschließen ist, dass der Text von Q noch umfangreicher war. Allerdings stehen die Chancen gut, dass Mt und Lk mit ihrer Q-Vorlage akribisch umgingen: Ein Vergleich mit dem aus Mk übernommenen Material legt nahe, dass Mt und Lk auch aus Q nicht allzu viel Material auslassen und obendrein dem ursprünglichen Wortlaut grundsätzlich treu blieben. Aufgrund der lk Blocktechnik kann man auch die ursprüngliche Abfolge der Q-Verse einigermaßen gut rekonstruieren.

3.2 Die Sprache der Logienquelle

Die Muttersprache Jesu und seiner Jünger war Aramäisch.[30] Zweifelsohne hat Jesus seine Gleichnisse in dieser Sprache erzählt. Inwieweit Aramäisch im damaligen Galiläa, dem Entstehungsort der Logienquelle (s. u. II.1.2), auch als Schriftsprache in Verwendung war, darüber scheiden sich die Geister.

3.2.1 Analphabetismus

Wenn die Logienquelle in Galiläa verfasst wurde, muss man fragen, welche Bevölkerungskreise dort des Schreibens kundig waren. Jesus und seine ersten Jünger waren des Lesens und Schreibens wahrscheinlich nicht mächtig.[31] Die in frühjüdischen Texten wiederholt begegnende Forderung, dass Kinder für die Toraauslegung Lesen und Schreiben lernen sollten (1QSa I,6–8; Josephus Ap 2,204; TestLev 13,2), ist zu optimistisch und in jedem Fall ein Idealbild. Die Alphabetisierungsrate lag im damaligen Palästina unter

---

27 Vgl. Luz, Matthäus I, 89f.
28 Tiwald, Wanderradikalismus, 59.
29 Vgl. Broer/Weidemann, Einleitung, 62.
30 Vgl. dazu die Diskussion bei Bazzana, Kingdom, 119–163.
31 Vgl. dazu Heil, Analphabet, 275, 286–291. Die Notizen aus Lk 2,41–51; 4,16 und Joh 8,6.8 sind historisch nicht verwertbar. Lk 2,41–51 gibt das stehende Motiv vom *puer sapiens* wieder (ein Motiv, das wir auch von Josephus Vita 9 kennen); Lk 4,16 stellt Jesus als gebildeten Juden vor Augen; Joh 8,6.8 ist eine Passage, die ursprünglich gar nicht zum JohEv gehörte. Das Schreiben Jesu in den Sand steigert hier lediglich die Dramatik der Erzählung.

10–15 Prozent.³² Auch die vielzitierten »Synagogenschulen« werden hier überschätzt, wahrscheinlich wurden zur Zeit Jesu nur die elementaren Texte auswendig gelernt.³³ Noch in späterer rabbinischer Zeit wurde die einfache, theologisch ungebildete Landbevölkerung mit dem pejorativen Ausdruck 'am ha-'arez (wörtl. »Volk des Landes«, etwa bPes 49a–b; bBer 47b; bSot 22a) belegt: einfache, der Tora unkundige Menschen (vgl. auch Joh 7,49). Gerade das rurale Galiläa wurde in toraaffinen Kreisen oft verachtet (vgl. Mt 4,15 und Joh 7,52).

3.2.2 Schriftlichkeit der Logienquelle

Bisweilen wurde die These vertreten, dass die Logienquelle teilweise³⁴ oder vollständig³⁵ in mündlicher Form tradiert wurde. Durch den hohen Grad an Analphabetismus wird man zweifelsohne von einem gewissen Maß an *secondary orality* (s. u. I.3.3.3) auch nach Abfassung der Logienquelle ausgehen können. Trotzdem legt die wortwörtliche Übereinstimmung zwischen Mt und Lk in den Q-Passagen eine schriftliche Vorlage unbedingt nahe: Selbst kleinste Füllwörter, aber auch komplizierte längere Phrasen, werden in derselben Wortfolge wiedergegeben.³⁶ Das lässt gerade *nicht* auf »eine (relativ flexible) mündliche Tradition« schließen.³⁷ Darüber hinaus spricht auch die Anordnung des Materials bei Doppelüberlieferungen für eine schriftliche Quelle: Mehr als ein Drittel der Einheiten aus der Doppelüberlieferung stehen bei Mt und Lk in der gleichen Reihenfolge.³⁸ Aber auch das Faktum von Doppelüberlieferungen und Dubletten selbst deutet auf eine schriftliche Quelle hin.

3.2.3 Aramäisch oder Griechisch?

Schulen für Schriftgelehrte gab es am Tempel in Jerusalem, dort wurden Hebräisch und Aramäisch auch als Schriftsprachen gelehrt.³⁹ Diese Kreise aber hatten mit Galiläa wenig Kontakt. Sadduzäer waren in Judäa und natürlich besonders in Jerusalem angesiedelt, da ihr Dienst am Tempel keine zu großen Entfernungen zuließ. Auch die Pharisäer waren größtenteils in Judäa und Jerusalem beheimatet. Zwar dehnten sie ihren Einfluss auch auf Galiläa aus, doch war dies nicht ihre natürliche Heimat. Nach Josephus, Vita

---

32 Hezser, Literacy, 496: »the Jewish literacy rate was well below the 10–15 percent«. Ebenso Grabbe, Religion, 151: »Thus, a few people in most Jewish communities could read and write, some could read with various levels of proficiency, most could do neither ...« Vgl. auch Stemberger, Paul, 72f. Ein Überblick zur Forschungslage betreffs der Alphabetisierung Galiläas zur Zeit Jesu findet sich bei Heil, Analphabet, 278f.
33 Zu den Synagogenschulen vgl. Tiwald, Hebräer, 132–144.
34 So Dunn, Jesus, 147–149.231–254; ebenso Mournet, Tradition.
35 So Baum, Faktor, 386.
36 Vgl. Fleddermann, Q, 41–46.
37 So jedoch Baum, Faktor, 386.
38 Vgl. Kloppenborg Verbin, Excavating, 56–72.
39 Vgl. Joosten, Hebrew, 363.

196f., müssen die Pharisäer eine Gesandtschaft von Jerusalem nach Galiläa schicken, um die Vorgehensweise des Josephus zu überwachen.[40] Hier ist man stark an die Berichte der drei Synoptiker erinnert, wo Pharisäer von Jerusalem nach Galiläa kommen, um das Handeln Jesu zu beurteilen (Mk 7,1f.; Mt 15,1f.; Lk 5,17). Daher scheiden wohl auch Schriftgelehrte aus pharisäischen Kreisen für die Abfassung der Logienquelle aus, zumal Pharisäer zu den Gegnern der Q-Gruppe zählen (s. u. II.2.5.1).

Bis auf die soeben genannten pharisäischen Einflüsse haben wir im damaligen Galiläa keinerlei Hinweise auf einen eigenen, autochthonen, schriftgelehrten *Theologenstand*.[41] Anders aber verhält es sich, wenn man auf die Schriftgelehrten als *bürokratische Verwaltungsbeamte* blickt: Die κωμογραμματεῖς (*kōmogrammateís*) waren einfache Dorfschreiber (mehr dazu s. u. II.3.2), die als niedere Funktionäre und moderat gebildete Mittelsmänner zwischen der einfachen Bevölkerung und der herrschenden Bürokratie standen. Die Amtssprache, der sich diese Leute bedienten, war mit hoher Wahrscheinlichkeit das Koine-Griechisch, in dem alle Bücher des Neuen Testaments abgefasst sind. Diese Sprache war die *lingua franca* des damaligen östlichen Mittelmeerraums und ziemlich sicher auch die Sprache der bürokratischen Administration im damaligen Galiläa.[42] Bereits die Ptolemäer hatten im 3. Jh. v. Chr. Griechisch als Verwaltungssprache in Israel eingeführt, und die Seleukiden hatten daran nichts geändert. Höchstwahrscheinlich haben auch die Hasmonäer, dann Herodes und seine Nachfolger, sowie später die Römer diese Regelung übernommen: Griechisch war im damaligen Galiläa und in ganz Palästina die *politische und wirtschaftliche* Verkehrssprache. Das passt gut damit zusammen, dass im griechischen Text der Logienquelle Fachtermini hellenistischer Bürokratie nachweisbar sind.[43] Während Aramäisch die Umgangssprache der einfachen Bevölkerung war, wurde Griechisch für den administrativen und wirtschaftlichen Schriftverkehr verwendet. Literalität war im damaligen Galiläa zumeist an die griechische Sprache gebunden.[44]

---

40 Vgl. Neusner/Thoma, Pharisäer, 205.
41 Das änderte sich allerdings nach dem Bar Kochba-Aufstand (132–135 n. Chr.): Da Galiläa von der Revolte nicht betroffen war, verlagerte sich nun das Zentrum des jüdischen Lebens nach Galiläa, wo die Juden immer noch in der Mehrheit waren (vgl. Stemberger, Judentum, 23).
42 Dies hat Bazzana, Scribes, 133 und passim; ders. Kingdom, 123–127, sehr eindrucksvoll belegt, gegen Horsley, Introduction, 1–22.
43 Siehe dazu Bazzana, Scribes, passim; ders. Kingdom, 85–117.
44 Dennoch ist es wahrscheinlich, dass Dorfschreiber im damaligen Galiläa bilingual waren, wie Bazzana, Kingdom, 127–129, analog zum Befund in Ägypten vermutet (»a certain degree of familiarity with Aramaic writing was rather widespread«, a. a. O. 128). Allerdings haben wir nur wenige Belege für die Verwendung aramäischer Schrift im damaligen Galiläa, etwa ein von Eshel/Edwards, Language, 49–55, genanntes Ostrakon aus Khirbet Qana, das wahrscheinlich apotropäischer Natur war und keine Schreibübung für Aramäisch-Schüler: Die Buchstaben]BGD[wurden nämlich schon vor dem Brennen eingeprägt, geben aber keinen Namen wieder, sondern sind in alphabetischer Reihenfolge angebracht (wahrscheinlich jenseits des Bruchstücks mit *Aleph* beginnend und mit *He* weiterlaufend), was für ein Apotropaikum spricht. Einige weitere Belege werden noch bei Eshel/Edwards, Language, 53, erwähnt, die aber einschränken: »... few such finds have occurred in Galilee or surrounding areas«. Das von Bazzana ebenfalls genannte Archiv der Babatha stammt aus Naḥal Ḥever und Babatha selbst aus Maoza – beides Orte außerhalb von Galiläa.

Das deckt sich perfekt mit dem literarischen Befund von Q: Die wortwörtliche Übereinstimmung zwischen Mt und Lk in den Q-Passagen operiert auf griechischer Sprachbasis. Obendrein wurde in Q 4,4.8.10f.12 der Text der LXX, also der griechischen Übersetzung der jüdischen Bibel, zugrunde gelegt und nicht der hebräische Text.[45] Daher muss auch aufgrund von textimmanenten Kriterien angenommen werden, dass Mt und Lk eine griechisch abgefasste Logienquelle vorlag.

3.2.4 Rückübersetzungsversuche

Sämtliche Rückübersetzungsversuche der Logienquelle ins Aramäische sind mit hohen Unsicherheiten verbunden.

Zum Ersten: Der *schriftliche* Text der Logienquelle, wie wir ihn aus dem MtEv und dem LkEv rekonstruieren können, wurde in griechischer Sprache verfasst. Man kann zwar mit Recht vermuten, dass davor eine längere Phase der *mündlichen* aramäischen Tradition anzusetzen ist, doch bleiben diese Vorstufen der Q-Entwicklung ebenso hypothetisch wie Annahmen, wann der Übergang vom Aramäischen ins Griechische erfolgte.[46]

Darüber hinaus bietet Q auch nicht den »O-Ton« Jesu, sodass man hier 1:1 auf die Formulierungen des historischen Jesus rückschließen könnte. Auch Q ist bereits das Resultat urgemeindlicher Theologie (s. u. Teil III), wenngleich natürlich noch viel vom ursprünglichen Kolorit der Jesusbewegung mitschwingt.

Das eigentliche Problem aber ist ein philologisches: Wir wissen einfach nicht genau, welches Aramäisch Jesus bzw. die Q-Leute wirklich sprachen. Das Bibel-Aramäische, etwa aus dem Buch Daniel, ist 160 Jahre zu alt, um den Zeitraum

---

45 Vgl. Schnelle, Einleitung, 252. Zur Frage der biblischen Traditionen in Q vgl. die Monographie von Allison, *The Intertextual Jesus. Scripture in Q*. Wenn er allerdings schreibt (a. a. O. 6, Anm. 22): »For what follows I cite LXX; but we shall see from time to time herein that Q seems to reflect knowledge of other textual traditions« – so muss man bedenken, dass wir für die damalige Zeit nicht mit einem einheitlich standardisierten LXX-Text rechnen dürfen (vgl. Tiwald, Frühjudentum, 270f.) und daher auch nicht wissen, welche LXX-Variante der Logienquelle zugrunde lag. Offen bleibt bei Allison leider die Frage, ob biblische Anspielungen schon in der mündlichen aramäischen Fassung gegeben waren und nachher an die LXX adaptiert wurden, oder überhaupt erst von den schriftlichen Verfassern von Q eingefügt wurden. M.E. kann man hier auch gar nicht hinter den »garstigen, breiten Graben« (um das launige Wort Lessings zu bemühen) der Verschriftlichung zurückspringen (s. u. I.3.3).

46 Vgl. Schnelle, Einleitung, 252: »Die Annahme einer aramäischen Urfassung der Logienquelle ergibt sich aus der vermuteten Überlieferungsgeschichte ..., eindeutige sprachliche Indizien können dafür aber nicht angeführt werden.« – Aus den oben genannten Gründen sollte man aber skeptisch sein, ob eine »aramäische Urfassung« der Logienquelle bereits *schriftlich* vorlag. Wahrscheinlicher ist wohl die Ansicht, dass der Sprung ins Griechische mit der Verschriftlichung erfolgte und daher eine *schriftliche* »aramäische Urfassung« der Logienquelle nie existierte.

Jesu abzudecken, während das Targum-Aramäische[47] und das rabbinische Aramäisch zu jung sind. Das Aramäisch in den Schriftrollen von Qumran könnte chronologisch passen, doch geben die Texte *judäisches* Aramäisch wieder, wovon das *galiläische* Aramäisch unterschieden werden muss (vgl. Mt 26,73).[48] Dasselbe gilt für die Funde von Naḥal Ḥever und Wadi Murabbaʾat. Obendrein fehlen für bestimmte Ausdrücke der Logienquelle entsprechende Pendants in den Qumranrollen.[49] Sämtliche Rekonstruktionsversuche haben somit einen hohen Unsicherheitswert.

3.3 Mündliche Überlieferung und Verschriftlichung

Wann für Q der Sprung vom Aramäischen ins Griechische erfolgte, wissen wir nicht, wahrscheinlich ist dieser mit der Verschriftlichung verbunden.[50] Nach dem Tod Jesu, also 30 n. Chr., begannen wohl schon bald die ersten mündlichen Spruchsammlungen zu kursieren.[51] In der uns heute in MtEv und LkEv erhaltenen Form wurde die Logienquelle jedoch erst um 60 n. Chr. (s. u. II.1.1) abgefasst: Der einheitliche theologische und narrative Duktus der Logienquelle (s. u. III.1) legt solch eine abschließende, formgebende kompositionelle Redaktion nahe.[52]

---

47 Der weit verbreiteten Annahme, dass Targumim in die Zeit des Zweiten Tempels zurückdatieren, muss widersprochen werden. Diese »stützt sich auf anachronistische Vorstellungen vom palästinischen Synagogengottesdienst des 1. Jh. und ignoriert die Tatsache, dass alle Targumim (einschließlich Onkelos) deutlich von der Midraschtradition beeinflusst sind« (Stemberger, Judaistik, 29). Trotz der Funde aramäischer Übersetzungen von biblischen Texten in Qumran haben wir keinen Beleg für die Verwendung von Targumim in der Synagoge des 1. Jh. Eine Problemanzeige zur Rekonstruktion des von Jesus gesprochenen Aramäisch samt *status quaestionis* findet sich bei Stuckenbruck, Aramaic, passim (obwohl auch von ihm das Alter der Targumüberlieferung zu optimistisch gesehen wird).

48 Vgl. Stuckenbruck, Aramaic, 8: Neben Mt 26,73 mokierten sich auch die späteren Rabbinen über die verwaschene, unpräzise Aussprache des galiläischen Aramäisch – vgl. etwa bEr 53b.

49 Vgl. Casey, Approach, 56f. Zum Aramäisch der Qumrantexte vgl. Joosten, Hebrew, 362–368. Auch bezüglich des Qumran-Aramäischen bleibt die Frage der Datierung der Manuskripte offen, ebenso wie die Frage, ob die Schriftform überhaupt die aktuell gesprochene Sprache wiedergibt oder von archaisierenden Tendenzen geprägt ist (vgl. dazu die Diskussion bei Stuckenbruck, Aramaic, 24).

50 In diesem Sinne Bazzana, Kingdom, 120: »... Q was originally composed in Greek and ... did not undergo a phase of written transmission in Aramaic.«

51 Theißen, Entstehung, 46, rechnet sogar schon mit ersten mündlichen Sammlungen von Jesusworten noch zu Lebzeiten des Meisters: »Jesus schickte seine Jünger auf Wandermission. Seine Jünger mussten seine Botschaft an mehreren Orten wiederholen! Ein paar mündlich vorgegebene Texte müssen sie dazu mitgebracht haben, die sich ihnen durch Wiederholung einprägten!«

52 Vgl. Hoffmann, Mutmaßungen, 261. In diesem Sinne auch Kloppenborg Verbin, Excavating, 135: »... we can speak of Q as a ›literary unity‹ ...«

3.3.1 »Wachstumsringe« in Q

Ob man hinter die abschließende Redaktion der Logienquelle, die jenen Text hervorbrachte, wie er sich aus MtEv und LkEv rekonstruieren lässt, zurückgehen kann, ist Gegenstand der Diskussion. Zu Recht bemerkt J. S. Kloppenborg Verbin, dass im Q-Text selbst solche »stratigraphic markers« enthalten sind, die auf ein Wachstum der Texte hinweisen.[53] Tatsächlich kann man in der Logienquelle gut die Existenz von »Kernsprüchen« und die spätere Hinzufügung von Kommentarworten erkennen, sowie eine noch spätere Zusammenstellung von kleineren thematischen Einheiten bis hin zu einer letztlich erfolgenden Komposition größerer Cluster. Gerade die *Mark-Q Overlaps* (s. o. I.1.4.4) belegen, dass gewisse Traditionszyklen schon bald als geprägte Erzähleinheiten kursierten und sowohl in Q als auch in Mk unabhängig voneinander Eingang fanden.[54]

3.3.2 Schriftliche Vorstufen zu Q?

J. Kloppenborg Verbin geht hier noch einen Schritt weiter und veranschlagt die Existenz von drei schriftlichen Entwicklungsstufen von Q:

Q^1 als »formative stratum«, das einige nur lose miteinander verbundene Spruch-Cluster verbindet.[55]

Q^2 als Hauptredaktion, in der besonders von deuteronomistischer Theologie (s. u. II.2.5.2) beeinflusste Deutemuster federführend werden.[56]

Q^3 schließlich wird von Kloppenborg Verbin weniger als eine eigene Redaktion, sondern eher als eine Art »minor glossing« angesehen, die missverständlichen Deutungen des Textes vorbeugen soll (etwa dem Missverständnis, dass nach Q 16,16 das Gesetz nicht mehr gültig sei, was durch Q 16,17 korrigiert wird).[57]

Im Gegensatz zu J. Kloppenborg Verbin bleibt P. Hoffmann hier jedoch skeptisch:

> *Hoffmann, Mutmaßungen, 260f.*: Ich schließe also nicht aus, dass in dem ›Konglomerat Q‹ ältere und jüngere Stoffe unterschieden werden können oder dass sich in einer Spruchgruppe noch ursprüngliche Tendenzen ausmachen lassen, die von denen der Schlußredaktion abweichen, und so auch inhaltliche Verschiebungen im Traditionsprozess ausgemacht werden können. Ob ein Teil dieser Stoffe bereits zu einer Schrift zusammengefasst und wie diese konzipiert war oder aber ob alle Stoffe aus der vorangehenden Tradition erst durch die Schlußredaktion rezipiert wurden, bleibt offen.

---

53 Vgl. Kloppenborg Verbin, Excavating, 146. Vgl. dazu auch Tiwald, Wanderradikalismus, 169–175, demonstriert an der Aussendungsrede.
54 Vgl. Hoffmann, Mutmaßungen, 259.
55 Vgl. Kloppenborg Verbin, Excavating, 146.
56 Vgl. Kloppenborg Verbin, Excavating, 146 und 153.
57 Vgl. Kloppenborg Verbin, Excavating, 153.

Letztlich bleibt der Unterschied hier wohl auch marginal, da Hoffmann in der von Kloppenborg Verbin angesetzten Hauptredaktion Q² die einzige und abschließende Q-Redaktion sieht.[58] Damit aber wird das von Kloppenborg Verbin veranschlagte Stratum Q¹ nicht obsolet, sondern lediglich zu einer möglichen mündlichen Vorstufe von Q – und die für Q³ veranschlagten Eingriffe sind nach Kloppenborg Verbin ohnehin minimal.

Wachstumsprozesse lassen sich für Q also sehr gut nachweisen, doch bleibt fraglich, ob diese bereits auf schriftlicher Basis erfolgten oder lediglich mündlicher Tradierung zu verdanken sind.

3.3.3 »Secondary Orality«

Vermittelnd könnte sich hier die Position von C. Heil erweisen, der auf die Bedeutung der *secondary orality* verweist.[59] Zu Recht unterstreicht er, dass in der Antike auch nach der Verschriftlichung von Texten »nicht ... die wortwörtliche Wiederholung eines kanonischen Textes ..., sondern ... die inspirierte, emphatische Aufführung« im Mittelpunkt stand.[60] Damit verschwimmen die Grenzen zwischen Mündlichkeit und Schriftlichkeit: »Manche Varianten in der Textüberlieferung gehen dann nicht auf unabsichtliche Abschreibfehler oder absichtliche Redaktionen zurück, sondern auf Varianten in der *mündlichen* Überlieferung.«[61] Weiter oben haben wir dieses Konzept bereits für eine mögliche Erklärung von *minor agreements* herangezogen (s. o. I.1.4.1). Solch ein Konzept belegt recht gut, wie selbst bei schon verschriftlichten Traditionen mit einer weiteren Interferenz mündlicher Überlieferungen zu rechnen ist.

3.4 Q-Rezensionen?

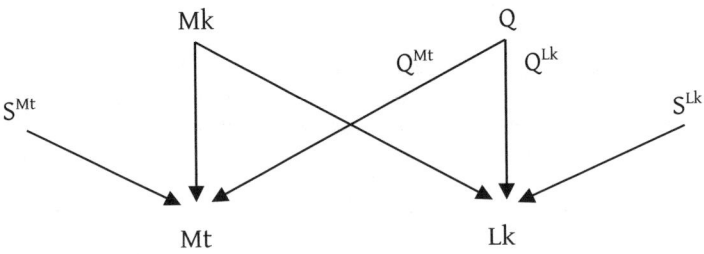

---

58 Vgl. Hoffmann, Mutmaßungen, 258 und 286.
59 Vgl. Heil, Textverarbeitung, 103, unter Bezug auf ein 1982 entwickeltes Konzept von W. J. Ong, Orality, 135–137. Vgl. dazu auch Theißen, Entstehung, 41–46, der hier »primär- und sekundärmündliche Überlieferung« unterscheidet.
60 Heil, Textverarbeitung, 101.
61 Heil, Textverarbeitung, 103.

Bisweilen wird in der Forschung damit gerechnet, dass die Logienquelle nach der Endredaktion eine spätere »Rezension« erfahren habe und dann in zwei verschiedenen Varianten vorgelegen sei. Demzufolge wäre Q den beiden Evangelisten Mt und Lk in einer Q^{Mt} und einer Q^{Lk} Form zugänglich gewesen, wobei nach U. Luz »Q^{Mt} eine nur unwesentlich veränderte und erweiterte Fassung von Q«[62] darstellte, Q^{Lk} hingegen weiter ausgebaut worden sei. Allerdings lassen sich solche Weiterentwicklungen nicht beweisen und »dienen meist nur als Verlegenheitslösung für schwierige Rekonstruktionsprobleme, besonders bei Sondergut-Logien.«[63] Daher wird man bei solchen Texten eher mit der Herkunft aus dem mt oder lk Sondergut zu rechnen haben als mit zwei verschiedenen Q-Rezensionen.

3.5 Die Abfolge der Texte in Q

Wie wir schon weiter oben gesehen haben, belegen *Dubletten* und *Doppelüberlieferungen* die Existenz von zwei Quellen (s. o. I.1.3.4). Die Häufigkeit der Dubletten bei Lk bezeugt die ihm eigene lk »Blocktechnik« bei der Übernahme seiner Quellen: Ein Block Q wird von einem Block Mk abgelöst.[64] Mt hingegen hat sein Quellenmaterial stärker vermischt und neu konzipiert (etwa in Gestalt der »Bergpredigt« oder anderer großer Reden Jesu). Daher hat wohl Lk die ursprüngliche Abfolge seiner Quellen besser bewahrt; in Bezug auf die Logienquelle spricht man hier von der *Q-Akoluthie*, also von der Abfolge der einzelnen Texte in Q.

3.6 Die Zitation der Logienquelle

Durch die lk Blocktechnik können wir die ursprüngliche Abfolge der Texte in der Logienquelle also relativ gut rekonstruieren. Daher verwendet man bei der Zählung der Kapitel und Verse der Logienquelle auch die Kapitel- und Versangaben des LkEv, nur dass man statt »Lk« ein »Q« voransetzt. Der Text Lk 11,9-13 wird so zu Q 11,9-13, der Paralleltext dazu findet sich in Mt 7,7-11. Diese Konvention wurde 1983 von J. M. Robinson eingeführt (s. u. I.3.8.1).

3.7 Aufbau und Gliederung der Logienquelle

Folgt man der Lk-Akoluthie bei der Rekonstruktion der Logienquelle, so entsteht ein gut gegliedertes Textstück vor unseren Augen. Dass der so rekonstruierte Text

---

62 Luz, Matthäus I, 48.
63 Heil, Rekonstruktion, 134.
64 Vgl. Bovon, Lukas I, 20: »Weder zergliedert Lukas seine Quellen, noch verschmilzt er sie; er neigt vielmehr dazu, Blöcke unterschiedlicher Herkunft einander abwechseln zu lassen (vgl. etwa Lk 3,1-4,30 [Q]; Lk 4,31-6,20a [Markus]; Lk 6,20b-7,50 [Q]; Lk 8,1-9,50 [Markus]).«

dabei offensichtlich einem bestimmten Gliederungsschema folgt, mag ebenfalls als Argument zugunsten der Zweiquellentheorie und der Q-Rekonstruktion gelten. Die Logienquelle war damit nicht nur ein Sammelsurium bunt zusammengewürfelter Jesusworte, sondern folgte bereits einem durchdachten Schema. Folgenden Grundaufbau könnte man hier zugrunde legen:[65]

Teil 1: Johannes der Täufer und Jesus von Nazaret (Q 3,2–7,35)
Die Botschaft des Johannes (Q 3,2b–17)
Taufe und Bewährung Jesu (Q 3,21f.; 4,1–13)
Jesu programmatische Rede (Q 4,16; 6,20–49)
Der Glaube eines Heiden an Jesu Wort (Q 7,1–10)
Johannes, Jesus und die Kinder der Weisheit (Q 7,18–35)

Teil 2: Die Boten des Menschensohnes (Q 9,57–11,13)
Radikale Nachfolge (Q 9,57–60)
Missionsinstruktion (Q 10,2–16)
Das Geheimnis des Sohnes (Q 10,21–24)
Das Gebet der Jünger (Q 11,2b–4.9–13)

Teil 3: Jesus im Konflikt mit dieser Generation (Q 11,14–52)
Zurückweisung des Beelzebul-Vorwurfs (Q 11,14–26)
Ablehnung der Zeichenforderung (Q 11,16.29–35)
Androhung des Gerichts (Q 11,39–52)

Teil 4: Die Jünger in Erwartung des Menschensohnes (Q 12,2–13,21)
Bekenntnis zu Jesus ohne Furcht (Q 12,2–12)
Sucht die Königsherrschaft Gottes! (Q 12,33f.22b–31)
Das unerwartete Kommen des Menschensohnes (Q 12,39–46.49–59)
Zwei Gleichnisse von der Königsherrschaft Gottes (Q 13,18–21)

Teil 5: Die Krisis Israels (Q 13,24–14,23)

Teil 6: Die Jünger in der Nachfolge Jesu (Q 14,26–17,21)

Teil 7: Das bevorstehende Ende (Q 17,23–22,30)
Der Tag des Menschensohnes (Q 17,23–37)
Das Gleichnis vom anvertrauten Geld (Q 19,12–26)
Ihr werdet die zwölf Stämme Israels richten (Q 22,28.30)

---

65 Das Schema orientiert sich an Hoffmann/Heil, Spruchquelle, 14.

3.8 Die Q-Rekonstruktion

3.8.1 Geschichtlicher Rückblick

Die erste vollständige Rekonstruktion der Logienquelle legte A. v. Harnack (1851–1930) in seiner 1907 erschienenen Monographie *Sprüche und Reden Jesu. Die zweite Quelle des Matthäus und Lukas* vor. In der folgenden Zeit wurden Rekonstruktionsversuche immer wieder von unterschiedlichster Seite unternommen, die sich jedoch nie völlig durchsetzen konnten.[66] Bald wurde klar, dass solch ein Unterfangen nicht nur die Aufgabe eines einzelnen Forschers sein konnte, sondern ein ganzes Team die Grundlagen für einen »textus receptus« legen musste.

Besonders prädestiniert dafür war J. M. Robinson vom Institute of Antiquity and Christianity in Claremont CA, der Anfang der achtziger Jahre die Edition der Bibliothek von Nag Hammadi in Teamleistung bewerkstelligt hatte. Er gründete 1983 ein Q-Projekt in der Society of Biblical Literature mit Zentrum in Claremont. Um die Zitation von Q-Texten zu vereinfachen, führte er 1983 die heute allgemein übliche Konvention ein, Q-Verse nach Lk mit dem Kürzel Q zu bezeichnen (s. o. I.3.6).

3.8.2 Das Internationale Q-Projekt (IQP)

1989 gründeten J. M. Robinson (Claremont, Kalifornien/USA) und J. S. Kloppenborg (Toronto/Kanada) das *Internationale Q-Projekt (IQP)*; 1993 stieß auch P. Hoffmann (Bamberg/Deutschland) mit seinem Team zum IQP.

Das IQP verfolgte vier Ziele:[67]

Erstens bot dieses Projekt eine gemeinsame Plattform, die half, die alten Schulgrenzen hinter sich zu lassen. International vernetzt wurde nun am Text gearbeitet; neben den Zentren Claremont, Toronto und Bamberg stießen auch noch weitere Wissenschaftler unterschiedlichster Provenienz hinzu – insgesamt fast 50 Forscher.

Zweitens wurde die Methodologie verfeinert: Textvarianten wurden genau aufgelistet und im Detail analysiert. Dabei sollten Pauschalurteile vermieden werden: Wenn etwa in der Parallele Mt 6,12 // Lk 11,4 (Vater-Unser) sieben Unterschiede festgestellt werden können, reicht es nicht, pauschal zu urteilen, dass Mt den ursprünglichen Text erhalten habe, sondern jede Variante ist unterschiedlich zu diskutieren.

Drittens sollte auch die gesamte bisherige Forschungsgeschichte dokumentiert werden: Welche Rekonstruktionen haben Forscher bislang vorgeschlagen und wie lassen sich diese Vorschläge evaluieren? Seit 1996 erfüllt die *Documenta-Q Serie* (s. u. I.3.8.4) diese Aufgabe: Bei strittigen Q-Passagen wird zu jeder einzelnen Textvariante die gesamte Forschungsgeschichte seit dem 19. Jh. aufgelistet. Am Ende erfolgt dann jeweils eine kurze Evaluation der Herausgeber.

---

66 Vgl. dazu Heil, Rekonstruktion, 132f.
67 Vgl. dazu und im Folgenden Heil, Rekonstruktion, 133–138.

Viertens wird am Ende jener Q-Text rekonstruiert, der nach den oben genannten kritischen Erwägungen die höchste Wahrscheinlichkeit aufweist. Dieser Text kann dann auch einem nicht an allen Detailfragen interessierten Publikum zur Verfügung gestellt werden.

Arbeitsweise: Das IQP kommt ohne Proto- und DeuteroMk-These aus, auch wird nicht damit gerechnet, dass die Logienquelle in zwei verschiedenen Rezensionen, Q^{Mt} und Q^{Lk}, vorgelegen habe. Das IQP setzt voraus, dass die Logienquelle ein schriftlich abgefasster Text mit eigener Theologie war, der aus dem Textbefund des MtEv und LkEv rekonstruiert werden kann. Dabei allerdings gibt es unterschiedliche Grade der Rekonstruktions-Sicherheit.

Bemerkenswert ist, dass das IQP auch das *Thomasevangelium* (s. u. I.5.3.1) bei den Rekonstruktionen nicht außer Acht lässt. Das ist methodologisch von hoher Bedeutung, da das ThEv etliche Gemeinsamkeiten mit Q aufweist. Allerdings ist der quellenkritische Stellenwert des ThEv heftig umstritten: Handelt es sich hier um Traditionen, die von den Synoptikern unabhängig sind oder nicht? Diese Frage wird sich nur von Stelle zu Stelle entscheiden lassen. Daher gilt für das IQP: »Wenn überhaupt, kam das Thomasevangelium nur als unterstützendes, ›konvergierendes‹ Argument ins Spiel.«[68]

Resultate: Die Erträge der Tagungen von 1989 bis 1996 wurden von Robinson, Hoffmann und Kloppenborg im Auftrag des IQP bis 1999 noch einmal auf inkonsistente oder unausgewogene Entscheidungen durchgesehen. Auch hier wurde abgestimmt und im Zweifelsfall eine Mittelposition gewählt. Im Ergebnis wurde dann ein eher »konservativer« Text präsentiert, der von extravaganten Spekulationen frei ist. Das Resultat dieser Bemühungen ist die im Jahr 2000 erschienene *Critical Edition of Q*.

3.8.3 Critical Edition of Q

Die Resultate der von Robinson, Hoffmann und Kloppenborg verantworteten Q-Rekonstruktion wurden unter Weglassung der forschungsgeschichtlichen Dokumentation unter dem Titel *The Critical Edition of Q* in einem Band herausgebracht.

Primärtexte: Die großzügig angelegte Synopse umfasst insgesamt acht Kolumnen und bietet neben dem unmittelbaren Referenztext von Mt und Lk auch Doppelüberlieferungen und Dubletten sowie Parallelen aus Mk-Text und Thomasevangelium, bisweilen auch Parallelen aus der LXX. Grau hinterlegt präsentiert sich der rekonstruierte Text der Logienquelle.

Übersetzungen: Der Q-Text wird neben dem griechischen Original auch noch in Englisch, Deutsch und Französisch wiedergegeben. Die Parallelen des Thomasevangeliums finden sich ebenfalls in diesen Sprachen, der griechische Text gibt hier die Nag Hammadi-Textform wieder. Zusätzlich wird auch die koptische Variante geboten. Die biblischen Primärtexte sind nur griechisch angeführt.

Textkritik: Mit runden, eckigen, doppeleckigen, spitzen und geschwungenen Klammern gibt der Text unterschiedliche textkritische Befunde wieder. Die textkri-

---

68 Heil, Rekonstruktion, 136.

tischen Fragestellungen werden als durchnummerierte Anmerkungen in den Q-Text eingetragen und in der Fußnote in englischer Sprache ausformuliert. Zumeist zielt die erste Frage dabei auf die Position des entsprechenden Verses im Gesamt von Q ab (»Lukan or Matthean order«).

Usability: Trotz der zugrundeliegenden Präzision bleibt die Ausgabe der *Critical Edition* überraschend leicht lesbar und ausgesprochen benutzerfreundlich.

Begleitende Features: Am Beginn finden sich eine ausführliche Einleitung in die Q-Forschung, eine Liste der textkritischen Probleme im Q-Stoff des MtEv und LkEv sowie eine Q-Konkordanz.

Rezeption der Critical Edition of Q: Generell wurde die *Critical Edition of Q* in der Fachwelt sehr wohlwollend aufgenommen. Kritik kam natürlich von Seiten jener Forscher, welche die Zweiquellentheorie grundsätzlich ablehnen[69] oder in der Logienquelle lediglich eine mündliche Quelle sehen wollen. Für den anderen (weitaus größeren) Teil der Fachwelt stellt die *Critical Edition of Q* nun einen Grundlagentext dar, der von den weltweit renommiertesten Q-Forschern erstellt wurde. C. Heil bemerkt zu Recht:

> Heil, Rekonstruktion, 140: Man muß jetzt in einer Dissertation nicht mehr seitenweise Q rekonstruieren und damit wichtige Energie verbrauchen, die man besser für die eigentlich interessanten Fragen verwendet. Wie in der Textkritik der »Nestle-Aland« die Ausgangsbasis bildet, mit der man übereinstimmt oder von der man sich kritisch absetzt, sollte nun die IQP-Rekonstruktion den Standardtext von Q darstellen, von dem alle weitere Q-Forschung kritisch ausgeht.

Die hier geleistete Arbeit bildet schließlich nicht nur das Urteil der Herausgeber ab, sondern fasst auch die gesamte Forschungsgeschichte zu Q zusammen, die dann gesondert in der Reihe *Documenta Q* aufgelistet wird (s. u.).

Weitergehende Arbeit an der Critical Edition of Q: Die Forscher des IQP sehen ihre Arbeit an der Rekonstruktion zur Logienquelle nicht als abgeschlossen an. Immer wieder werden jüngere Erkenntnisse der Forschung in die Textrekonstruktion implementiert, was zu leichten Änderungen in der Beurteilung strittiger Stellen führen kann:

> Robinson, Vorwort der Critical Edition, lxxi: It is not to be assumed that the present critical text is a last word. ... The ... present volume ... is intended to facilitate the study of Q, and thus to stimulate this ongoing process. ... It is thus to be hoped that the refinement of the text of Q will continue unabated ... with the help of *The Critical Edition of Q*, so as to make an electronic and/or printed reversion of the present work from time to time desirable.

3.8.4 Forschungsgeschichte: »Documenta Q«

Als eine Art »Synergieeffekt« zur Rekonstruktion der Logienquelle dokumentiert das IQP auch die gesamte bisherige Forschungsgeschichte zu einzelnen Passagen

---

69 Vgl. hier die Antwort von Derrenbacker/Kloppenborg, Contradiction, 57–76, wo auch die methodologische Vorgangsweise noch einmal reflektiert wird.

von Q über den Zeitraum von drei Jahrhunderten (19. bis 21. Jh.). Darin kann man wohl eine besondere Stärke des IQP sehen, dass nämlich nicht nur eine von wenigen (wenn auch renommierten) Wissenschaftlern getragene Rekonstruktion der Logienquelle erstellt wird, sondern nach Möglichkeit auch die gesamte bisherige Forschungsgeschichte mit berücksichtigt wird.

Ein Team von »General Editors« (Christoph Heil, Paul Hoffmann, John S. Kloppenborg, Joseph Verheyden) und »Managing Editors« (Robert A. Derrenbacker Jr., Gertraud Harb, Steven R. Johnson, Markus Tiwald; frühere Managing Editors: Stanley D. Anderson, Sterling G. Bjorndahl, Shawn Carruth, Thomas Hieke, Milton C. Moreland) bringt seit 1996 laufend neue Bände mit dem Forschungsüberblick zu einzelnen Q-Perikopen heraus. Inzwischen sind in dieser Reihe zwölf Bände erschienen, weitere zehn Bände sind derzeit in Vorbereitung; die ganze Reihe ist auf 32 Bände angelegt.[70]

Bei diesem Projekt werden – genauso wie in der *Critical Edition* vorgegeben – die wichtigsten Fragepunkte in der Rekonstruktion der Logienquelle einzeln abgehandelt und die einschlägigen wissenschaftlichen Äußerungen dazu in kurzen Exzerpten angeführt. Durch die in chronologischer Reihenfolge aufgelisteten Statements kann man nicht nur die Meinung einzelner Forscher nachlesen, sondern auch Entwicklungen in der Forschungsmeinung über die Jahrzehnte hinweg gut nachvollziehen. An den angeführten Zitaten kann der Leser obendrein auch sein eigenes Urteil zur betreffenden Perikope bilden und ist nicht nur auf das Urteil der Herausgeber angewiesen. Diese allerdings bieten am Ende einer jeden Fragestellung eine kurze »Evaluation« der Resultate.

3.9 Ausgaben der Logienquelle

Basierend auf dem IQP wurde eine ganze Reihe von Editionen zur Logienquelle in den unterschiedlichsten Sprachen und mit unterschiedlich diffizilem kritischem Apparat erstellt:

Griechisch/Englisch/Deutsch/Französisch
Robinson, J. M./Hoffmann, P./Kloppenborg, J. S. (managing editor: Moreland, M. C.), The Critical Edition of Q. Synopsis Including the Gospels of Matthew and Luke, Mark and Thomas with English, German, and French Translations of Q and Thomas, Leuven 2000.
→ Dies ist die kritische Hauptausgabe.

---

70 Der aktuelle Stand des Documenta Q Projekts findet sich im Internet unter: http://neuestestament.uni-graz.at/de/fwf-projekte-zu-q/internationales-q-projekt/documenta-q/ (Zugriff am 24.3.2016). Vgl. dazu Frenschkowski, Documenta Q, XXIV, und Heil, Rekonstruktion, 138–140. Ebenso Lindemann, Logienquelle, 377–424, der einen detaillierten Überblick zu sämtlichen neueren Publikationen zur Logienquelle bietet.

3.9 Ausgaben der Logienquelle

Griechisch/Deutsch
Hoffmann, P./Heil, C. (Hg.), Die Spruchquelle Q. Studienausgabe Griechisch und Deutsch, Darmstadt ³2009.
→ Eine studentenfreundliche Ausgabe ohne aufwändigen kritischen Apparat.

Griechisch/Englisch
Robinson, J. M./Hoffmann, P./Kloppenborg, J. S. (managing editor: Moreland, M. C.), The Sayings Gospel Q in Greek and English with Parallels from the Gospels of Mark and Thomas (Biblical Exegesis & Theology 30), Leuven 2001.

Griechisch/Spanisch
Robinson, J. M./Hoffmann, P./Kloppenborg, J. S. (managing editor: Moreland, M. C.), El documento Q en griego y en español con paralelos del evangelio de Marcos y del evangelio de Tomás (Biblioteca de Estudios Bíblicos 107), Salamanca 2002.

Deutsch
Hieke, T., Die Logienquelle. Eine Übersetzung auf Basis des Internationalen Q-Projekts, in: BiKi 54 (2/1999) I–XXIV.
→ Diese Ausgabe ist leicht lesbar und für ein breiteres Publikum gut geeignet.

Englisch
Robinson, J. M., The Sayings of Jesus. The Sayings Gospel Q in English, Minneapolis (MN) 2002.

Französisch
Amsler F., L'Évangile inconnu. La Source des paroles de Jésus (Q) (Essais bibliques 30), Genève 2001.

4. Der rekonstruierte Q-Text

Der in diesem Band wiedergegebene Text richtet sich nach: Hieke, T., Die Logienquelle. Eine Übersetzung auf Basis des Internationalen Q-Projekts, in: BiKi 54 (2/1999) I–XXIV. Es handelt sich hierbei um einen Text, der besonders für ein breiteres Publikum gut geeignet scheint, da er nicht unnötig mit kritischen Anmerkungen überfrachtet ist, aber dennoch ein guter Gesamteindruck von der Rekonstruktionsarbeit zur Logienquelle entsteht.[71]

4.1 Erläuterung der Markierungen im Text

Nach der »**Q-Stelle**« (die sich nach der Lk-Zählung richtet) und einer Überschrift folgt die Angabe der Matthäus- und Lukas-Stelle, aus denen der Q-Text rekonstruiert werden kann. Die Angabe **QMt** besagt, dass ein Text, der nur bei Matthäus vorkommt (und bei Lukas nicht auftaucht), dennoch für Q gehalten wird. Hier muss zwangsläufig die Matthäus-Versangabe übernommen werden. Wenn im **Markus-Evangelium** der gleiche oder ein ähnlicher Text überliefert ist (Überlappung von Markus und Q) oder sonst ein Einfluss aus dem zweiten Evangelium zu berücksichtigen ist, wird auch diese Stelle genannt. **Weitere Stellen** aus dem Matthäus- und dem Lukas-Evangelium werden angeführt, wenn sie formale und inhaltliche Berührungen zu dem Spruch aus Q zeigen.

---

71 Der Text von Hieke datiert in das Jahr 1999 und ist damit nicht mehr auf dem allerneuesten Stand der Rekonstruktionsversuche. Leider war der Abdruck der letztpublizierten Textvariante des IQP in diesem Buch aus lizenzrechtlichen Gründen nicht möglich. Da allerdings ohnehin auch der Text der *Critical Edition* beständigen Überarbeitungen unterworfen ist und künftige Neuauflagen geplant sind (s. o. I.3.8.3), ist auch der letztpublizierte Text des IQP nicht mehr völlig aktuell. Obendrein beziehen sich die Aktualisierungen des IQP zumeist nur auf Feinheiten der *griechischen* Textrekonstruktion, die in einer *deutschen* Übersetzung kaum zu Buche schlagen. Somit ist der Unterschied für die hier präsentierte Textfassung marginal, zumal der hier gewählte Text ausdrücklich auf leichte Lesbarkeit abzielen soll. Für all jene aber, die wissenschaftlich an der Textrekonstruktion arbeiten wollen, muss ohnehin auf den griechischen Text der *Critical Edition* verwiesen werden.
Der hier präsentierte Text kann auch im Internet abgerufen werden unter: https://www.bibelwerk.de/sixcms/media.php/169/WUB214_LogienquelleDL.pdf (Zugriff: 24.3.2016). Der Text im Internet weicht geringfügig vom Text in BiKi ab – in diesem Fall wurde dem Text aus dem Internet der Vorzug gegeben. Kleinere Fehler wurden stillschweigend korrigiert.

4.1 Erläuterung der Markierungen im Text

Ein glatter Text ohne jegliche Markierungen würde über die Tatsache hinwegtäuschen, dass der Q-Text an manchen Stellen nur sehr bruchstückhaft und mit abgestufter Wahrscheinlichkeit zu rekonstruieren ist. Daher war es auch hier notwendig, einige Markierungen über den Zustand des Textes anzubringen:

Fett   **Fettgedruckter Text** deutet eine wörtliche Übereinstimmung zwischen Matthäus und Lukas im griechischen Urtext an (der sog. »sichere Q-Text« oder »minimal Q«).

Normal   Bei **normal gedrucktem Text** bestehen Abweichungen zwischen Matthäus und Lukas, so dass man sich für eine Variante entscheiden muss. Dabei ist die Wahrscheinlichkeit, mit der der Q-Text rekonstruiert wird, ausreichend hoch.

Kursiv   ***Kursiv* gedruckter Text** markiert Unsicherheiten in der Rekonstruktion: Die Wahrscheinlichkeit, mit der der Q-Text rekonstruiert wird, ist geringer als bei den Abschnitten, die im Normaldruck erscheinen.

« »   Wenn der griechische Text nicht genau rekonstruiert werden kann, wird versucht, den ungefähren Inhalt im Deutschen wiederzugeben. Dabei wird dieser Text zwischen **doppelte Spitzklammern** gesetzt. Wenn es für das Verständnis nötig ist, werden hier beide Versionen hintereinander geboten, z. B. «jener (Mt)/dieser (Lk)». Ist der Text zwischen den Spitzklammern **normal** gesetzt, so besteht eine ausreichende Wahrscheinlichkeit, dass hier ein Text in Q stand, dessen Wortlaut nicht exakt bestimmbar ist, der aber inhaltlich dem Vorschlag zwischen den Spitzklammern entspricht. Wenn begründete Zweifel daran bestehen, dass hier überhaupt ein Text in Q stand, dann ist der Vorschlag zwischen den Spitzklammern *kursiv* gesetzt. Dies ist etwa dann der Fall, wenn vermutet wird, dass ein Text in Q stand, der nur bei Matthäus oder nur bei Lukas vorkommt (z. B. Q 12,49).

...   Wenn kein griechischer Text rekonstruiert werden konnte und es nicht möglich ist, den Inhalt ungefähr zu bestimmen, werden **drei Punkte** gesetzt. Sie besagen, dass nicht rekonstruiert werden kann, wie der Q-Text an dieser Stelle lautete.

..   Wenn begründete Zweifel bestehen, dass hier überhaupt ein Text in Q war, werden nur **zwei Punkte** gesetzt.

?Titel?   Wenn es bei ganzen Versen sehr zweifelhaft erscheint, ob sie Bestandteil von Q waren, werden diese Versangaben

?Q 7,29–30?   zwischen **zwei Fragezeichen** gesetzt. Statt des Textes werden nur zwei Punkte (..) gedruckt. In der Fußnote wird der Text von Matthäus und Lukas nach der Einheitsübersetzung oder einer eigenen Übersetzung beigefügt.

‹ ›   Wenn für Q ein Text zu vermuten ist, der weder in Matthäus noch in Lukas gefunden werden kann, wird dieser Text zwischen **einfache Spitzklammern** gesetzt.

⟨...⟩   Wenn zwischen diesen Spitzklammern nur **drei Punkte** stehen, heisst das: Hier muss ein Text in Q stehen, der so weder bei Matthäus noch bei Lukas zu finden ist, da beide Evangelisten die Vorlage in ihrem redaktionellen Interesse verändert haben. Allerdings ist dieser vermutete Text nicht zu rekonstruieren.

⟨..⟩   **Zwei Punkte** zeigen, dass es zweifelhaft ist, ob hier ein Text in Q stand. Wenn Q einen Text an dieser Stelle hatte, lautete er weder wie die Matthäus- noch wie die Lukas-Stelle.

()   **Runde Klammern** in der deutschen Übersetzung kennzeichnen zum besseren Verständnis hinzugesetzte Worte.

4.2 Verwendung des Textes in diesem Band

Wenn im weiteren Verlauf dieses Buches Text aus der Logienquelle zitiert wird, dann unter Verwendung des hier wiedergegebenen Textes. Dabei wird allerdings aufgrund der leichteren Lesbarkeit auf Fett- und Kursivsetzungen verzichtet, die anderen textkritischen Zeichen (s. o. I.4.1) bleiben erhalten.

4.3 Der Text der Logienquelle

Auf den folgenden Seiten soll nun der Text der Logienquelle in der rekonstruierten Form wiedergegeben werden.

Die Logienquelle

?Titel?

Mt: –   Lk: –

‹..› – Ob »Q« einen Titel hatte, kann nicht mit Sicherheit entschieden werden, ebensowenig, wie ein solcher Titel gelautet haben könnte. Das Siglum »Q« ist kein Titel, sondern eine rein technische Bezeichnung. Sie wurde dem Text von der Forschung am Ende des 19. Jahrhunderts zugelegt.

Q 3,0
Das Incipit

Mt: Anfang von Kapitel 3
Lk: Anfang von Kapitel 3[72]

« ‹Worte› » ‹Jesus›

Q 3,2b–3
Das Auftreten des Johannes

Mt 3,1–6   Lk 3,1–4   Mk 1,2–6[73]

² ... Johannes in der Wüste ... ³ ... die ganze Gegend des Jordan ...

---

72 Matthäus und Lukas haben in ihren ersten beiden Kapiteln zum Teil sehr unterschiedliche Kindheitsgeschichten Jesu. Sie stammen nicht aus Q. Der Anfang von Q muss daher am Beginn des dritten Kapitels in Matthäus und Lukas vermutet werden. Es ist unklar, welchen Umfang er hatte. Durch die redaktionelle Einbindung des Q-Textes in die beiden Evangelien ist dieser Anfang entfallen.

73 Mt 3,1–2.5: In jenen Tagen trat Johannes der Täufer auf und verkündete in der Wüste von Judäa: 2 Kehrt um! Denn das Himmelreich ist nahe. ... 5 Die Leute von Jerusalem und ganz Judäa und aus der ganzen Gegend des Jordan zogen zu ihm hinaus; ...
Mk 1,4: So trat Johannes der Täufer in der Wüste auf und verkündigte die Taufe der Umkehr zur Vergebung der Sünden.
Lk 3,2–3: ... Da erging in der Wüste das Wort Gottes an Johannes, den Sohn des Zacharias. 3 Und er zog in die Gegend des Jordan und verkündigte dort überall die Taufe der Umkehr zur Vergebung der Sünden.

Q 3,7–9
Die Gerichtsankündigung des Johannes

Mt 3,7–10   Lk 3,7–9

⁷ Er sagte zu den *Volksmengen*, die kamen, *um von* **ihm** getauft *zu werden*: **Schlangenbrut! Wer hat euch gezeigt, dass ihr vor dem kommenden Zorn fliehen könnt?** ⁸ **Bringt also** Frucht, die der Umkehr entspricht, und **meint nicht, für euch sagen zu können: Wir haben Abraham als Vater. Denn ich sage euch: Gott kann aus diesen Steinen dem Abraham Kinder entstehen lassen!** ⁹ **Schon ist aber die Axt an die Wurzel der Bäume gelegt; jeder Baum, der keine gute Frucht bringt, wird umgehauen und ins Feuer geworfen.**

Q 3,16b–17
Johannes und der Kommende

Mt 3,11–12   Lk 3,16–17   Mk 1,7–8

¹⁶ **Ich taufe euch mit** Wasser, der **aber** nach mir **kommt, ist stärker als ich, ich bin nicht würdig, ihm die Sandalen** zu *tragen*; **er wird euch mit** *heiligem* **Geist und Feuer taufen;** ¹⁷ (er hat) **seine Worfschaufel in seiner Hand,** und er wird **seine Tenne reinigen, und** er wird **den Weizen** in **seine Scheune sammeln, die Spreu aber wird er in unauslöschlichem Feuer verbrennen.**

Q 3,21–22
Die Taufe Jesu[74]

Mt 3,13–17   Lk 3,21–22   Mk 1,9–11

²¹ Jesus wurde getauft, und der Himmel öffnete sich ²² der Geist … auf ihn …

---

74 Kursiv gedruckte Überschriften deuten an, dass die Zugehörigkeit dieser Verse zu Q eine geringere Wahrscheinlichkeit besitzt.
Mt 3,13.16-17: Zu dieser Zeit kam Jesus von Galiläa an den Jordan zu Johannes, um sich von ihm taufen zu lassen. 16 Kaum war Jesus getauft und aus dem Wasser gestiegen, da öffnete sich der Himmel, und er sah den Geist Gottes wie eine Taube auf sich herabkommen. 17 Und eine Stimme aus dem Himmel sprach: Das ist mein geliebter Sohn, an dem ich Gefallen gefunden habe.
Mk 1,9-11: In jenen Tagen kam Jesus aus Nazaret in Galiläa und ließ sich von Johannes im Jordan taufen. 10 Und als er aus dem Wasser stieg, sah er, dass der Himmel sich öffnete und der Geist wie eine Taube auf ihn herabkam. 11 Und eine Stimme aus dem Himmel sprach: Du bist mein geliebter Sohn, an dir habe ich Gefallen gefunden.
Lk 3,21-22: Zusammen mit dem ganzen Volk ließ auch Jesus sich taufen. Und während er betete, öffnete sich der Himmel, 22 und der Heilige Geist kam in körperlicher Gestalt wie eine Taube auf ihn herab, und eine Stimme aus dem Himmel sprach: Du bist mein geliebter Sohn, an dir habe ich Gefallen gefunden.

Q 4,1–13
Die Versuchungen Jesu

Mt 4,1–11 Lk 4,1–13 Mk 1,12–13

¹ **Jesus** aber wurde *vom* **Geist** in *die* **Wüste** geführt, ² **um vom Teufel versucht** *zu* **werden. Und** «er aß» **vierzig Tage** «nichts», ... er wurde hungrig. ³ **Und der Teufel sagte zu ihm: Wenn du Gottes Sohn bist, befiehl, dass diese Steine Brote werden.** ⁴ **Da** antwortete *ihm* **Jesus: Es steht geschrieben: Nicht von Brot allein lebt der Mensch.**

⁹ *Der Teufel* **nahm ihn mit nach Jerusalem und stellte ihn auf die Zinne des Tempels und sagte ihm: Wenn du Gottes Sohn bist, stürze dich hinab.** ¹⁰ **Denn es steht geschrieben: Seinen Engeln wird er deinetwegen Befehl geben,** ¹¹ **und sie werden dich auf Händen tragen, damit du deinen Fuß nicht an einen Stein stößt.** ¹² **Da** antwortete **Jesus** und **sagte ihm: Es steht geschrieben: Du sollst den Herrn, deinen Gott, nicht versuchen.**

⁵ **Da nahm ihn der Teufel mit auf einen** *sehr hohen* **Berg und zeigte ihm alle Reiche der Welt und ihre Pracht,** ⁶ **und er sagte ihm: Das alles werde ich dir geben,** ⁷ **wenn du mich anbetest.**

⁸ **Da** *antwortete Jesus und* **sagte ihm: Es steht geschrieben: Den Herrn, deinen Gott, sollst du anbeten und ihm allein dienen.**
¹³ **Da verließ ihn der Teufel.**

Q 4,16
Nazaret

Mt 4,13 Lk 4,16.31⁷⁵ Mk 6,1–2a; 1,21

... Nazara ...

---

75 Mt 4,13: Er verließ Nazaret, um in Kafarnaum zu wohnen, das am See liegt, im Gebiet von Sebulon und Naftali.
Lk 4,16: So kam er auch nach Nazaret, wo er aufgewachsen war, ...
Lk 4,31: Jesus ging hinab nach Kafarnaum, einer Stadt in Galiläa ...
Es wird vermutet, dass Q hier einen Hinweis auf einen Ortswechsel Jesu beinhaltete. Mehr als der im Griechischen auffällig geschriebene Ortsname »Nazara« kann jedoch nicht rekonstruiert werden.

Q 6,20–21
Die Seligpreisungen der Armen, Hungernden, Trauernden

Mt 5,1–3.6.4   Lk 6,20–21

²⁰ **Und** während er **seine** *Augen zu* **seinen Jüngern** *erhob,* **sagte er: Selig ihr Armen, denn** *euer* **ist das Reich** Gottes. ²¹ **Selig ihr Hungernden, denn** *ihr* **werdet gesättigt werden. Selig** *ihr Trauern* **den, denn** *ihr werdet getröstet werden.*

Q 6,22–23
Die Seligpreisung der Verfolgten

Mt 5,11–12   Lk 6,22–23

²² **Selig seid ihr, wenn sie euch schmähen und** *verfolgen* **und** *alles* **Böse** *gegen euch sagen um* **des Menschensohnes willen.** ²³ **Freut euch und** *jubelt,* **denn euer Lohn** im **Himmel ist groß; denn so** *verfolgten* **sie die Propheten** vor **euch.**

Q 6,27–28.35c
Liebt eure Feinde

Mt 5,44–45   Lk 6,27–28.35c

²⁷ **Liebt eure Feinde,** ²⁸ **und betet für die, die euch** *verfolgen,* ³⁵ᶜ **damit ihr Söhne eures Vaters werdet, denn** er lässt seine Sonne aufgehen **über Böse und** *Gute, und er lässt es regnen über Gerechte und Ungerechte.*

Q 6,29 – QMt 5,41 – Q 6,30
Verzicht auf das eigene Recht

Mt 5,39–42   Lk 6,29–30

²⁹ **Wer** dich **auf die eine Wange** schlägt, **dem** halte **auch die andere** hin, und **dem,** der mit dir vor Gericht gehen und **dein Untergewand** nehmen will, dem lass **auch dein Obergewand.**
«^(QMt 5,41) Und wer dich zwingt, eine Meile mit ihm zu gehen, mit dem geh zwei.»
³⁰ Dem, **der dich bittet, gib,** und von **dem,** der sich geliehen hat, fordere **nicht** das, was dir gehört, zurück.

Q 6,31
Die Goldene Regel

Mt 7,12   Lk 6,31

Und wie **ihr wollt, dass euch die Menschen behandeln,** so **behandelt** (auch) sie!

Q 6,32–34
Unparteilich in der Liebe

Mt 5,42.46–47   Lk 6,32–34

³²/³³ .. **Wenn ihr die liebt, die euch lieben,** welchen Lohn habt ihr? Tun dasselbe nicht **auch die** Zöllner? ³⁴ **Und wenn ihr** *denen leiht, von denen ihr hofft, es (wieder) zurückzubekommen,* welchen ‹Lohn habt› ihr *(davon)*? Tun dasselbe nicht **auch die** *Heiden*?

Q 6,36
Seid barmherzig wie euer Vater

Mt 5,48   Lk 6,36

³⁶ Seid barmherzig, **wie** .. **euer Vater** barmherzig **ist.**

Q 6,37–38
Richtet nicht

Mt 7,1–2   Lk 6,37–38   Mk 4,24

³⁷ .. **richtet nicht,** «damit (Mt)/und(Lk)» **ihr werdet nicht gerichtet;** *denn mit dem Urteil, mit dem ihr richtet, werdet ihr gerichtet werden,* ³⁸ und mit **dem Maß, mit dem ihr zumesst, wird euch zugemessen werden.**

Q 6,39
Blinde Blindenführer

Mt 15,13–14   Lk 6,39

Kann etwa **ein Blinder einen Blinden führen?** Werden nicht **beide in eine Grube fallen**?

Q 6,40
Schüler und Lehrer

Mt 10,24–25   Lk 6,40

Der Schüler ist nicht über dem Lehrer; *es genügt dem Schüler, dass er* **wie sein Lehrer** wird.

Q 6,41–42
Splitter und Balken

Mt 7,3–5   Lk 6,41–42

⁴¹ Warum aber siehst du den Splitter im Auge deines Bruders, den Balken aber in deinem Auge bemerkst du nicht? ⁴² Wie «wirst (Mt)/kannst (Lk)» du deinem Bruder *sagen:* **Lass mich den Splitter** *aus* **deinem Auge herausziehen, und siehe, der Balken ist in deinem Auge? Heuchler, ziehe zuerst den Balken aus deinem Auge, und dann wirst du klar sehen, um den Splitter «in (Mt)/aus (Lk)»** dem **Auge deines Bruders herauszuziehen.**

Q 6,43–45
Der Baum wird an seiner Frucht erkannt

Mt 7,15–20; 12,33–35   Lk 6,43–45

⁴³ .. Es gibt **keinen** guten **Baum, der** faule **Frucht bringt, und** *andererseits* **keinen faulen Baum, der gute Frucht bringt. ⁴⁴ Denn an der Frucht wird der Baum erkannt.** Sammelt man etwa von **Dornsträuchern Feigen** oder von Disteln Weintrauben? **⁴⁵ Der gute Mensch** bringt **aus dem guten Schatz Gutes** hervor, und der böse *Mensch* bringt **aus dem bösen** *Schatz* **Böses** hervor; **denn von dem,** wovon das **Herz überfließt, spricht** *sein* **Mund.**

Q 6,46
Nicht nur ›Herr, Herr‹ sagen

Mt 7,21   Lk 6,46

Was ruft ihr **mich: Herr, Herr,** und **tut** nicht, was ich sage?

Q 6,47–49
Auf Fels oder Sand gebaut

Mt 7,24–27   Lk 6,47–49

⁴⁷ Jeder, der meine Worte hört und sie tut, ⁴⁸ gleicht einem Menschen, **der** *sein* **Haus auf dem Felsen baute; und der Platzregen fiel herab und die Flüsse kamen** *und die Winde wehten* und prallten **gegen jenes Haus, aber** es stürzte **nicht** ein, denn es war auf dem Felsen gegründet.

⁴⁹ Und *jeder,* **der** *meine Worte* **hört und** *sie* **nicht tut, gleicht einem** Menschen, **der** *sein* **Haus auf** Sand **baute; und der Platzregen fiel herab und die Flüsse kamen** *und die Winde wehten* und stießen an **jenes Haus, und** sofort **stürzte es ein, und** sein *Einsturz* **war groß**.

Q 7,1–3.6–10
Der Glaube des Zenturio an Jesu Wort

Mt 7,28–29; 8,5–13   Lk 7,1–10

¹ *Und es geschah, als er diese Worte vollendete,* **ging er nach Kafarnaum hinein.** **² Ein Zenturio ³ kam** *zu ihm* **und bat ihn,** *wobei er sagte:* **² Mein Diener** *ist krank* .. . **³ Und er sagte ihm:** Soll ich **kommen** und ihn heilen? **⁶ Und der Zenturio** antwortete und sprach: **Herr, ich bin nicht würdig, dass du unter mein Dach hineingehst, ⁷ aber sage ein Wort, und** *lass* **meinen Diener gesund** werden. **⁸ Denn auch ich bin ein Mensch unter Kommandogewalt, und ich habe unter mir Soldaten, und ich sage diesem: Geh!, und er geht, und einem anderen: Komm!, und er kommt, und meinem Sklaven: Tu dies!, und er tut es. ⁹ Als aber Jesus (das) gehört hatte, staunte er, und er sagte** denen, die **ihm nachfolgten: Ich sage euch, in Israel habe ich solchen Glauben nicht gefunden. ¹⁰ Und** ‹...›[76].

---

76   Mt 8,13: Und Jesus sagte dem Zenturio: Geh hin, wie du geglaubt hast, soll es dir geschehen. Und der Diener wurde in jener Stunde gesund.
Lk 7,10: Und als die Gesandten zum Haus zurückkehrten, fanden sie den Sklaven gesund.

Q 7,18-19.22-23
Johannes fragt: Bist du der Kommende?

Mt 11,2-6   Lk 7,18-23

¹⁸ .. Johannes .. .. ¹⁹ sandte hin «und ließ» ihm durch seine Jünger «sagen»: Bist du der Kommende oder sollen wir einen anderen erwarten? ²² Und *er* antwortete und sagte ihnen: Geht und berichtet Johannes, was ihr hört und seht: Blinde sehen wieder, und Gelähmte gehen umher, Aussätzige werden rein, und Taube hören, und Tote stehen auf, und Arme bekommen eine gute Nachricht zu hören. ²³ Und selig ist, wer nicht Anstoß nimmt an mir.

Q 7,24-28
Johannes – mehr als ein Prophet

Mt 11,7-11   Lk 7,24-28   Mk 1,2

²⁴ Nachdem diese weggegangen waren, begann *er* zu den Volksmengen über Johannes zu sprechen: Was habt ihr anschauen wollen, weshalb ihr in die Wüste hinausgegangen seid? Ein Schilfrohr, das vom Wind hin- und herbewegt wird? ²⁵ Oder was habt ihr sehen wollen, weshalb ihr hinausgegangen seid? Einen Menschen, mit weichen Gewändern bekleidet? Siehe, die, die weiche Gewänder tragen, sind in den Palästen der Könige. ²⁶ Was aber habt ihr sehen wollen, weshalb ihr hinausgegangen seid? Einen Propheten? Ja, ich sage euch, einen, der sogar noch mehr ist als ein Prophet. ²⁷ Dieser ist es, über den geschrieben steht: Siehe, ich sende meinen Boten vor dir her, der deinen Weg vor dir bereiten soll. ²⁸ Ich sage euch: Es ist niemand aufgetreten unter denen, die von Frauen geboren sind, der größer ist als Johannes; es ist der Kleinste aber im Reich Gottes größer als er.

?Q 7,29-30?
?Für und gegen Johannes?

Mt 21,28-32[77]   Lk 7,29-30[78]

29 .. 30 ..

---

[77] Mt 21,31-32: 31 Amen, das sage ich euch: Zöllner und Dirnen gelangen eher in das Reich Gottes als ihr. 32 Denn Johannes ist gekommen, um euch den Weg der Gerechtigkeit zu zeigen, und ihr habt ihm nicht geglaubt; aber die Zöllner und die Dirnen haben ihm geglaubt. Ihr habt es gesehen, und doch habt ihr nicht bereut und ihm nicht geglaubt.

[78] Lk 7,29-30: 29 Das ganze Volk, das Johannes hörte, selbst die Zöllner, sie alle haben den Willen Gottes anerkannt und sich von Johannes taufen lassen. 30 Doch die Pharisäer und die Gesetzeslehrer haben den Willen Gottes missachtet und sich von Johannes nicht taufen lassen.

Q 7,31–35
Diese Generation und die Kinder der Weisheit

Mt 11,16–19   Lk 7,31–35

³¹ .. wem soll ich diese Generation vergleichen, und wem gleicht sie? ³² Sie gleicht Kindern, die auf *den* Marktplätzen sitzen, die *den anderen* zurufen und sagen: Wir haben für euch mit der Flöte gespielt, und ihr habt nicht getanzt, wir haben einen Klagegesang angestimmt, und ihr habt nicht geweint. ³³ Denn es kam Johannes, er aß nicht und trank nicht, und ihr sagt: Er hat einen Dämon. ³⁴ Es kam der Menschensohn, er aß und trank, und ihr sagt: Siehe, ein Fresser und Weinsäufer, ein Freund der Zöllner und Sünder. ³⁵ Und doch ist die Weisheit durch ihre Kinder gerechtfertigt worden.

Q 9,57–60
Radikale Nachfolge

Mt 8,18–22   Lk 9,57–62

⁵⁷ Und jemand sagte ihm: Ich werde dir nachfolgen, wohin du auch gehst. ⁵⁸ Und Jesus sagte ihm: Die Füchse haben Höhlen und die Vögel des Himmels Nester, der Menschensohn aber hat nichts, wo er seinen Kopf hinlegen könnte. ⁵⁹ Ein anderer aber sagte ihm: Herr, lass mich zuerst weggehen und meinen Vater begraben. ⁶⁰ Aber er sagte ihm: Folge mir nach, *und* lass die Toten ihre eigenen Toten begraben.

Q 10,2
Arbeiter für die Ernte

Mt 9,37–38   Lk 10,2

Er sagte .. seinen Jüngern: Die Ernte ist groß, aber die Arbeiter sind wenige; bittet also den Herrn der Ernte, dass er Arbeiter in seine Ernte schicke.

Q 10,3
Wie Schafe unter Wölfe

Mt 10,16   Lk 10,3

Geht! Siehe, ich sende euch wie Schafe unter Wölfe.

Q 10,4
Ohne Ausrüstung

Mt 10,9–10   Lk 10,4   Mk 6,8–9

Tragt weder *Geldbeutel* noch einen **Reisesack** noch **Sandalen**, auch keinen Stock, und grüßt niemanden unterwegs.

Q 10,5–6.7–8.9
Verhalten in Häusern und Städten

Mt 10,7–8.11–13   Lk 10,5–9   Mk 6,10

⁵ **In welches Haus ihr auch geht,** sagt *zuerst:* Friede *diesem Haus!* ⁶ **Und wenn** dort ein Sohn des Friedens **ist,** soll **auf ihn euer Frieden** kommen; **wenn aber nicht,** *soll euer Friede zu* **euch** *zurückkehren.* ⁷ Bleibt *in jenem Haus,* esst und trinkt, was sie haben, **denn der Arbeiter ist seines** Lohnes **wert.** *Geht nicht von Haus zu Haus.* ⁸ Und **in welche Stadt ihr auch** *hineingeht* und sie euch aufnehmen, *esst, was sie euch vorsetzen.* ⁹ Und **heilt die Kranken** in ihr, und **sagt** ihnen: **Das Reich** Gottes **ist** euch **nahe gekommen.**

Q 10,10–12
Reaktion auf die Ablehnung in einer Stadt

Mt 10,7.14–15   Lk 10,10–12   Mk 6,11

¹⁰ In welche Stadt ihr **auch** hineingeht und **sie euch nicht aufnehmen, dann geht** *aus jener Stadt* **weg,** ¹¹ schüttelt **den Staub von** euren **Füßen.** ¹² **Ich sage euch: Sodom wird es an** jenem **Tag erträglicher ergehen als jener Stadt.**

Q 10,13–15
Weherufe gegen galiläische Städte

Mt 11,20–24   Lk 10,13–15

¹³ Wehe dir, Chorazin! Wehe dir, Betsaida! Denn wenn in Tyrus und Sidon die Wundertaten geschehen wären, die bei euch geschehen sind, schon längst hätten sie in Sack und Asche Buße getan. ¹⁴ Tyrus und Sidon wird es jedoch im Gericht erträglicher ergehen als euch. ¹⁵ Und du, Kafarnaum, wirst du etwa bis zum Himmel erhöht werden? Bis zum Hades wirst du hinabgestoßen werden.

Q 10,16
Wer euch aufnimmt, nimmt mich auf

Mt 10,40 Lk 10,16 Mt 18,5 Mk 9,37 Lk 9,48

Wer euch aufnimmt, nimmt **mich** auf, *und* **wer** mich aufnimmt, nimmt den auf, der mich gesandt hat.

Q 10,21
Weisen verborgen, Einfältigen offenbart

Mt 11,25–26 Lk 10,21

In «jener Zeit (Mt)/dieser Stunde (Lk)» sagte er: Ich preise dich, Vater, Herr des Himmels und der Erde, denn du hast dies vor Weisen und Klugen verborgen, und du hast es den Einfältigen geoffenbart; ja, Vater, denn so hat es dir gefallen.

Q 10,22
Alles ist dem Sohn übergeben

Mt 11,27 Lk 10,22

Alles ist mir von meinem Vater übergeben worden, und niemand kennt den Sohn außer der Vater, noch *kennt jemand* den Vater außer der Sohn und der, dem es der Sohn offenbaren will.

Q 10,23–24
Die Seligpreisung der Zeugen Jesu

Mt 13,16–17 Lk 10,23–24

[23] Selig die Augen, die sehen, was ihr seht. [24] Denn ich sage euch: Viele Propheten und Könige *begehrten* zu sehen, was ihr seht, und sahen es nicht, und zu hören, was ihr hört, und hörten es nicht.

Q 11,2b–4
Das Gebet zum Vater

Mt 6,7–13   Lk 11,1–4

² *Wenn ihr* **betet,** *sagt:* **Vater, geheiligt werde dein Name. Es komme dein Reich.**
³ **Unser tägliches Brot gib uns heute.** ⁴ **Und erlasse uns unsere Schulden, wie** auch **wir** (sie) **unseren Schuldnern erlassen. Und führe uns nicht in Versuchung.**

Q 11,9–13
Dem Bittenden wird gegeben

Mt 7,7–11   Lk 11,9–13

⁹ Ich sage euch: **Bittet, und es wird euch gegeben werden, sucht, und ihr werdet finden, klopft an, und es wird euch geöffnet werden.** ¹⁰ **Denn jeder, der bittet, empfängt, und der, der sucht, findet, und dem, der anklopft, wird geöffnet werden.** ¹¹ **Wer von euch** ist **ein Mensch, der, wenn ihn sein Sohn um Brot bittet, ihm** etwa **einen** Stein **gäbe?** ¹² **Oder auch, wenn er um einen Fisch bittet, ihm** etwa **eine Schlange gäbe?** ¹³ **Wenn nun ihr, die ihr böse seid, es versteht, euren Kindern gute Gaben zu geben, um wieviel mehr wird der Vater vom Himmel** her **denen** Gutes **geben, die ihn bitten.**

Q 11,14–15.17–20.«21–22».23
Zurückweisung des Beelzebul-Vorwurfs

Mt 9,32–34; 12,22–30   Lk 11,14–23   Mk 3,22–27; 9,40   Lk 9,50

¹⁴ Und er trieb **einen stummen Dämon** aus. **Und als der Dämon ausgetrieben worden war, begann der Stumme zu sprechen. Und die Volksmengen staunten.** ¹⁵ **Einige aber sagten: Durch Beelzebul, den Herrscher der Dämonen, treibt er die Dämonen aus.** ¹⁷ **Er aber, der ihre** Gedanken **kannte, sagte ihnen: Jedes Reich, das** *gegen sich* **selbst im Streit liegt, wird verwüstet, und** jedes **Haus, das gegen sich selbst im Streit liegt, wird nicht Bestand haben.** ¹⁸ **Und wenn der Satan mit sich selbst im Streit liegt, wie wird sein Reich Bestand haben?** ¹⁹ **Und wenn ich mit Beelzebul die Dämonen austreibe, mit wem treiben sie eure Söhne aus? Daher werden sie eure Richter sein.** ²⁰ **Wenn ich aber mit dem Finger Gottes die Dämonen austreibe, dann ist zu euch das Reich Gottes gekommen.** «²¹ *Ein Starker kann nicht beraubt werden,* ²² *wenn aber ein Stärkerer ihn besiegt, wird er beraubt.*» ²³ **Wer nicht mit mir ist, ist gegen mich, und wer nicht mit mir sammelt, zerstreut.**

Q 11,24–26
Die Rückkehr des unreinen Geistes

Mt 12,43–45   Lk 11,24–26

²⁴ Wenn der unreine Geist aus dem Menschen herausgekommen ist, wandert er durch wasserlose Gegenden und sucht Ruhe und findet keine. *Dann sagt er:* Ich werde in mein Haus zurückkehren, woher ich gekommen bin. ²⁵ Und wenn er kommt, findet er es gefegt und geschmückt. ²⁶ Dann geht er und nimmt sieben andere Geister mit sich, schlimmer als er selbst, und sie kommen hinein und wohnen dort; und der spätere Zustand jenes Menschen wird schlimmer als der erste.

?Q 11,27–28?
?Gottes Wort hören und befolgen?

Lk 11,27–28[79]

²⁷ .. ²⁸ ..

Q 11,16.29–30
Das Zeichen des Jona für diese Generation

Mt 12,38–40   Lk 11,16.29–30   Mt 16,1–2a.4   Mk 8,11–12

¹⁶ Einige *aber von den Pharisäern* forderten **ein Zeichen** von ihm. ²⁹ **Er aber** *sagte*: Diese Generation ist **eine böse Generation; sie fordert ein Zeichen, aber es wird ihr kein Zeichen gegeben werden – nur das Zeichen des Jona.** ³⁰ Denn wie **Jona** für die Niniviten zum Zeichen wurde, **so wird es** *auch* **der Menschensohn** für diese Generation sein.

---

79 Lk 11,27–28: Als er das sagte, rief eine Frau aus der Menge ihm zu: Selig die Frau, deren Leib dich getragen und deren Brust dich genährt hat. 28 Er aber erwiderte: Selig sind vielmehr die, die das Wort Gottes hören und es befolgen.

Q 11,31–32
Mehr als Salomo und Jona

Mt 12,41–42   Lk 11,31–32

³¹ Die Königin des Südlands wird im Gericht mit dieser Generation auferstehen und sie verurteilen; denn sie kam von den Enden der Erde, um die Weisheit Salomos zu hören, und siehe, hier ist mehr als Salomo. ³² Die Männer von Ninive werden im Gericht mit dieser Generation auferstehen und sie verurteilen; denn sie sind auf die Ankündigung des Jona hin umgekehrt, und siehe, hier ist mehr als Jona.

Q 11,33
Das Licht auf dem Leuchter

Mt 5,14–16   Lk 11,33   Mk 4,21   Lk 8,16

³³ **Niemand zündet eine Lampe an** und **stellt** sie *in ein Versteck,* **sondern auf einen Leuchter,** *und sie leuchtet allen im Haus.*

Q 11,34–35.36
Das Licht in dir

Mt 6,22–23   Lk 11,34–36

³⁴ **Die Lampe des Leibes ist das Auge. Wenn dein Auge aufrichtig ist,** *ist* **dein ganzer Leib erleuchtet;** wenn **aber** dein Auge **böse ist,** (ist) **dein ganzer Leib dunkel.** ³⁵ Wenn **nun das Licht in dir Dunkelheit ist,** wie groß ist (dann) die Dunkelheit. ³⁶ ..⁸⁰

---

80 Lk 11,36: Wenn nun dein ganzer Leib erleuchtet ist und keinen Teil mehr hat, der dunkel ist, wird er ganz erleuchtet sein, wie wenn die Lampe mit einem Strahl dich erleuchtet.

Q 11,?39a? 42.39b.41.43–44
Weherufe gegen Pharisäer

Mt 23,6.23–27   Lk 11,39[81]–44   Mk 12,37–40

³⁹ᵃ .. ⁴² Wehe euch, *den* Pharisäer*n*, denn ihr gebt den Zehnten von der Minze und dem Dill und dem Kümmel, und *ihr übergeht* das Recht und die Barmherzigkeit und die Treue! *Dieses aber sollte man tun und jenes nicht lassen.* ³⁹ᵇ Wehe euch, ‹den› Pharisäer‹n›, denn ihr reinigt das Äußere des Bechers und der Schüssel, **innen aber** *sind sie* **voll** von Raub und Unmäßigkeit. ⁴¹ *Reinigt* .. *das Innere des Bechers*, .. und ..[82] *sein Äußeres rein.* ⁴³ Wehe euch, den Pharisäern, denn ihr liebt *den Ehrenplatz bei den Festessen und* **den ersten Platz in den Synagogen und die Begrüßungen auf den Marktplätzen.** ⁴⁴ Wehe euch, ‹den› Pharisäer‹n›, **denn ihr** *seid wie* unkenntliche Gräber, **und die Menschen,** *die darüber hinweggehen, wissen es nicht.*

Q 11,46b.52.47–48
Weherufe gegen Gesetzeslehrer

Mt 23,4.13.29–32   Lk 11,46–48

⁴⁶ᵇ *Und* wehe euch, den *Gesetzeslehrern,* denn *ihr schnürt ...* Lasten[83] zusammen, und *legt (sie)* auf die Schultern der **Menschen,** selbst aber wollt ihr sie **nicht mit eurem Finger bewegen.** ⁵² Wehe euch, den *Gesetzeslehrern,* **denn** ihr **verschließt das** Reich ‹Gottes› vor den Menschen; ihr seid **weder hineingegangen** *noch lasst ihr* **die hineingehen, die hineingehen wollen.** ⁴⁷ Wehe euch, denn **ihr baut** die Grabdenkmäler der Propheten, **eure Väter** *aber haben sie getötet.* ⁴⁸ ... *ihr gebt* Zeugnis *gegen euch selbst, dass ihr die Söhne derer seid, die die Propheten getötet haben.*

---

81 Lk 11,39a: Da sagte der Herr zu ihm: O ihr Pharisäer! ...
82 damit auch sein Äußeres rein wird (Mt)/und siehe, alles wird für euch rein sein (Lk).
83 schwere Lasten und [kaum zu ertragende Dinge] (Mt)/kaum zu ertragende Lasten (Lk). Der Wortlaut bei Mt in eckigen Klammern ist textkritisch unsicher.

Q 11,49–51
Das Urteil der Weisheit über diese Generation

Mt 23,34–36   Lk 11,49–51

⁴⁹ **Daher** sagte die Weisheit .. auch: **Ich werde** *zu* ihnen **Propheten und** Weise **senden, und (einige) von** ihnen werden sie **töten und verfolgen,** ⁵⁰ *damit* **das Blut** aller **Propheten,** das **vom Anfang der Welt an vergossen worden ist,** von dieser Generation gefordert werde, ⁵¹ **vom Blut Abels bis zum Blut des Zacharias, der zwischen dem Altar und dem Tempelhaus** umgekommen ist; ja, **ich sage euch,** es wird von **dieser Generation** gefordert werden.

Q 12,2–3
Das Verborgene wird offenbar

Mt 10,26–27   Lk 12,2–3   Mk 4,22

² **Nichts ist verborgen, das nicht offenbart werden wird, und (nichts) geheim, das nicht bekannt wird.** ³ **Was ich euch** im Dunkeln sage, **sagt im Licht, und was ihr** im Ohr **hört, verkündet auf den Dächern.**

Q 12,4–5
Fürchtet die nicht, die nur den Leib töten

Mt 10,28   Lk 12,4–5

⁴ **Und fürchtet euch nicht vor denen, die den Leib töten,** die Seele aber **nicht** töten können. ⁵ **Fürchtet vielmehr den,** der sowohl die Seele als auch den Leib in der **Hölle** vernichten kann.

Q 12,6–7
Mehr wert als viele Spatzen

Mt 10,29–31   Lk 12,6–7

⁶ **Werden nicht** *fünf* **Spatzen für** *zwei* Assen[84] **verkauft? Und doch wird nicht einer von ihnen** auf die Erde fallen ohne (Beteiligung) *eueres Vaters.* ⁷ **Aber sogar die Haare eueres Kopfes** sind **alle** *gezählt.* **Fürchtet euch nicht: Ihr seid mehr wert als viele Spatzen.**

---

84 As: römische Bronzemünze, ein Sechzehntel des Tagelohns von einem Denar (Mt 20,2).

Q 12,8–9
Bekennen oder Verleugnen

Mt 10,32–33   Lk 12,8–9   Mk 8,38

⁸ Jeder, der sich zu mir vor den Menschen bekennt, zu dem wird *sich* auch *der Menschensohn* vor den Engeln **bekennen;** ⁹ wer mich aber vor den Menschen **verleugnet,** *wird* vor den Engeln verleugnet *werden.*

Q 12,10
Sprechen gegen den Heiligen Geist

Mt 12,31–32   Lk 12,10   Mk 3,28–30

Und wer ein **Wort** gegen **den Menschensohn** spricht, **dem wird vergeben werden;** wer aber gegen **den heiligen Geist** *spricht,* dem **wird nicht vergeben werden.**

Q 12,11–12
Verhöre vor Synagogengerichten

Mt 10,17–20   Lk 12,11–12   Mk 13,9–11   Lk 21,14–15

¹¹ **Wenn sie euch** vor die Synagogen(gerichte) bringen, **macht euch keine Sorgen, wie und was ihr** sprechen **sollt;** ¹² denn *der heilige Geist wird* **euch in** «jener (Mt)/ dieser (Lk)» **Stunde** lehren, was ihr sprechen sollt.

Q 12,22–31
Sorgt euch nicht

Mt 6,25–34   Lk 12,22–32

²² Daher sage ich euch: Sorgt euch weder um euer **Leben**, was ihr **essen** sollt, noch um eueren **Leib**, was ihr **anziehen** sollt. ²³ Ist nicht **das Leben mehr als die Nahrung und der Leib mehr als die Kleidung**? ²⁴ **Betrachtet die Raben: Weder säen sie, noch ernten sie**, noch sammeln sie in **Scheunen, und Gott ernährt sie doch. Seid ihr nicht mehr wert als** die Vögel? ²⁵ **Wer von euch, der sich sorgt, kann zu seinem Lebensalter eine Elle hinzufügen**? ²⁶ **Und was sorgt ihr euch über Kleidung?** ²⁷ *Lernt von* **den Lilien, wie sie wachsen; weder mühen sie sich ab, noch spinnen sie. Ich aber sage euch: Selbst Salomo in all seiner Herrlichkeit war nicht gekleidet wie eine von diesen.** ²⁸ **Wenn Gott aber das Gras, das** heute **auf dem Feld steht und morgen in den Ofen geworfen wird, so kleidet, wird er nicht euch um vieles mehr** *kleiden,* **ihr Kleingläubigen?** ²⁹ **Sorgt euch** *also* **nicht, indem ihr sagt: Was sollen wir essen?** *Oder* **was sollen wir** trinken? *Oder* **was sollen wir anziehen?** ³⁰ **Denn all das erstreben die Heiden; euer Vater weiß** *doch,* **dass ihr dies** *alles* **nötig habt.** ³¹ **Strebt** aber **nach seinem Reich, und dies** *alles* **wird euch hinzugegeben werden**.

QMt 6,19; Q 12,33–34
Sammelt Schätze im Himmel

Mt 6,19–21   Lk 12,33–34   Mt 19,21   Mk 10,21   Lk 18,22

«^(QMt 6,19) Sammelt euch nicht Schätze auf der Erde, wo Motte und Rost (sie) vernichten und wo Diebe einbrechen und stehlen;» ³³ sammelt euch vielmehr **Schätze im Himmel, wo** weder **Motte** noch Rost vernichten und wo **Diebe** weder einbrechen noch stehlen; ³⁴ **Denn wo** dein **Schatz ist, dort ist auch** dein **Herz**.

Q 12,39–40
Der Menschensohn kommt wie ein Dieb

Mt 24,42–44   Lk 12,39–40   Mk 13,35

³⁹ *Jenes* aber sollt ihr wissen: **Wenn der Hausherr gewusst hätte, in welcher** Nachtwache **der Dieb kommt, hätte er nicht** *zugelassen,* **dass in sein Haus eingebrochen wird.** ⁴⁰ **Seid auch ihr bereit, denn der Menschensohn kommt zu einer Stunde, die ihr nicht erwartet.**

Q 12,42–46
Der treue und der untreue Sklave

Mt 24,45-51   Lk 12,41-46

⁴² Wer also ist der treue *und* verständige Sklave, den der Herr über sein Hausgesinde eingesetzt hat, um *ihnen* zur rechten Zeit Nahrung zu geben? ⁴³ Selig jener Sklave, den sein Herr so handelnd finden wird, wenn er kommt. ⁴⁴ Amen, ich sage euch: Über alles, was ihm gehört, wird er ihn einsetzen. ⁴⁵ Wenn aber jener Sklave in seinem Herzen sagt: Mein Herr lässt sich Zeit, und anfängt, *seine Mit-Sklaven* zu schlagen, und isst und trinkt *und sich dabei* betrinkt, ⁴⁶ wird der Herr jenes Sklaven an einem Tag kommen, den er nicht erwartet, und zu einer Stunde, die er nicht kennt, und er wird ihn in Stücke hauen, und er wird ihm seinen Platz unter den Ungläubigen anweisen.

Q 12,49
Feuer auf die Erde

Lk 12,49

«⁴⁹ Feuer auf die Erde zu werfen, bin ich gekommen, und wie wollte ich, dass es schon angezündet sei.»

Q 12,51.53
Kinder gegen Eltern

Mt 10,34-36   Lk 12,50-53

⁵¹ Meint ihr, dass ich gekommen bin, um Frieden auf die Erde zu bringen? Ich bin nicht gekommen, Frieden zu bringen, sondern das Schwert. ⁵³ Denn ich bin gekommen zu entzweien: (den) Sohn *gegen* (den) Vater und (die) Tochter *gegen* ihre Mutter und (die) Schwiegertochter *gegen* ihre Schwiegermutter.

Q 12,54–56
Beurteilung der Zeit

Mt 16,2-3   Lk 12,54-56

⁵⁴ .. Wenn es Abend ist, sagt ihr: (Es gibt) gutes Wetter, denn der Himmel ist rot, ⁵⁵ und am Morgen: Heute (gibt es) Sturm, denn der Himmel ist rot und düster. ⁵⁶ Das Aussehen des Himmels versteht ihr zu beurteilen, die Zeit aber könnt ihr nicht (beurteilen)?

Q 12,58–59
Außergerichtliche Einigung

Mt 5,25–26   Lk 12,57–59

⁵⁸ *Solange* du mit **deinem Prozessgegner auf dem Weg** «bist (Mt)/gehst (Lk)», gib dir Mühe, von **ihm** loszukommen, **damit dich** der Prozessgegner **nicht dem Richter übergebe und der Richter dem** Gerichtsdiener **und** der ‹Gerichtsdiener› dich **ins Gefängnis werfe.** ⁵⁹ **Ich sage dir, du wirst von dort nicht herauskommen, bis du den letzten** *Pfennig* **zurückgezahlt hast.**

Q 13,18–19
Das Gleichnis vom Senfkorn

Mt 13,31–32   Lk 13,18–19   Mk 4,30–32

¹⁸ Wem gleicht **das Reich** Gottes, und womit könnte ich es vergleichen? ¹⁹ **Es gleicht einem Senfkorn, das ein Mensch nahm und in seinen** Garten warf. **Und es wuchs und wurde** zu **einem Baum, und die Vögel des Himmels nisteten in seinen Zweigen.**

Q 13,20–21
Das Gleichnis vom Sauerteig

Mt 13,33   Lk 13,20–21

²⁰ **Und wieder sagte er: Womit könnte ich das Reich** Gottes **vergleichen?** ²¹ **Es gleicht einem Sauerteig, den eine Frau nahm und in drei** Sat[85] **Weizenmehl mischte, bis das ganze durchsäuert war.**

Q 13,24
Die enge Tür

Mt 7,13–14   Lk 13,22–24

Tretet ein durch die enge *Tür*, **denn viele** werden (danach) **streben einzutreten, und wenige** « ‹werden sie finden› ».

---

85 Hohlmaß: ca. acht Liter.

Q 13,25–27
Ich kenne euch nicht

Mt 25,10-12; 7,22-23   Lk 13,25-27

²⁵ *Wenn* **der** *Hausherr* **die Tür** *ver* **schlossen** *hat, und ihr anfangen werdet*, «- (Mt)/ *draußen zu stehen und an die Tür (Lk)»* **anzuklopfen und** *zu* **sag** *en*: **Herr, öffne uns!**, *so* **wird er euch antworten und** *sagen*: **Ich kenne euch nicht.** ²⁶ *Dann werdet ihr anfangen zu sagen*: **Wir** *aßen* **und** *tranken mit dir, und du hast in unseren Straßen gelehrt.* ²⁷ **Und** *er wird euch sagen*: **Ich kenne euch nicht** «- (Mt)/(*ich weiß nicht,*) *woher ihr seid (Lk)».* «**Weg**» *von mir,* «*ihr (Mt)/*all *ihr (Lk)*» Übel«*täter*»!

Q 13,29.28
Viele werden kommen von Osten und Westen

Mt 8,11-12   Lk 13,28-29

²⁹ **Und** *viele* **werden vom Osten und Westen kommen und zu Tisch liegen** ²⁸ **mit Abraham und Isaak und Jakob im Reich** *Gottes, ihr aber* «**werdet**» **hinausgeworfen** «**werden**»; **dort wird Weinen und Zähneknirschen sein.**

Q 13,30
Letzte werden erste sein[86]

Mt 20,16   Lk 13,30   Mt 19,30   Mk 10,31

«*So (Mt)/Und siehe (Lk)»: Letzte werden erste sein, und erste letzte.*

Q 13,34–35
Gericht über Jerusalem

Mt 23,37-39   Lk 13,34-35   (Mk 11,9-10)

³⁴ **Jerusalem, Jerusalem, du tötest die Propheten und steinigst die, die zu dir gesandt sind! Wie oft wollte ich deine Kinder sammeln wie eine Henne ihre Küken unter die Flügel** *sammelt,* **aber ihr habt nicht gewollt.** ³⁵ **Siehe, verlassen wird euch euer Haus. Ich sage euch, ihr werdet mich nicht mehr sehen bis** *es kommen wird, dass* **ihr sagt: Gesegnet, der im Namen des Herrn kommt!**

---

86 Die Zugehörigkeit dieses Verses zu Q wird trotz des nahezu gleichen Wortlauts in Matthäus und Lukas in Zweifel gezogen, da die Parallelität auch durch den sehr ähnlichen Spruch in Mk 10,31 bedingt sein könnte: Viele Erste aber werden Letzte sein, und die Letzten Erste.

Q 14,5
Der Ochse in der Grube

Mt 12,11–12   Lk 14,5

Und **er sagte ihnen: Wer** von euch, der einen Ochsen hat, würde, wenn dieser **am Sabbat in** eine *Grube* **fallen** würde, **ihn nicht** «herausziehen»?

Q 14,11
Wer sich selbst erhöht...

Mt 23,12   Lk 14,11   Lk 18,14

Jeder, der **sich selbst erhöht, wird erniedrigt werden, und** der **sich selbst erniedrigt, wird erhöht werden**.

Q 14,16–21.23
Das große Festmahl[87]

Mt 22,1–10   Lk 14,15–24

¹⁶ Und **er sagte ihnen: Das Reich** Gottes «gleicht» **ein** *em* **Mensch** *en*, der ein großes Gastmahl **bereitete**. ¹⁷ **Und er sandte seinen Sklaven, um den Eingeladenen zu sagen: Kommt, denn es ist schon bereit**. ¹⁸ «*Sie alle begannen, Entschuldigungen vorzubringen*.» «Der eine ging auf seinen **Acker** (Mt)/der erste sagte ihm: Ich habe einen **Acker** gekauft und muss gehen, um ihn anzusehen (Lk)» ¹⁹ «der andere (ging) an sein Geschäft (Mt)/und ein anderer sagte: Ich habe fünf Paar Ochsen gekauft und muss gehen, um sie anzuschauen (Lk)».
²⁰ «Und ein anderer sagte: Ich habe eine Frau geheiratet (Lk)[88]» ²¹ **Und als der Sklave** zurückkehrte, berichtete er dies seinem Herrn. **Daraufhin** wurde der Hausherr **zornig und sagte seinem Sklaven**: Geh **schnell** hinaus in die **Straßen**, und *wen auch immer ihr finden mögt, ladet ein* «*zu dem Fest*». ²³ **Und** nachmd d‹er› **Sklave**‹› in die Straßen **hinausgegang**en war‹›, versammelte‹› ‹er› alle, die ‹er› fand‹›; und das Haus war gefüllt.

---

87 Die kursiv gesetzte Überschrift und die entsprechenden Verszahlen sollen andeuten, dass die Rekonstruktion dieser Perikope insgesamt sehr unsicher ist.

88 Trotz großer Unsicherheit in der Rekonstruktion scheint hier die Lukas-Fassung den Q-Text eher wiederzugeben als die Matthäus-Fassung: Die übrigen aber ergriffen seine Sklaven, misshandelten und töteten sie (Mt 22,6).

Q 14,26
Wer seine Familie nicht hasst

Mt 10,37   Lk 14,26   Mt 19,29   Mk 10,29   Lk 18,29-30

Wenn einer nicht den *eigenen* **Vater** und die Mutter hasst, ‹kann er nicht mein Jünger sein›; **und** ‹wenn einer nicht den› Sohn und ‹die› Tochter ‹hasst›, kann er **nicht mein** Jünger sein.

Q 14,27
Wer sein Kreuz nicht auf sich nimmt

Mt 10,38   Lk 14,27   Mt 16,24   Mk 8,34   Lk 9,23

Wer nicht sein Kreuz auf sich nimmt **und mir** folgt, kann **nicht mein** Jünger sein.

Q 17,33
Wer sein Leben sucht

Mt 10,39   Lk 17,33   Mt 16,25   Mk 8,35   Lk 9,24

Wer **sein Leben** *erlangen will,* **wird es verlieren,** und *wer sein Leben um meinetwillen* **verliert, wird es** *erlangen.*

Q 14,34-35
Fades Salz

Mt 5,13   Lk 14,34-35   Mk 9,49-50

³⁴ Gut ist **das Salz; wenn** jedoch **das Salz fad wird, wodurch wird es** «wieder salzig werden»? ³⁵ Es ist weder **für** das Land noch für den Düngerhaufen brauchbar, man **wirft** es **hinaus.**

Q 15,4.7
Das verlorene Schaf

Mt 18,10–14   Lk 15,1–7

4 Welcher Mensch von **euch,** der **hundert Schafe hat und eines von ihnen** *verloren hat,* wird **nicht die neunundneunzig** «auf dem Berg (Mt)/in der Wüste (Lk)» **zurücklassen und** dem *einen, das verloren ist, hinterher* **gehen,** bis er **es findet?**
7 Ich sage euch: So freut man sich **im Himmel über** *dieses* (mehr) **als über** *die* **neunundneunzig.**

?Q 15,8–10?
?Die verlorene Münze?

Lk 15,8–10[89]

... .

Q 16,13
Gott oder Geld

Mt 6,24   Lk 16,13

Niemand kann zwei Herren dienen; denn entweder wird er den einen hassen und den anderen lieben, oder er wird dem einen anhängen und den anderen verachten. Ihr könnt nicht Gott dienen und dem Mammon.

Q 16,16
Seit Johannes das Reich Gottes

Mt 11,12–13   Lk 16,16

Das Gesetz und die Propheten (gehen) bis **Johannes.** Von *da* an leidet **das Reich Gottes Gewalt, und** Gewalttäter reißen **es** an sich.

---

89 Lk 15,8–10: 8 Oder wenn eine Frau zehn Drachmen hat und eine davon verliert, zündet sie dann nicht eine Lampe an, fegt das ganze Haus und sucht unermüdlich, bis sie das Geldstück findet? 9 Und wenn sie es gefunden hat, ruft sie ihre Freundinnen und Nachbarinnen zusammen und sagt: Freut euch mit mir; ich habe die Drachme wiedergefunden, die ich verloren hatte. 10 Ich sage euch: Ebenso herrscht auch bei den Engeln Gottes Freude über einen einzigen Sünder, der umkehrt.

Q 16,17
Kein Häkchen des Gesetzes vergeht

Mt 5,18   Lk 16,17   Mt 24,35   Mk 13,31   Lk 21,33

Es ist nämlich leichter, dass der **Himmel und** die **Erde vergehen, als dass ein Häkchen des Gesetzes** «seine Kraft verliert».

Q 16,18
Scheidung ist Ehebruch

Mt 5,32   Lk 16,18   Mt 19,9   Mk 10,11–12

Jeder, der seine Frau (aus der Ehe) **entlässt, begeht Ehebruch, und wer eine** (aus der Ehe) **Entlassene heiratet, begeht Ehebruch.**

Q 17,1–2
Wehe den Verführern

Mt 18,6–7   Lk 17,1–2   Mk 9,42

¹ Es ist notwendig, **dass Verführungen kommen, aber wehe dem, durch den sie kommen.** ² Es ist besser **für ihn,** *wenn* ein **Mühlstein um seinen Hals** gelegt wird **und er** *in das* **Meer** geworfen wird, **als dass er einen dieser Kleinen** (zur Sünde) **verführt.**

Q 17,3–4
Vergebt einander immer wieder

Mt 18,15–17.21–22   Lk 17,3–4

³ **Wenn dein Bruder sündigt,** warne ihn, und **wenn** *er auf dich hört, vergib ihm!*
⁴ **Und wenn er siebenmal** am Tag **gegen** dich **sündigen sollte, und** *er sich siebenmal an dich wendet und sagt: Ich bereue es,* **vergib ihm!**

Q 17,6
Glaube wie ein Senfkorn

Mt 17,19–20   Lk 17,5–6   Mt 21,21   Mk 11,22–23

Wenn ihr Glaube habt wie ein Senfkorn, würdet ihr **diese**m Maulbeerbaum sagen: Reiß dich mit der Wurzel aus und pflanze dich in das Meer; **und** er würde **euch** gehorchen.

?Q 17,20–21?
?Vom Kommen des Gottesreiches?

Lk 17,20–21[90]

20 ..   21 ..

Q 17,23–24
Der Menschensohn kommt wie ein Blitz

Mt 24,23–27   Lk 17,23–24   Mk 13,21–23

²³ «Und wenn sie» **euch** sagen: **Siehe,** *er ist in der Wüste!,* **geht nicht** hinaus; **siehe,** *er ist in den inneren Räumen!,* folgt (ihnen) **nicht.** ²⁴ **Denn wie der Blitz** *vom Osten* hervorkommt und *bis zum Westen scheint,* **so wird** der ‹Tag› des **Menschensohns sein.**

Q 17,37
Wo das Aas, dort die Geier

Mt 24,28   Lk 17,37

Wo das Aas **ist, da werden sich die Geier versammeln.**

---

90 Lk 17,20–21: ²⁰ Als Jesus von den Pharisäern gefragt wurde, wann das Reich Gottes komme, antwortete er: Das Reich Gottes kommt nicht so, dass man es an äußeren Zeichen erkennen könnte. ²¹ Man kann auch nicht sagen: Seht, hier ist es!, oder: Dort ist es! Denn: Das Reich Gottes ist (schon) mitten unter euch.

Q 17,26–27.30
Wie in den Tagen Noachs

Mt 24,37–39   Lk 17,26–30

²⁶ *Denn wie* in den **Tagen Noachs,** so **wird** *es auch in den Tagen* des **Menschensohns sein.** ²⁷ Sie aßen, **tranken, heirateten,** wurden **verheiratet, bis zu dem Tag, an dem Noach in die Arche ging und die Flut kam und sie alle** wegraffte. ³⁰ So wird es auch *an dem Tag sein,* wenn der **Menschensohn** *offenbar wird.*

Q 17,34–35
Mitgenommen oder zurückgelassen

Mt 24,40–41   Lk 17,34–35

³⁴ *Ich sage euch,* **zwei werden** auf einem Bett **sein, einer wird weggenommen und** einer **wird zurückgelassen.** ³⁵ **Zwei Frauen werden** an der Mühle **mahlen, eine wird weggenommen** und eine **wird zurückgelassen.**

Q 19,12-13.15-24.26.?27?
Das anvertraute Geld

Mt 25,14-30   Lk 19,11-27   Mk 13,34; 4,25   (Mt 13,12/Lk 8,18b)

¹² .. **ein Mensch,** *der sich auf eine Reise machte,* ¹³ **rief** seine **Sklaven und gab ihnen** «**zehn Minen**»⁹¹. ¹⁵ *Nach einer langen Zeit kam der Herr* jener **Sklaven und** hielt Abrechnung mit ihnen. ¹⁶ **Und der** erste «**kam**» **und sagte: Herr, deine** «**Mine**» **hat zehn dazu erworben.** ¹⁷ **Und er sagte ihm: Schön, guter Sklave,** du warst **vertrauenswürdig** «**im Kleinen**», über Vieles werde ich dich einsetzen. ¹⁸ **Und der** zweite **kam und sagte: Herr,** «**deine Mine hat fünf Minen eingebracht (Lk)**». ¹⁹ *Da sagte er auch ihm: Auch* dich werde ich über Vieles einsetzen. ²⁰ **Und der** *andere* **kam und sagte: Herr,** *ich wusste* **von dir, dass du ein harter Mensch bist, du erntest, wo du nicht gesät hast, und sammelst ein, wo du nicht** ausgestreut hast; ²¹ *so hatte ich Furcht, und ich ging und verbarg* deine «**Mine**» *in der Erde.* **Hier** *hast du das Deine.* ²² **Er sagte ihm: Du schlechter Sklave! Du wusstest, dass ich ernte, wo ich nicht gesät habe, und** sammle, **wo ich nicht** ausgestreut habe. ²³ *Und warum hast du* **mein Geld** *nicht auf die* **Bank** *gebracht?* **Und bei meiner Ankunft hätte ich** *das Meine* **mit Zinsen** empfangen. ²⁴ **Nehmt ihm** «**die Mine**» **weg und gebt** sie **dem, der die zehn** «**Minen**» **hat.** ²⁶ **Jedem, der hat, wird gegeben werden, von dem jedoch, der nichts hat, wird auch das, was er hat, weggenommen werden.** ²⁷ «..»⁹²

Q 22,28.30
Ihr werdet die zwölf Stämme Israels richten

Mt 19,28   Lk 22,28-30

²⁸ **Ihr,** die ihr **mir nachgefolgt seid,** ³⁰ **werdet** .. ‹..›⁹³ **auf Thronen sitzen und die zwölf Stämme Israels richten.**

---

91 Bei Matthäus erhalten drei Sklaven fünf, zwei und ein Talent(e), bei Lukas zehn Sklaven je eine Mine. Ein Talent beinhaltet 50 Minen. Talent (ca. 41 kg) und Mine (ca. 820 g) sind Gewichtseinheiten, deren Geldwert durch Abwiegen von Silber (seltener Gold) ermittelt wurde. Eine geringe Wahrscheinlichkeit spricht hier dafür, dass Lukas den Q-Text erhalten hat. Daher wird die Einheit »Mine« in doppelten Spitzklammern verwendet.

92 Mt 25,30: Werft den nichtsnutzigen Diener hinaus in die äußerste Finsternis! Dort wird er heulen und mit den Zähnen knirschen.
    Lk 19,27: Doch meine Feinde, die nicht wollten, dass ich ihr König werde – bringt sie her, und macht sie vor meinen Augen nieder!

93 Vor »auf Thronen« könnte in Q »im Reich ‹Gottes›« gestanden haben. Dies ist jedoch nicht mit ausreichend hoher Wahrscheinlichkeit nachzuweisen.

5. Die literarische Gattung von Q

5.1 Q – ein Evangelium?

Die Logienquelle diente als Quelle für zwei Evangelien – doch ist Q selbst schon ein »Evangelium«? Immerhin fehlt in der Logienquelle ein Passionsbericht, mehr noch: Der Tod Jesu wird nicht als heilsstiftend beschrieben und seine Auferstehung nicht erwähnt (s. u. III.2.7). Daher herrscht unter den Exegeten auch Unsicherheit, wie man die literarische Gattung von Q veranschlagen soll. Allerdings spiegelt diese Frage nur die Uneinigkeit der Forscher wider, wie die Definition eines »Evangeliums« selbst auszusehen hat.

5.2 Der Begriff »Evangelium«

Gemäß landläufigem Sprachgebrauch sind mit »Evangelium« die vier kanonischen Evangelien gemeint, in denen von den Worten und Taten Jesu in einem narrativen Spannungsbogen berichtet wird, wobei besonders das Kerygma von Jesu Tod und Auferstehung einen zentralen Platz beansprucht.[94] Allerdings gibt es auch außerhalb des NT eine Vielzahl apokrypher (also nicht-kanonischer) »Evangelien«, von denen etwa das Thomasevangelium keinen erkennbaren narrativen Plot, sondern nur eine lose Zusammenstellung von Jesusworten aufweist und das Kerygma von Jesu Tod und Auferstehung fehlt.

5.2.1 »Evangelium« in der Antike

Der antike Neutrum-Begriff εὐαγγέλιον (euangélion, »gute Botschaft«) wird zumeist im Plural (εὐαγγέλια, euangélia) gebraucht und meint ursprünglich den *Botenlohn* für das Überbringen einer guten Nachricht (so noch LXX 2 Sam 4,10). Allerdings nimmt schon in der LXX das Femininum Singular εὐαγγελία, (euangelía, 2 Sam 18,20.25.27; 2 Kön 7,9) die Bedeutung von »guter Botschaft« an (in 2 Sam 18,22 allerdings noch der »Botenlohn«). In römischer Zeit ging dann auch der Gebrauch des Neutrums in seiner Pluralform εὐαγγέλια immer stärker in die Bedeutung von »gute Nachricht« über; mit Beginn des Prinzipats wurde der Aus-

---

94 Vgl. im Folgenden Ebner, Evangelium, 113, und Broer/Weidemann, Einleitung, 27.

druck nur mehr auf gute Nachrichten aus dem Kaiserhaus enggeführt: Geburt oder Mündigkeitserklärung eines Thronfolgers, Thronbesteigung eines Kaisers, etc. Grundidee dahinter ist: *Die unangefochtene Ausübung kaiserlicher Herrschaft sichert den Frieden und ist Anlass für »Evangelien«.*[95] So etwa verkündet der jüdische Religionsphilosoph Philon von Alexandria (zwischen ca. 20 v. Chr. und 50 n. Chr.) die Thronbesteigung (Leg 231) und Genesung (Leg 18f.) des Kaisers Gaius (Caligula) als »Evangelien«, und der jüdische Historiker Flavius Josephus (zwischen 37/38 und 100 n. Chr.) bezeichnet die Thronbesteigung des Vespasian auch so (Bell 4,618).

5.2.2 Die »Frohbotschaft« in AT und Frühjudentum

Eine andere Form der *Friedenssicherung durch Königsherrschaft* ist die Verkündigung durch Jesus von Nazaret, der den Anbruch der *Gottesherrschaft* erwartete, wo nicht ein irdischer Herrscher, sondern Gott selbst seine heilsstiftende Herrschaft auf dieser Erde ausbreiten werde.[96] Hier übernimmt Jesus frühjüdische Erwartungen einer Art direkten Theokratie,[97] allerdings nicht gewaltsam durchgesetzt wie in der Erwartung der jüdischen Zeloten, sondern von Gott selbst als friedvolle, aber letztlich alles durchdringende Metamorphose in die Wege geleitet (vgl. Q 13,20f., das Gleichnis vom Sauerteig, das den ganzen Trog Mehl durchsäuert). Bereits im AT gab es die Erwartung, dass der endzeitliche Umbruch zum Heil durch einen »Freudenboten« kundgetan wird (Jes 52,7; 60,6; 61,1). Dabei wird jedoch nicht das Substantiv, sondern nur das Verb – in LXX εὐαγγελίζομαι (»frohbotschaften«) – verwendet. Das NT zitiert Jes 52,7 und 61,1 wiederholt und greift damit auch zur Zeit Jesu bestehende eschatologisch-messianische Erwartungen auf, wie die Anspielung auf Jes 61,1–3 in Qumran, 1QH XXIII (XVIII),14 und 4Q521 Frg. 2 + 4 II,12, belegen. Die Identifizierung Jesu mit dem jesajanischen Freudenboten kann auch schon für die Logienquelle (vgl. 7,22) veranschlagt werden (s. u. III.2.8).

5.2.3 Das mündliche »Urevangelium«

Die Vorstellung, dass nicht dem Kaiser in Rom, sondern Gott selbst die ausschließliche Königsherrschaft zusteht, bot nicht nur Qumraniten und Zeloten eine Steilvorlage, sondern auch den späteren Evangelisten. In seiner Geburtsgeschichte 2,1–20 kontrastiert Lk bewusst den vermeintlichen Friedensfürsten Augustus (*pax Augustea!*) mit dem wahren Friedensbringer Jesus (V 14), dessen Geburt vom Engel als Verkünder der frohen Botschaft (V 10: εὐαγγελίζομαι) angekündigt wird.[98] Die urchristlichen Evangelisten führten also die frühjüdische Kritik am Kaiserkult eigenständig weiter und kreierten mit dem Begriff εὐαγγέλιον *im Singular* einen Neologis-

---

95 Vgl. Ebner, Evangelium, 119.
96 Vgl. dazu Tiwald, Frühjudentum, 231f.
97 Vgl. dazu Hengel, Zeloten, 148; ebenso Tiwald, Frühjudentum, 156.
98 Vgl. Schreiber, Weihnachtspolitik, 69f.

mus, den es zuvor nicht gab: Die vielen »Evangelien« des Kaiserkults werden nun kontrastiert mit dem einen »Evangelium« in der Person Jesu.

Der mit Jesus verbundene Anbruch des Gottesreichs ist also der Beginn des christlichen »Evangeliums«. Damit ist noch keine literarische Form – das schriftliche Evangelium in Buchform – gemeint, sondern das »Urevangelium«,[99] die Botschaft vom rettenden Einschreiten Gottes, der nun seine befreiende Gottesherrschaft über die Erde ausdehnt. Dass die Urkirche dieses rettende Eingreifen Gottes ganz besonders in der Auferweckung Jesu von den Toten erlebte, wurde zur Initialzündung des Christentums, das forthin seinen Fokus besonders auf das Kerygma von Jesu Tod und Auferstehung legte. In diesem Prozess wurde der *Verkündiger* des Gottesreiches, Jesus, zum *Verkündigten*, dem Christus, der als unser Erlöser und Gottes Sohn das Heil für uns erwirkte.

5.2.4 »Evangelium« als literarische Gattung

Für das spätere Christentum wurden Tod und Auferstehung Jesu zum konstitutiven Bestandteil des »Evangeliums«; Bücher, in denen Jesu Tod und Auferstehung im Rahmen eines narrativen Plots verkündet wurden, bezeichnete man daher als »Evangelien«.

Allerdings denkt dieser Ansatz *ex post* – auf die Heilserfahrung der Auferstehung Jesu zurückblickend. Das ist legitim, aber nicht die einzige Möglichkeit. Jesus selbst hat seinen Tod nicht gewollt, er suchte den Glauben und die Umkehr der Menschen – ein »Erlösertod« war auch nach paulinischer Theologie nur durch unseren »Ungehorsam« nötig geworden (Röm 11,30–32). Die eigentliche Zeitenwende, der *Anbruch des Gottesreichs*, kristallisiert für das spätere Christentum zwar in Jesu Tod und Auferstehung am Deutlichsten aus, doch beginnt der Umbruch schon früher: Bereits in den Wunderheilungen Jesu, in den Wortereignissen seiner Gleichnisse und in seiner realsymbolisch-heilsstiftenden Mahlgemeinschaft mit Zöllnern und Sündern wirkt das Ferment des alles durchdringenden Sauerteigs des Gottesreichs (vgl. Q 13,20f.), wie es Jesus selbst sieht: »Wenn ich aber mit dem Finger Gottes die Dämonen austreibe, so ist die Königsherrschaft Gottes schon zu euch gekommen« (Q 11,20).

Auch wenn es erst ein Neologismus der späteren Evangelisten ist und der historische Jesus den Ausdruck »Evangelium« noch nicht verwendete, so beginnt das mündliche »Urevangelium« nicht erst mit Tod und Auferstehung Jesu – selbst wenn es dort zur Initialzündung des Christentums wurde. Denkt man also nicht *ex post*, sondern *ex ante*, aus dem Duktus frühjüdischer Heilserwartungen, denen Jesus und die Logienquelle noch stärker verbunden waren als die späteren Evangelien, so muss man auch der Logienquelle den Titel »Evangelium« zugestehen (zumal ja auch schon in Q 7,22 Jesus als jesajanischer Freudenbote identifiziert wird (s. u. III.2.8).

---

99 Vgl. Ebner, Evangelium, 120.

Eine Einengung des Begriffs »Evangelium« auf das paulinisch-markinische Kerygma wird der Fülle des historischen Werdegangs nicht gerecht.

5.3 Spruchevangelien im Urchristentum

Dass eine Einengung des Begriffs »Evangelium« auf das paulinisch-markinische Kerygma nicht der Fülle des historischen Werdegangs gerecht wird, bestätigt sich auch im Blick auf nicht-narrative und nicht-kanonische Jesusüberlieferungen.[100] Texte wie das Thomasevangelium müssten dann ihren Namen »Evangelium« einbüßen. Das aber würde nicht nur unter dem Blickwinkel des Evangeliumsbegriffs (s. o.), sondern auch unter dem Aspekt der Kanonwerdung zu a-historischen Einengungen führen: Der Evangeliumsbegriff würde dann aus der *ex post* erfolgten Kanonwerdung theologisch enggeführt, was aus dem *ex ante* argumentierenden Blick des Historikers schecht vertretbar ist.

5.3.1 Thomasevangelium

Neben der Logienquelle ist wohl das apokryphe Thomasevangelium (ThEv) das bekannteste Spruchevangelium der Urkirche. Es handelt sich hier um eine Sammlung von 114 lose aneinandergereihten Jesusworten (»Logien«), manche mit spärlichen Situationsangaben und ebenso spärlichen Dialogelementen versehen.[101] Der Text wurde in der Nähe von Nag Hammadi, einem Ort in Oberägypten, 1945 gefunden und war zuvor schon teilweise aus den Oxyrhynchos-Papyri bekannt. Das Thomasevangelium dürfte in der ersten Hälfte des 2. Jh. entstanden sein, wahrscheinlich in Syrien. Eine Erzähllinie fehlt im ThEv, zumeist sind die Logien unverbunden aneinandergereiht. Allerdings lassen sich auch hier bereits Stichwortanschlüsse ausmachen (Logion 25 und 26 sind verbunden durch das Stichwort »Bruder«, Logion 7 und 8 durch »Fleisch« etc.). Dennoch legt sich nahe, dass hier »die Tätigkeit eines Sammlers, der nicht immer einem durchdachten Gesamtplan folgt«,[102] im Hintergrund steht. Wahrscheinlich hat die Logienquelle Q auf dieselbe Weise ihren Anfang genommen, wenngleich der aus Mt und Lk rekonstruierte Text bereits eine stärkere narrative Sinnlinie aufweist (s. u. III.1). Das ThEv entstammt theologischen Vorstellungen, die einer frühen Gnosis nahestehen, wobei allerdings auch frühjüdische Weisheitsüberlieferungen noch erkennbar sind.[103] Auch wenn diese Berührungspunkte mit dem Frühjudentum im ThEv schon sehr abgeblasst und (früh)gnostisch überlagert sind, zeigt sich auch hier eine Parallele zum frühjüdischen Habitat der Logienquelle Q. Das ThEv besitzt – genauso wie Q – keine Passions- und Auferstehungsgeschichte und trägt trotzdem den Titel »Evangelium«.

---

100 Vgl. Heil, Evangelium, 67.
101 Vgl. dazu im Folgenden Klauck, Evangelien, 142–162, und McLean, Gospel, 321–345.
102 Klauck, Evangelien, 146.
103 Vgl. hier die Verwandtschaft von Logion 2 mit Sir 6,27f.; vgl. Klauck, Evangelien, 162.

Von den 114 Logia des ThEv besitzen 68 eine Parallele in den synoptischen Evangelien und davon 40 Logia eine Parallele in Q.[104] Die Frage, ob das ThEv einen eigenständigen Traditionsstrang neben den synoptischen Evangelien darstellt, wird kontrovers diskutiert. Es lassen sich allerdings konkrete Beispiele nennen, in denen das ThEv klar vom Wortlaut der Synoptiker abhängig und in diesen Fällen sekundär ist. In anderen Fällen hingegen könnten durchaus noch alte, vorsynoptische Traditionen erhalten geblieben sein. Wahrscheinlich hat H.-J. Klauck recht, wenn er diesen Befund des ThEv als Beleg für *secondary orality* (s. o. I.3.3.3) werten möchte. Anhand des ThEv können wir also exemplarisch studieren, wie komplex mündliche und schriftliche Tradition ineinandergreifen und einander auch noch nach der Schriftlichwerdung weiter durchdringen.

5.3.2 Jesus-Logien im JohEv

Neben dem ThEv, das uns tatsächlich auch als Papyrusfund erhalten geblieben ist, scheinen Sammlungen von Sprüchen Jesu im Urchristentum weiter verbreitet gewesen zu sein als dies Papyrusfunde alleine vermuten lassen. M. Theobald hat etwa darauf hingewiesen, dass auch Joh eine Sammlung alter Jesus-Logien vorgelegen sein muss, die wahrscheinlich noch gar nicht schriftlich, sondern nur mündlich tradiert wurde.[105] Dadurch ließen sich die Ähnlichkeiten zwischen der Logienquelle und dem JohEv analog zu den *Mark-Q Overlaps* (s. o. I.1.4.4) erklären. Weitere Berührungspunkte zwischen dieser mündlichen Quelle des JohEv und der Logienquelle Q sieht Theobald *strukturell* in der Sequenzierung von Spruchüberlieferung (Kernworte werden mit Kommentarworten und Redeeinleitungen versehen und wachsen zu thematischen Kränzen zusammen),[106] *theologisch* in der frühjüdischen Weisheitstheologie (ähnlich wie das spätere ThEv!),[107] *geographisch* in der Nähe zum syropalästinischen Habitat,[108] sowie *im Blick auf die Trägergruppe* durch die Nähe zu itineranten Predigern.[109]

---

104 Vgl. McLean, Gospel, 333.
105 Vgl. dazu und im Folgenden Theobald, Herrenworte, 197f.; ders., Johannes, 353–355; ders., Q.
106 Vgl. Theobald, Herrenworte, 555f.
107 Vgl. Theobald, Herrenworte, 530f. und 545. Auch Tuckett, Gospel, 289, nimmt an: »[The] FG [sc. Fourth gospel] certainly seems to share a significant, and distinctive, christological trajectory with Q, even if FG may be further ›advanced‹ along it.« Auch Broadhead, Gospel, 301, konstatiert: »FG [sc. Fourth Gospel] and Q certainly root in the same pool of primitive Christian traditions.« Genauso wie Theobald rechnen auch Tuckett und Broadhead natürlich nicht mit einer *literarischen* Abhängigkeit des JohEv von der Logienquelle.
108 Vgl. Theobald, Johannes, 354f.
109 Vgl. Theobald, Q, [im Erscheinen]: »*Logienquelle und Johannesevangelium bzw. der Trägerkreis eines wichtigen Segments johanneischer Wortüberlieferung wurzeln in einem vergleichbaren Milieu, dem der Wandermissionare des syrisch-palästinischen Grenzgebiets*« (Original kursiv). Diese Ähnlichkeiten werden auch beleuchtet bei Tiwald, Freedom, 125f.

5.3.3 Die Logienquelle als Spruchevangelium

Auch wenn uns die Logienquelle nicht mehr als eigener Text erhalten blieb, so kann man doch vermuten, dass unter den ersten Anhängern Jesu schon bald Spruchüberlieferungen Jesu mündlich tradiert wurden – eine mögliche Spruchquelle des JohEv und das ThEv legen solche Rückschlüsse nahe (syro-palästinisches Habitat, frühjüdische Weisheitstheologie, Wanderprediger). Wahrscheinlich war dies der Fundus, aus dem die wandernden Prediger ihr Repertoire bezogen. Dass diese mündlichen Traditionen später in zwar unterschiedlicher Weise, aber doch in alle vier (!) kanonischen Evangelien eingeflossen sind – für Mk vgl. die *Mark-Q Overlaps* (s. o. I.1.4.4), für Mt und Lk siehe die Logienquelle, für Joh siehe den obigen Beweisgang – belegt die *Tenazität* (die Zähigkeit und Widerstandsfähigkeit) *der Überlieferung* und damit die grundsätzliche Vertrauenswürdigkeit wie auch das hohe Alter dieser Traditionen. Dabei ist die Logienquelle weder »O-Ton Jesu« noch unmittelbares Dokument der Erstzeugen, sondern selbst schon eine fortgeschrittene Stufe im Traditionsprozess: Die mündlichen Logia sind hier schon schriftlich fixiert, ein narrativer Plot und eine beginnende thematische Gliederung sind der Abfassung bereits zugrunde gelegt; im Unterschied zum ThEv besitzt die Logienquelle bereits einen narrativen Gesamtduktus (s. u. III.1). Eine ursprünglich wohl frei flottierende mündliche Sammlung von Jesusworten wurde – spätestens bei der schriftlichen Abfassung von Q – in einen chronologischen Rahmen gesetzt (beginnend mit dem Täufer, endend mit dem Gericht über die Zwölf Stämme Israels) und zu thematischen Clustern zusammengebunden. Dabei ist auch ein gewisses dramatisches Crescendo grundgelegt – die Botschaft führt nicht nur zur »Krisis Israels« (s. u. II.2.5), sondern auch den einzelnen Hörer/Leser in die Entscheidung – mit Klimax im bevorstehenden endzeitlichen Gericht.

Allerdings besitzt Q hauptsächlich Redegut (»Logien«), wie der Name »Logienquelle« ja sagt. Dabei allerdings erfolgt bei manchen Reden schon eine situative Verortung durch Einpassung in einen narrativen Rahmen, wie etwa in Q 11,14 oder sogar eine weitere narrative Ausgestaltung, wie etwa bei der Versuchung Jesu (Q 4,1–13) und beim heidnischen Hauptmann von Kafarnaum (Q 7,1.3.6b–9).[110]

Durch all diese Hinweise wird die Einbettung der Logienquelle in den breiten Überlieferungsstrom der Jesustradition klar. Q stellt einen wichtigen Puzzlestein im Gesamtbild dieser Tradition dar: Zwar ist Q nicht der »O-Ton« Jesu, aber doch eine Art *missing link* zwischen Oralität und Schriftlichkeit wie auch zwischen Frühjudentum und Urchristentum.

Eine lediglich auf das paulinisch-markinische Kerygma abhebende Definition von »Evangelium« muss als »geschichtsvergessen« bezeichnet werden, da sie die Entstehungsgeschichte der Evangelientradition nicht genügend ernst nimmt und damit auch das Verbindungsseil zum historischen Jesus, dem Boten der Gottesherrschaft, kappt. Die Spruchüberlieferung ist – das dürfte hier klar geworden sein – unaufgeb-

---

110 Daher will Schnelle, Einleitung, 257, der Logienquelle auch das Genus »Proto-Evangelium« attribuieren.

barer Grundbestand der Evangelientradition selbst. Auch wenn auf dieser Entwicklungslinie verschiedene Stadien möglich sind, sollte man den Begriff »Evangelium« nicht erst irgendwo in der Mitte dieses Prozesses veranschlagen, sondern das ganze Spektrum an historischen Entfaltungen mitbedenken.[111]

---

[111] Das wird besonders bei einem Blick in die Didache (vgl. 8,2; 11,3; 15,3f.) deutlich. K. Niederwimmer, Didache, 75, hat diesbezüglich nachgewiesen, »daß das Wort ›Evangelium‹ ... mit den tradierten Logia des Kyrios verbunden ist.« Denn »›Evangelium‹ bezeichnet in Did. nicht die Missionsbotschaft von der Epiphanie, vom Tod, von der Auferstehung Jesu uns zugute, sondern das Wort bezieht sich im ausschließlichen auf die überlieferten *Worte des Kyrios*, auf die Jesus-Tradition im synoptischen Sinn, genauerhin: es sind immer nur Worte Jesu damit gemeint.«

Teil II: Der Kontext der Logienquelle

1. Zeit und Ort der Abfassung

1.1 Die Zeit der Abfassung

Der *terminus ante quem* für die Entstehung der Logienquelle ist mit der Abfassung des MtEv und LkEv gegeben, da diesen Q als schriftliche Quelle vorlag. Beide Evangelien entstanden wohl in den 80er-Jahren des 1. Jh.s n. Chr. Davor muss die Logienquelle geschrieben worden sein.

Der *terminus post quem* für Q ist hingegen das Wirken des historischen Jesus, dessen wahrscheinlichstes Todesdatum mit 30 n. Chr. angesetzt werden kann. Zwischen 30 und 80 liegen zwar nur 50 Jahre, doch gibt es auch bzgl. der Logienquelle Früh- und Spätdatierungsversuche.

1.1.1 Frühdatierung von Q

G. Theißen hat für eine Frühdatierung von Q in die 40er-Jahre plädiert: Hinter Q sieht er zu Recht eine »innerjüdische Erneuerungsbewegung«[112] (mehr dazu s. u. II.2), doch schließt er daraus, dass Q schon vor den Beschlüssen des Apostelkonzils (49 n. Chr.) entstanden sein müsse.[113] Allerdings gab es auch nach dem Apostelkonzil noch rein innerjüdische und tora-observante Gruppierungen im Christentum.[114] Auch die Annahme, dass die Frontstellung der Logienquelle gegen die Pharisäer nicht in die 60er-Jahre passe, da diese 62 n. Chr. gegen die Hinrichtung des Herrenbruders Jakobus durch die Sadduzäer protestierten (Ant 20,200f.),[115] liest zu viel in den Text hinein: Die Kritik an den Pharisäern in Q reflektiert einfach die im Frühjudentum allenthalben anzutreffenden innerjüdischen Spannungen, zu denen auch die Hinrichtung des Jakobus und der Protest der Pharisäer gegen die Sadduzäer zu rechnen ist – alles entstammt somit dem gleichen Genre-Gemälde. Auch Theißens Annahme, dass die Forderung der Proskynese in Q 4,7 ein Reflex auf die Caligula-Krise (40 n. Chr.; Ant 18,259) sei, ist zu hellhörig.[116]

---

112 Theißen, Lokalkolorit, 233.
113 Vgl. Theißen, Lokalkolorit, 235.
114 Vgl. dazu Tiwald, Frühjudentum, 102 und 227.
115 Vgl. Theißen, Lokalkolorit, 244.
116 Vgl. dazu die Erwiderung auf Theißens Annahmen bei Kloppenborg Verbin, Excavating, 82–87.

U. Schnelle hat ebenfalls eine Frühdatierung zwischen 40 und 50 n. Chr. gefordert;[117] er will die Berichte von Verfolgungen in Q 6,22f.; 11,49–51; 12,4f.11f. mit 1 Thess 2,14–16 in Verbindung bringen. Tatsächlich folgen beide Texte dem Theologumenon vom *gewaltsamen Prophetengeschick* (s. u. II.2.5.2; III.3 und III.4.1), doch ist bei Paulus die Rede von den Gemeinden Judäas und nicht Galiläas, wo die Logienquelle entstand (s. u. II.1.2). Der von Schnelle zur Datierung herangezogene Beginn der Heidenmission ist auch problematisch, da diese in unterschiedlichen Gemeinden zu unterschiedlichen Momenten erfolgte.[118]

Summierend wird man feststellen können, dass der Versuch, konkrete historische Daten aus dem Textbefund der Logienquelle herauszulesen, schwierig bleibt. Wenn man Q eine längere mündliche Vorgeschichte nicht absprechen möchte, bleibt eine Frühdatierung ohnehin problematisch.

1.1.2 Spätdatierung von Q

Was für die Frühdatierung gilt, gilt auch für Spätdatierungsversuche: Konkrete, für die Datierung relevante Ereignisse lassen sich aus Q nicht herauslesen – das gilt auch bezüglich des Jüdischen Kriegs und der Tempelzerstörung. P. Hoffmann und M. Myllykoski allerdings wollen in Q 13,34f. bereits einen Hinweis auf die Tempelzerstörung erkennen:[119]

> 34 Jerusalem, Jerusalem, du tötest die Propheten und steinigst die, die zu dir gesandt sind! Wie oft wollte ich deine Kinder sammeln wie eine Henne ihre Küken unter die Flügel sammelt, aber ihr habt nicht gewollt. 35 Siehe, verlassen wird euch euer Haus.

Allerdings entspricht diese Ansage eher stehenden Mustern frühjüdischer Tempelkritik (s. u. II.2.5.2) und ist kein *vaticinium ex eventu*.[120] So kommt auch schon Hoffmann zum Schluss, dass ein Vergleich mit der Schilderung der Zerstörung Jerusalems in Lk 21,20–24 die Aussagen in Q 13,34f. als »farblos« und vorgegebenem »Klischee« folgend erscheinen lässt.[121]

1.1.3 Eigener Datierungsversuch

Wie wir soeben gesehen haben, lassen sich konkret fassbare historische Ankerpunkte, die eine präzise Datierung der Logienquelle zuließen, nicht ausmachen. Man ist also auf textimmanente Hinweise angewiesen:

Christologie (s. u. III.2): Auffallend ist, dass Q eine vergleichsweise »primitive« Christologie vertritt: Der Christos/Messias-Titel fehlt in der Logienquelle komplett;

---

117 Vgl. Schnelle, Einleitung, 250, auch wenn er einschränkt: »Die Endfassung der Logienquelle kann durchaus später erfolgt sein (*zwischen 50 und 60 n. Chr.*) ...« (251).
118 Vgl. Tiwald, Frühjudentum, 49f.209–215.306–308.
119 Vgl. Hoffmann, Studien, 175 und 179; Myllykoski, Symbols, 199.
120 Zur formkritischen Einordnung von Q 13,34f. vgl. Tiwald, Gott, 69–76.
121 Hoffmann, Studien, 179, Anm. 90.

der Begriff Menschensohn ist zwar bekannt, aber nur der gegenwärtig wirkende (z. B. Q 9,58) und der endzeitlich wiederkehrende Menschensohn (z. B. Q 17,23f.), nicht aber der leidende Menschensohn (vgl. z. B. Mk 9,31; 10,45), was gut dazu passt, dass Q keine Passionserzählungen enthält.

Amtsstrukturen (s. u. III.5.2): Q kennt noch keine Funktionsträger wie »Apostel« (vgl. Röm 1,1; Mk 6,30), »Lehrer« (vgl. 1 Kor 12,28; Apg 13,1), »Bischöfe und Diakone« (vgl. Phil 1,1). Der Titel »Prophet« wird den wandernden Missionaren von Q nur indirekt zugesprochen (Q 6,23; 10,24; 11,49; 13,34): In der Traditionslinie der von Israel verfolgten Gottesboten stehen Johannes der Täufer, Jesus und dann die Q-Missionare in der Linie der AT-Propheten (Q 11,49), doch als eigenen Titel gibt es auch diesen Begriff nicht (mehr dazu s. u. II.2.3).

Heidenmission (s. u. II.2.6): Auch der Heidenmission hat sich die Logienquelle noch nicht geöffnet – allerdings nehmen die Spannungen mit jenen Glaubensbrüdern zu, die sich der Q-Botschaft widersetzen. Das Ende einer rein israelzentrierten Mission zeichnet sich schon am Horizont ab, ist allerdings noch nicht gekommen.

Summierend kann man festhalten, dass diese internen Maßstäbe nur »weiche« Kriterien darstellen: Eine entfaltete Christologie, den Kampf um den Aposteltitel und Heidenmission gab es bei Paulus schon in den 50er-Jahren. Wahrscheinlich muss man bezüglich der Tradenten der Logienquelle von eher »konservativen« Gruppierungen ausgehen, welche den Erstimpuls der galiläischen Jesusbewegung noch länger konservierten – im Unterschied zu Paulus, der den historischen Jesus ja ohnehin nicht gekannt hatte. Allerdings spricht die noch deutlich erkennbare mündliche Vorgeschichte von Q für ein längeres vorschriftliches Wachstum. Narrative Elemente werden in Q bereits ansatzweise eingekreuzt, das Werk folgt bereits einem erzähltechnischen Plot, die Logia sind nicht nur lose aneinandergereiht. Insofern sollte man mit der Datierung nicht zu früh – aber aufgrund der archaischen Christologie auch nicht zu spät ansetzen, wofür auch der noch nicht erfolgte Übergang zur Heidenmission spricht. Wahrscheinlich kann man ein Datum in den frühen 60er-Jahren des 1. Jh.s noch vor Ausbruch des Jüdischen Krieges als den wahrscheinlichsten Zeitpunkt für die schriftliche Abfassung der Logienquelle veranschlagen.

1.2 Der Ort der Abfassung

1.2.1 Lokalkolorit in Q?

Geht man alleine nach den in der Logienquelle genannten Orten, legt sich für das geographische »setting« von Q Nordpalästina und der syrisch-palästinische Grenzraum als Abfassungsort nahe.[122] Diese Sichtweise – die von den meisten Q-For-

---

122 In diesem Sinne urteilen u. a. Schnelle, Einleitung, 250; Schröter, Entscheidung, 74; Tiwald, Wanderradikalismus, 73; Broer/Weidemann, Einleitung, 62; Tuckett, Art. Q, 732; Kloppenborg Verbin, Excavating, 214–261; Ebner, Q, 101.

schern vertreten wird[123] – sieht in Q 4,16 (Nennung von Nazaret); 7,1–10 (Nennung von Kafarnaum) und 10,13–15 ursprüngliches Lokalkolorit durchschimmern:

> 10,13 Wehe dir, Chorazin! Wehe dir, Betsaida! Denn wenn in Tyrus und Sidon die Wundertaten geschehen wären, die bei euch geschehen sind, schon längst hätten sie in Sack und Asche Buße getan. 14 Tyrus und Sidon wird es jedoch im Gericht erträglicher ergehen als euch. 15 Und du, Kafarnaum, wirst du etwa bis zum Himmel erhöht werden? Bis zum Hades wirst du hinabgestoßen werden.

Allerdings – ist die bloße Nennung von Orten in einem Text bereits ein Indiz für Lokalkolorit? Schließlich nennen auch MkEv, MtEv und LkEv Orte in Galiläa, ohne dass deren Entstehung dort verortet würde. Weitere Argumente, die hinter der bloßen Nennung von Orten auch noch authentisches Lokalkolorit erkennen lassen, werden hier notwendig.

1.2.2 Die in Q genannten Orte Nordpalästinas/Syriens

Mit Chorazin, Betsaida und Kafarnaum werden Provinzstädte genannt, die im westlichen bis nördlichen Sektor des Sees Gennesaret liegen.

Chorazin (heute Khirbet Karazeh) liegt in Nordgaliläa, vier Kilometer nordwestlich von Kafarnaum auf einer Anhöhe am Ufer des Sees Gennesaret. Im NT wird der Ort nur in Q 10,13 (= Mt 11,21//Lk 10,13) erwähnt. Archäologische Befunde lassen schließen, dass dort eine Niederlassung im ersten Jh. n. Chr. bestand, obwohl Funde aus dieser frühen Zeit gering sind und sich daher wenig über die Bedeutung dieses Ortes zur Zeit der Logienquelle sagen lässt.[124] Die dort gefundene Synagoge datiert frühestens in das vierte, wenn nicht fünfte Jh. n. Chr. Für frühe Jesusjünger in Chorazin haben wir keine Belege, weder materieller noch literarischer Art.

Betsaida ist nach Joh 1,44 der Heimatort von Petrus, Andreas und Philippus. Diese Provinzstadt wurde im heutigen Et-Tell ergraben und lag um die Zeitenwende genau an der Stelle, wo der Jordan in den See Gennesaret mündete.[125] Die Stadt lag zur Zeit Jesu knapp außerhalb Galiläas (da östlich des Jordans situiert) in der Gaulanitis, die zur Tetrarchie des Philippus gehörte.[126] Joh 12,21 allerdings verortet Betsaida in Galiläa (Βηθσαϊδὰ τῆς Γαλιλαίας), was für die Entstehungszeit des vierten Evangeliums korrekt ist: Nero hatte 54 n. Chr. beide Seiten des Jordans an Agrippa II. übertragen (Josephus Ant. 20,159; Bell. 2,252). Hierin zeigt sich zumindest, dass Betsaida landläufig als kulturelle Einheit mit Galiläa wahrgenommen wurde.[127] Funde von Steingefäßen aus hellenistisch-römischer Zeit können als »jüdische Leitfossilien«

---

123 Vgl. den bis auf A. v. Harnack zurückgehenden Forschungsüberblick bei Kloppenborg, Bethsaida, 62f.
124 Vgl. Yeivin, Art. Chorazin, 302; Kloppenborg, Bethsaida, 75f.
125 Spätere Erdbeben und Hangrutsche haben den Lauf des Jordans verlegt, der im Folgenden Sandbänke anspülte, sodass Et-Tell heute einige hundert Meter östlich des Jordans und 1,5 km nördlich des Sees gelegen ist; vgl. Arav, Art. Bethsaida (Et-Tell), 1611.
126 Zur damaligen politischen Machtverteilung vgl. Tiwald, Frühjudentum, 83–86.
127 In diesem Sinne Kloppenborg, Bethsaida, 64.

1.2 Der Ort der Abfassung

angesehen werden, da diese gegen kultische Verunreinigung immun waren. Diese Funde indizieren, dass in Betsaida zur Zeit Jesu tatsächlich Juden lebten.[128]

Kafarnaum wird in Mk 1,29 – abweichend von Joh 1,44 – als Heimatstadt des Petrus und Andreas bezeichnet. Nach Mk 1,21; 2,1; 9,33; Mt 4,13; Joh 2,12 scheint Jesus in Kafarnaum eine Art »operative Basis« besessen zu haben.[129] Diese »Missionsbasis« könnte gut von den ersten Jüngern Jesu weitergeführt worden sein: »An einer frühen und wohl judenchristlichen Gemeinde in Kafarnaum dürfte ... nicht zu zweifeln sein.«[130] Fraglich allerdings ist, ob die aramäischen und syrischen Graffiti, die neben griechischsprachigen Fragmenten in den Verputzresten des »Hauses Petri« gefunden wurden, eine ungebrochene judenchristliche Präsenz auch noch bis ins 4. Jh. nahelegen.[131] Mit hoher Wahrscheinlichkeit ist dies zu verneinen. Eine gewisse Plausibilität spricht allerdings für die Authentizität des »Petrushauses«. Broadhead vermutet dort eine judenchristliche Gemeinde, deren Präsenz nicht mit der ersten Generation endete, auch wenn er einer »unbroken line of Jewish Christian presence and influence in Capernaum up to the time of Constantine« zu Recht kritisch gegenübersteht.[132] Reste einer alten Synagoge aus dem 1. Jh. unserer Zeitrechnung (in der Jesus nach Mk 1,21 und Joh 6,59 gelehrt habe) lassen sich nach neueren Datierungen allerdings nicht ausmachen.[133]

Das in Q 4,16 genannte *Nazaret*[134] war nach den Zeugnissen von Eusebius (Onom 138) und Epiphanius (Haer 30,11,10) in römischer und byzantinischer Zeit ausschließlich von Juden bewohnt. Die ersten Ausgräber der Anlagen unter der »Verkündigungskirche« vermuteten, Hinweise auf eine vorkonstantinische Kirche gefunden zu haben.[135] Diese Funde allerdings datieren bis maximal ins 3. Jh. zurück; eine durchgehende judenchristliche Präsenz in Nazaret lässt sich auch hier nicht beweisen.[136]

---

128 Vgl. Arav, Art. Bethsaida, 1615.
129 Vgl. Ebner, Stadt, 15f.
130 Stemberger, Juden, 70.
131 Ein Forschungsüberblick zu den umstrittenen Inschriften findet sich bei Broadhead, Ways, 334–341, und Zangenberg, Silence, 104–107.
132 Vgl. Broadhead, Ways, 341. Vgl. auch die Abwägung unterschiedlicher Argumente bei Zangenberg, Silence, 104–107.
133 Der unter der Kalksteinsynagoge liegende Basaltboden wurde von den Ausgräbern in das erste nachchristliche Jh. datiert (Loffreda, Art. Capernaum, 294, und Loffreda, Chronology, 55). Neuere Studien legen jedoch nahe, dass der Basaltsockel über Wohnhäusern erbaut wurde, die noch bis ins 4. Jh. in Gebrauch waren (vgl. Magness, Question, 19f.; zurückhaltender aber Hachlili, Synagogues, 26 und 62f., die die Frage offen lässt).
134 Eigentümlicherweise steht hier im griechischen Text Mt 4,13//Lk 4,16 der Ausdruck Ναζαρά, (Nazará), obwohl sonst im NT immer von Ναζαρέτ (Mk 1,9; Mt 2,23; Joh 1,45f.) oder Ναζαρέθ (Nazarét/Nazaréth: Mt 21,11; Lk 1,26; 2,4.39.51; Apg 10,38) die Rede ist. Außerhalb des NT taucht Ναζαρά, (Nazará) sonst nur in den *Acta Pauli* (Ed. Schmidt) Frag. 8 und bei Origenes *Comm. In Ioh.* 10,2,8 (Ed. Blanc, SC) in der Zitation von Lk 4,16 auf (dazu Kloppenborg, Bethsaida, 64).
135 Vgl. Bagatti, Art. Nazareth, 1104 (»The structure was probably an early church dating before the time of Constantine and was built on the plan of a synagogue«).
136 Vgl. Broadhead, Ways, 334, und Zangenberg, Silence, 101–104. Dazu auch Tzaferis, Art. Nazareth, 1103.

Tyros und Sidon scheinen in Q 10 zunächst nur als »Negativfolien«[137] in den Text gerutscht zu sein, um den Unglauben der jüdischen Niederlassungen mit den heidnischen Städten zu kontrastieren (mehr dazu s. u. II.2.6.3). Allerdings berichtet auch Mk 7,24 davon, dass Jesus Ausflüge »in das Umland von Tyros« (εἰς τὰ ὅρια Τύρου) gemacht habe. Interessant ist hier, dass Jesus wohl nicht die heidnische Stadt selbst, sondern nur das ländliche Umland der Stadt betritt (vgl. auch Mk 3,8; 7,31; Mt 15,21; Lk 6,17); der Pluralausdruck ὅρια meint hier den Verwaltungsbezirk, in dessen Mitte die eigentliche Stadt lag.[138] Nach Bell 2,588 wurde der jüdische Revolutionsführer Johannes von Gischala im Ersten Jüdischen Krieg (66–70 n. Chr.) durch 400 Flüchtlinge ἐκ τῆς Τυρίων χώρας καὶ τῶν ἐν αὐτῇ κωμῶν (»aus dem Umland von Tyros und aus den dortigen Dörfern«) unterstützt.[139] Nach Ausbruch des Krieges wurde die dort lebende jüdische Minderheit aus Angst vor einer Ausweitung der Revolte unter Kuratel gestellt und verfolgt (Bell 2,478). Eine starke jüdische Minderheit gab es in Phönizien schon seit den Diadochenkämpfen, wie Josephus Ap 1,194 berichtet.[140] Es ist also sehr wahrscheinlich, dass schon der historische Jesus bei seinem Versuch, die »verlorenen Schafe des Hauses Israel« (vgl. Mt 10,6; 15,24) zu sammeln, auch in Gebiete der angrenzenden Diaspora vorgedrungen ist, um die dort lebenden jüdischen Minderheiten zu erreichen.[141] Eine gewisse histori-

---

137 Vgl. die Negativ-Orakel gegen Tyros in Jes 23,1–18; Ez 26,2 – 28,19; Am 1,9f. Tyros und Sidon werden dabei häufig »im Doppelpack« genannt (Jes 23,1–4; Jer 25,22; 27,3; 47,4; Ez 28,12–23; Joel 4,4; Sach 9,2).
138 Vgl. Theißen, Lokalkolorit, 69. Zur komplexen Interaktion zwischen dem eigentlichen »Stadtgebiet« und dem dazugehörigen »Umland« vgl. von Bendemann/Tiwald, Stadt, besonders 11–28.
139 Zu den ethnischen Verhältnissen im tyrisch-galiläischen Grenzgebiet, vgl. Theißen, Lokalkolorit, 69–73.
140 Vgl. Tiwald, Frühjudentum, 58f. Die Rivalität zwischen Ptolemäern und Seleukiden um die syrisch-palästinische Landbrücke wurde im 3. Jh. v. Chr. in den fünf *Syrischen Kriegen* ausgefochten, die etliche Juden zur Emigration in die Diaspora – unter anderem nach Phönizien – veranlasste und im fünften Syrischen Krieg (201–200 v. Chr.) zur Dominanz der Seleukiden in Palästina führte.
Tyrische Münzen wurden besonders in Galiläa auffällig häufig gefunden (zur reichen Literatur vgl. den Überblick bei Kloppenborg, Bethsaida, 65, Anm. 10). Zu vergessen ist auch nicht, dass selbst die Tempelsteuer für den Jerusalemer Tempel in tyrischem Schekel entrichtet wurde, obwohl dieser auf der Vorderseite den heidnischen Stadtgott von Tyros, Melkart, zeigte! »Diese heidnischen Symbole wurden offensichtlich nur deswegen hingenommen, weil der tyrische Schekel wegen seiner erstaunlichen Wertbeständigkeit so etwas wie der ›Dollar der Antike‹ war« (Ebner, Stadt, 115; zu den Münzen, die im NT erwähnt werden, vgl. Reiser, Numismatik, 457–488).
141 Vgl. Tiwald, Frühjudentum, 243. Das Neue Testament berichtet uns auch von Ausflügen Jesu in das östlich des Jordans und des Sees Gennesaret gelegene Gebiet (Mk 5,1.20; 7,31). Die Städte Pella, Dium, Gerasa, Gaulana, Seleukia und Gamala wurden 83–80 v. Chr. unter Alexander Jannaios für das Hasmonäerreich gewonnen (a. a. O. 71) und erst unter Pompeius 63 v. Chr. von jüdischer Herrschaft befreit (Josephus Ant 14,74–76). Bell 2,458–461 berichtet dann, dass es 66 n. Chr. im Zuge des Jüdischen Krieges zwischen der jüdischen Minderheit in der Dekapolis und der syrischen Bevölkerung zu schweren Spannungen gekommen sei.

sche Kontextplausibilität spricht also dafür, dass auch für die ersten Jünger Jesu das jüdischstämmige Umland von Tyrus und Sidon zum missionarischen Einzugsgebiet gehörte, wenn die Jünger in den Fußspuren ihres Meisters wandelten.

1.2.3 Jesusjünger in Galiläa

Erste Jünger Jesu lebten noch eine gewisse Zeit in Nordpalästina/Galiläa und im syrisch-palästinischen Grenzraum. Das lk Doppelwerk wird mit seinem Jerusalem-Zentrismus[142] der historischen Situation nicht gerecht, wenn es die Urgemeinde einzig in Jerusalem verorten möchte. »Tendenzspröde« (also der theologischen Tendenz des Lk zuwiderlaufende) Texte im lk Doppelwerk wie auch im restlichen Neuen Testament belegen, dass nach Jesu Tod einige seiner Jünger nach Galiläa zurückkehrten und dort ihren früheren Broterwerb wieder aufgriffen.

> Ausgesprochen »tendenzspröde« ist hier die Geschichte der »Emmausjünger« (Lk 24,13-35), die Jerusalem fluchtartig verlassen (diese allerdings kehren – der Intention des Lk geschuldet – »noch in derselben Stunde« nach Jerusalem zurück). Mk 16,7 (//Mt 28,7, ausgelassen bei Lk!) rechnet mit einer Rückkehr der »Jünger, vor allem Petrus« nach Galiläa und mit Erscheinungen des Auferstandenen dort. Mt 28,10 kleidet diese Rückkehr nach Galiläa sogar in einen Befehl des Auferstandenen und verortet in 28,16-20 den universalen Missionsauftrag in Galiläa und nicht in Jerusalem: Man könnte sagen: Pfingsten hat für den ersten Evangelisten in Galiläa und nicht in Jerusalem stattgefunden! Gestärkt wird dieser Befund auch durch das 21. Kapitel des JohEv, das – im Unterschied zu Joh 20 – am »See von Tiberias«, also in Galiläa, handelt.

Es wäre »difficult to imagine that all the Galilean people who were part of a Jewish Jesus group immediately left Galilee after his death in Jerusalem.«[143] Spuren der ersten Jesusbewegung in Nordpalästina haben allerdings nur eine sehr dünne materielle und textliche Basis. Besonders für Kafarnaum ist anzunehmen, dass es dort noch bis zum Jüdischen Krieg (66–70 n. Chr.) Jesusjünger gab. Nach dieser Zeit verlieren sich allerdings die Spuren. M. Moreland, der sich intensiv mit *Provenience Studies* und der Logienquelle auseinandergesetzt hat, urteilt dazu:

> Moreland, Provenience, 50: If the latest edition of Q, before it was redacted by Matthew and Luke, dates to the time just after the Jewish War (in the early 70s CE), then we do not have a major problem with positing Q in a Galilean setting. On the other hand, we cannot assume that Galilee remained a vital center for Jesus and Christos groups after the Jewish War.

Aufgrund des textlichen und materiellen Befunds müssen wir annehmen, dass es der Jesusbewegung gerade nach dem Jüdischen Krieg nicht gelungen ist, in Galiläa

---

142 Der hinlänglich bekannte lk Jerusalem-Zentrismus hat theologische Gründe. Lk stilisiert Jerusalem zum einzigen Zentrum der nachösterlichen Jesusbewegung (vgl. Wasserberg, Mitte, 119–123 und 361). In konzentrischen Kreisen breitet sich das Heil aus, beginnend »in Jerusalem und in ganz Judäa und Samarien und bis an die Grenzen der Erde« (Apg 1,8). Vgl. dazu Stellen wie Lk 9,31.51; 13,33; 24,33.47.52; Apg 1,4.8; 5,28; 6,7; 8,1.14.27.
143 Moreland, Provenience, 55.

bleibend Fuß zu fassen.[144] Für die Zeit davor aber gilt aufgrund einer gewissen Kontextplausibilität: »... it is reasonable to argue that the only type of Jesus group that makes sense in a Galilean context is something like what we see represented in the Q sayings.«[145]

Wahrscheinlich zeichnet sich schon in Q die Krise der »Israelmission« ab – Texte wie Q 10,13–15 (s.o.) geben davon Zeugnis (mehr dazu s.u. II.2). Nach dem Jüdischen Krieg scheinen sich in Galiläa die Spuren der ersten Jesusjünger verlaufen zu haben. Auch wenn Eusebius und Epiphanius nur auf die Situation in Jerusalem Bezug nehmen, wenn sie berichten, dass die Christen im Zuge des Jüdischen Krieges nach Pella flohen, so ließe sich ein ähnliches Szenario auch gut für Galiläa annehmen.[146] Weitere Belege für solche frühchristlichen Migrationsbewegungen weg von Palästina finden wir in der Gestalt des Johannes, des Verfassers der Offenbarung, eines aus Palästina stammenden Judenchristen, der sich in den Wirren des Krieges nach Ephesus abgesetzt hatte.[147] Gleichfalls rechnen manche Forscher auch mit einer Übersiedlung der johanneischen Gemeinden vom Ostjordanland nach Ephesus.[148] Selbst die in Apg 19,3 genannten »Täuferjünger« belegen Migrationsbewegungen von Palästina nach Ephesus. Wahrscheinlich stützt auch Lk 21,20f. solch einen Befund.

Vor dem Jüdischen Krieg allerdings spricht nichts gegen eine mögliche Entstehung der Logienquelle in Galiläa.

1.2.4 Alternative Verortungen: Judäa und Jerusalem

Obwohl in der Minderzahl, fehlt es doch nicht an alternativen Verortungen der Logienquelle. So etwa wird bisweilen Jerusalem als Abfassungsort genannt. Zwar attestiert M. Frenschkowski, dass »die in Q gesammelte Tradition ... dem ländlichen Raum Palästinas, allenfalls Syriens, entstammt«,[149] allerdings möchte er das »Schriftwerk Q« in Jerusalem abgefasst wissen. Hauptargumente sind dabei die fehlenden »Indizien für frühchristliche Gruppen in Galiläa, die parallel mit der Jerusalemer Urgemeinde

---

144 Vgl. Moreland, Provenience, 55; Kloppenborg, Bethsaida, 81.
145 Moreland, Provenience, 55. Die Abwesenheit materieller Hinterlassenschaften jüdischer Jesusjünger in Galiläa vor dem Jüdischen Krieg muss relativiert werden. Christliche Symbole oder eigens gestaltete Kulträume (Baptisterien, Kirchen) sind für diese Zeit völlig anachronistisch. Einen frühchristlichen Versammlungsraum hätte man im ersten Jh. unserer Zeitrechnung genauso wenig von anderen Räumen unterscheiden können wie frühe jüdische Synagogen (vgl. dazu Levine, Palestine, 27; ebenso Kloppenborg, Bethsaida, 81, Anm. 66).
146 Vgl. Eusebius, HE 3,5,3; Epiphanius, Pan 29,7,7f.; 30,2,7; DeMens 15. Zur Einschätzung dieser Zeugnisse vgl. Frenschkowski, Galiläa, 551–555; Zangenberg, Silence, 94; Taylor, Christians, 43f.
147 Vgl. Stowasser, Nikolaiten, 223. Ebenso Backhaus, Vision, 17.
148 Vgl. Klauck, Gemeinde, 199–203.
149 Frenschkowski, Galiläa, 536. Vgl. a.a.O. 549: »Q wurde in Jerusalem gesammelt und zusammengestellt – wenn auch aus galiläischem Traditionsgut.«

existiert haben«,[150] sowie die vermeintliche Absenz von Pharisäern in Galiläa (diese werden ja in Q als Gegner genannt).[151] Mit dem ersten Argument haben wir uns soeben auseinandergesetzt: Man kann den monolinearen Befund des Lk, dass das Urchristentum lediglich in Jerusalem entstanden sei, mit guten Gründen bezweifeln.[152] Zum zweiten Argument: Pharisäer waren größtenteils tatsächlich in Judäa und Jerusalem beheimatet.[153] Nach Josephus, Vita 196f., senden diese jedoch eine Gesandtschaft von Jerusalem nach Galiläa, um die Aktionen des Josephus zu überwachen. Hier ist man stark an die Berichte der Synoptiker erinnert (Mk 7,1; Mt 15,1; Lk 5,17), wo Pharisäer von Jerusalem nach Galiläa kommen, um das Verhalten Jesu zu beurteilen. Offensichtlich dehnten Pharisäer ihre Einflusssphäre auch nach Galiläa hin aus, die Texte der Logienquelle passen also auch diesbezüglich gut ins Bild Galiläas.

Einen etwas anderen Zugang wählt S. J. Joseph, der darauf abzielt, dass Q »the work of skilled scribes located in or adjacent to an urban setting«[154] sei. Aufgrund einer Tendenz der Qumrantexte, »[that] redefines who belongs to ›Israel‹«,[155] möchte er Einflüsse der Essener auf die Logienquelle geltend machen[156] und optiert daher für eine Entstehung der Logienquelle in Judäa. Allerdings: Die Frage nach dem »wahren Israel« war im Frühjudentum weit verbreitet, direkte Abhängigkeiten zwischen Qumran und Jesusbewegung sind dafür nicht vonnöten und auch ansonsten nicht zu belegen.[157] Der Frage nach einem »urban setting« geht der folgende Punkt nach.

1.2.5 Die Jesusbewegung als rurales Phänomen

Ein weiteres Indiz, das zugunsten galiläischen Lokalkolorits in der Logienquelle sprechen könnte, sind die ruralen Strukturen, die in Q besonders stark durchschimmern. Während die Jesusbewegung außerhalb Galiläas zunächst als genuin urbanes

---

150 Frenschkowski, Galiläa, 541. In diesem Argument wird er sekundiert von J. Zangenberg, Silence, 83. Fleddermann, Q, 159–161, hinterfragt zwar eine Entstehung in Galiläa, möchte aber nicht so weit gehen, sich Frenschkowski anzuschließen; für ihn bleibt der Entstehungsort von Q offen.
151 Vgl. Frenschkowski, Galiläa, 544.
152 Vgl. Moreland, Provenience, 55: »Frenschkowski is heavily indebted to the Acts narrative, and finds little room for historical reconstructions that move outside of those apologetic constraints.« Anders aber Zangenberg, Silence, 83f., der der lk Darstellung hier mehr Glauben schenken will.
153 Vgl. Neusner/Thoma, Pharisäer, 205; Tiwald, Frühjudentum, 130; Wilk, Evangelien, 96f.; Stemberger, Pharisäer, 98f.; ders., Paul, 66f.
154 Joseph, Q, 74.
155 Joseph, Q, 89.
156 Vgl. Joseph, Q, 188: »The Jesus movement had contact with the lay Essene movement ...«
157 Zur Frage nach dem »wahren Israel« in frühjüdischer Theologie vgl. Tiwald, Scheidung, 85–106. Zur Frage nach möglichen Berührungspunkten zwischen Essenern und der Jesusbewegung vgl. Tiwald, Frühjudentum, 227–231: »Die Essener und die ersten Christen verfolgten theologisch völlig verschiedene Ziele – trotz der ... genannten Berührungspunkte. Ausschließen kann man wechselseitige Einflussnahmen natürlich nie, doch haben wir dafür keinerlei Beweise« (a. a. O. 231).

Phänomen in Erscheinung trat,[158] sind deren Anfänge allerdings im ruralen Milieu Galiläas zu verorten. Jesus selbst hat die Großstädte Galiläas gemieden.[159] Heute wissen wir, dass Tiberias, Sepphoris und Magdala größtenteils jüdische Städte waren – und nicht wie früher vermutet heidnische Enklaven im jüdischen Galiläa.[160] Sepphoris befand sich nur fünf Kilometer von Nazaret, dem Heimatort Jesu, entfernt.[161] Beim Ausbau der Stadt wird sich wahrscheinlich auch Jesus als τέκτων (tektōn, Bauhandwerker, Mk 6,3, wie zuvor schon Josef, Mt 13,55) verdingt haben.[162] Umso überraschender ist es, dass Sepphoris nicht ein einziges Mal im Neuen Testament erwähnt wird! Dasselbe gilt auch für Tiberias und Magdala. Tiberias wurde 19 n. Chr. durch Herodes Antipas zur Hauptstadt erhoben. Sollte Jesus nicht gerade dort predigen? Und dennoch begegnet Tiberias lediglich als Toponym für den »See von Tiberias« (Joh 6,1.23; 21,1) – und auch nur im JohEv, nicht in der synoptischen Tradition! Magdala – eine blühende, mondäne, jüdische Stadt – wird im NT nur in Verbindung mit der Herkunft von Maria »der Magdalenerin« (Μαρία ἡ Μαγδαληνή, Mk 15,40 u.ö.) erwähnt. Wahrscheinlich hat Jesus in der Zeit seines öffentlichen Wirkens weder Sepphoris noch Tiberias oder Magdala betreten. Das bedeutet: »Der Weg Jesu entspricht *nicht* dem gesamten kulturellen Spektrum Galiläas, das wir aus der Archäologie eruieren können.«[163] Man muss von einem »selektiven geographischen Radius« Jesu sprechen,[164] es kommt zu einer »Ausblendung der urbanen Milieus.«[165] Auch eine »Stadt« wie Kafarnaum war im Vergleich mit Sepphoris, Tiberias oder Magdala nicht mehr als ein größeres Dorf: »Obwohl auch Kapharnaum städtische Insula-Wohnstrukturen vorweisen kann, so fehlt doch im Unterschied zu Sepphoris und Tiberias die für eine Stadt typische ›public architecture‹ ...: ein Marktplatz, öffentliche Verwaltungsgebäude, organisierte Wasserversorgung, Stadttore usw.«[166]

Der Grund für diesen »selektiven geographischen Radius« Jesu ist unschwer in Jesu »Option für die Armen« zu sehen, die gerade die Logienquelle deutlich erhal-

---

158 Das beginnt schon in Judäa, wo die ersten Jesusnachfolger in Jerusalem zentriert waren, dann in Tyros, Antiochia, Damaskus, ... bis nach Rom. Vgl. Ebner, Stadt, 15–21: »Das Christentum ist in der Stadt groß geworden« (ebd. 15).
159 Und das aus gutem Grund: »Der einzig sicher bezeugte Aufenthalt Jesu in einer großen Stadt [sc. Jerusalem] hat ihm den Tod gebracht« (Ebner, Stadt, 16).
160 Vgl. dazu und im Folgenden: Tiwald, Frühjudentum, 240–245; Ebner, Stadt, 15–17.
161 Vgl. Weiss, Art. Sepphoris I, 1324.
162 Vgl. Kollmann, Einführung, 94; Ebner, Stadt, 15.
163 Zangenberg, Galiläer, 155. Auf diesen verengten geographischen Radius wird auch bei Ebner, Stadt, verwiesen. Jesus habe die »königlichen Verwaltungsstädte bewusst und klugerweise gemieden« (15), denn Herodes Antipas zog schon Jesu Lehrer Johannes den Täufer gewaltsam aus dem Verkehr.
164 Zangenberg, Jesus, 38: »So selektiv Jesu geographischer Radius nach dem NT ist (Gebiet am See mit unmittelbarer Umgebung nach Osten und Norden; Dörfer, Besuch von Dörfern und kleiner Städte in dieser Region, Aussparen von Sepphoris und Tiberias), so begrenzt ist sein Adressatenkreis.«
165 Zangenberg, Galiläer, 155.
166 Ebner, Stadt, 16, Anm. 3.

ten hat (s. u. II.3): Die Welt der Kleinbauern und Tagelöhner, Fischer und Handwerker, Prostituierten und Aussätzigen ist nicht die Welt der Gewinner der damals massiv ablaufenden Urbanisierung. Das Zielpublikum Jesu und des Täufers bilden nicht »Menschen, mit weichen Gewändern bekleidet, ... in den Palästen der Könige« (Q 7,25), sondern die Armen, Hungernden, Trauernden und Geschmähten (vgl. die Seligpreisungen Q 6,20–22); denn nur die Armen werden das Königreich Gottes erben (Q 6,20). Das von Jesus verkündigte Gottesreich sollte als »Kontrastgesellschaft Gottes«[167] über die von Jesus geforderte Nächstenliebe zu einer »Revolution der Werte«[168] führen.

1.2.6 Ein *cultural split* in Palästina

Sozio-ökonomische Spannungen zwischen den reichen Gewinnern römischer Hellenisierungs- und Urbanisierungspolitik einerseits und der armen ruralen Bevölkerung andererseits sind für die Zeit Jesu hinlänglich untersucht worden und belegen einen *cultural split* innerhalb der jüdischen Gesellschaft.[169] So etwa urteilen Zangenberg/Van de Zande:

> *Zangenberg/Van de Zande, Urbanization, 174:* What remained was an atmosphere of distrust and alienation between some Jewish circles and their Hellenized elites, and a Jewish population that was divided about the blessings and curses of Hellenism and the increasing urbanization of their country.

Ebenso Kloppenborg:

> *Kloppenborg, Growth, 6:* ... tenancy became an important instrument of the agricultural economy in Jewish Palestine ... The growth of large estates had important effects on the structure of labour: not only were smallholders forced to cede their plots in favour of large estates, ... but the labour demands of such properties also distorted established agricultural patterns. ... There is evidence of a shift from small-scale polycropping to large-scale monoculture oriented to export ...

Demzufolge verortet J. Kloppenborg die Verfasser von Q als einfache Dorfschreiber in Galiläa, die im Zuge einer »scribal resistance to a southern, hierocratically defined vision of Israel«[170] in Opposition gegen die jüdisch-hellenisierten Eliten und damit auch gegen die romhörige Tempelaristokratie Jerusalems standen. Für den historischen Jesus selbst lässt sich ja ein Vermeiden der jüdisch-hellenisierten Städte (Tiberias, Sepphoris, Magdala) ebenso deutlich machen (s. o. II.1.2.5) wie eine gewisse Tempelkritik. Die Tempelkritik Jesu – fassbar in Tempelhandlung (Mk 11,15–19 parr.) und Tempelwort (Mk 14,58; Joh 2,19) – darf jedoch nicht als

---

167 So Lohfink, Jesus, 181.
168 So der Titel von Theißens Monographie: Die Jesusbewegung. Sozialgeschichte einer Revolution der Werte.
169 Vgl. Freyne, Jesus, 192f.; Meyers, Sepphoris, 114; Zangenberg/Van de Zande, Urbanization, 174; Berlin, Romanization, 67; Tiwald, Freedom, 114–119; ders., Frühjudentum, 240. Ebenso im Blick auf Q, Moreland, Provenience, 56f.
170 Kloppenborg, Gospel, 27.

Abrogation des Tempelkults missverstanden werden, sondern stellt einen prophetischen Gestus gegen die falsche Heilsgewissheit dar, die der Tempelkult vermittelte (vergleichbar mit den Mahnungen in Jer 7,4–7).[171] Gleicherweise findet sich auch in Q 13,34f. ein Gerichtsruf über Jerusalem und den Tempel, freilich auch hier ohne diesen grundsätzlich in Frage zu stellen (s. u. II.2.5.2).

Diese Skepsis einfacher Galiläer gegen die hellenisierte Stadt Jerusalem könnte auch an anderer Stelle in der Logienquelle zu Buche schlagen: »Q uses the term ›Israel‹ (7:9; 22:30) but never ›Judaea‹ or ›Judaeans‹ (Ἰουδαῖοι), perhaps because ›Israel‹ was a preferable identifier for a Galilean audience.«[172] Der Ausdruck Ἰουδαῖοι konnte nämlich nicht nur als Begriff für »Juden«, sondern auch als Terminus für die Bewohner von Judäa verstanden werden – diese aber bleiben in Q ausgeblendet!

1.2.7 Rurale Strukturen in Q

Das rurale Habitat Galiläas dient der Logienquelle nicht nur sozio-politisch, sondern auch narrativ als Hintergrundfolie. Der bisweilen vorgebrachte Einwand, dass das nordpalästinische Lokalkolorit zwar die Herkunft der Quellen aus Galiläa, nicht aber die Abfassung der Logienquelle ebendort ausweise,[173] verfängt nur bedingt: Während die späteren Benutzer der Logienquelle, Mt und Lk, bereits bewusst großstädtische Kultur einfließen lassen,[174] spiegelt die Logienquelle selbst vor allem die »Welt der Feldarbeit oder des Haushaltes« wider, die Gleichnisse in Q »weisen eine ländliche Perspektive auf, städtisches Leben ist nicht im Blick.«[175] Hier dominieren Bilder von Bäumen, die man an ihren Früchten erkennt (6,43–45), vom soliden Hausbau (6,47–49), von Erntearbeitern (10,2), von Schafen und Wölfen (10,3), wie auch von einem verlorenen Schaf (15,4.7), von einem in die Erde gesäten Senfkorn (13,18f.; ebenso 17,6) und von einer Hausfrau, die ihren Sauerteig selbst zubereitet (13,20f.), einem Ochsen, der in eine Grube gefallen ist (14,5), von einem Stück Aas, um das die Geier kreisen (17,37) und von Frauen, die an einer Handmühle mahlen (17,35). Urbane Strukturen treten nur in der Erwähnung von Jerusalem in den Blick (13,34f.) – und dort wird der Stadt das Gericht angekündigt!

---

171 Vgl. Tiwald, Frühjudentum, 285–287.
172 Kloppenborg, Bethsaida, 66.
173 So Frenschkowski, Galiläa, 536, und Fleddermann, Q, 159f.
174 Vgl. Kloppenborg, Q, 67f: »Matthew and Luke are Gospels oriented to *urban* settings.« Für Lk steht die Stadtzentriertheit völlig außer Zweifel (vgl. Hoffmann, Studien, 278–280), aber auch Mt verrät eindeutig urbane Kultur, wenn er τὰς διεξόδους τῶν ὁδῶν (22,9) erwähnt, oder die »Heilige Stadt« Jerusalem (4,5) und die »Stadt des großen Königs« (5,35).
175 Schröter, Entscheidung, 74; ebenso Kloppenborg, Q, 69: »Q presents us with a rural, Galilean Jewish gospel ...« Selbst Frenschkowski, Galiläa, 536, der allerdings Jerusalem als Abfassungsort vorschlägt, muss eingestehen, »die Bildwelt der Bildworte und Gleichnisse ist ländlich.«

1.2 Der Ort der Abfassung

Auch die Missionsmethoden in Q lassen auf kleinere Ortschaften schließen. Das zeigt sich etwa in Q 10 anhand der einfachen Hausmission in überschaubaren Dorfgemeinden. Diese setzt »überschaubare soziale Gebilde« voraus, denn die Ortschaft »handelt als ganze, wenn sie die Jünger aufnimmt oder abweist.«[176] Und der anschließende Staubgestus im Falle der Ablehnung ist eher auf einem kleinen Marktplatz denkbar, wo man zur ganzen Ortschaft reden konnte, als im Menschengewirr einer großen Stadt.[177] Auch die Verkündigungsmethode in Q 12,3 »Was ich euch im Dunkeln sage, sagt im Licht, und was ihr im Ohr hört, verkündet auf den Dächern« ist nur in einer überschaubaren Ansiedlung möglich, da ein Rufer auf dem Dach einer Großstadt kaum wahrgenommen würde.

Summierend kann man schließen, dass Q das galiläische Habitat nicht nur als narrative Reminiszenz vergangener Zeiten, sondern als aktuelles Lokalkolorit der Verfasser erhalten hat.

1.2.8 »Q's Mental Map«

Eine weitere Bestätigung dieser These findet man im Nachzeichnen der *mental map* der Logienquelle. J. Reed und J. Kloppenborg[178] haben darauf hingewiesen, dass drei konzentrische Kreise das Erzählwerk von Q bestimmen, jeweils mit Kafarnaum im Zentrum aller drei Zirkel: *Erstens* der Kreis Betsaida, Chorazin und Nazaret; *zweitens* Tyros, Sidon und Jerusalem und *drittens* der mythische Kreis von Ninive (11,32) im Norden und Sodom (10,12; 17,28-30) im Süden (beide Städte zur Abfassungszeit von Q verlassen, doch als sinnbildlich »sündige« Städte zur Negativfolie für den Unglauben im Zentrum – also in Galiläa – verwendet).

---

176 Zeller, Logienquelle, 51.
177 Vgl. Tiwald, Gott, 64.
178 Vgl. im Folgenden Reed, Map, 17-36; Kloppenborg, Bethsaida, 64-66.

2. Die Gemeinde hinter der Logienquelle

2.1 Q und das Frühjudentum

In der Frage, ob – und wenn ja wie – die Logienquelle noch im Frühjudentum verwurzelt war, ist die Forschung noch zu keinem endgültigen Konsens gekommen. Zwar lässt sich sagen: »Entsprechend einem weitgehenden aktuellen Konsens ist das Spruchevangelium Q ein judenchristliches Dokument, das die Tora voraussetzt und bejaht.«[179] Eher singulär ist die These von H. T. Fleddermann, dass der Verfasser von Q ein Heidenchrist gewesen sei, der ein sehr jüdisches Bild von Jesus für andere Heidenchristen gezeichnet habe.[180] Ansonsten dominiert die Sichtweise, »dass die Matrix von Q völlig innerhalb des jüdischen Hauses bleibt«[181] und Q als eine Schrift von Judenchristen angesehen wird. Doch ist damit noch nicht geklärt, ob die Q-Gemeinde diesen jüdischen Mutterboden nicht schon wieder verlassen hat – konkret: ob Q bereits zur Heidenmission übergegangen ist oder noch rein der Israelmission verhaftet war.

2.2 Q und die Tora

Als der Indikator schlechthin, ob für Q nicht nur die Matrix, sondern auch das aktuelle Missionsziel noch weiterhin innerhalb der Grenzen des Judentums verblieb, kann die Frage nach der Gültigkeit der jüdischen Tora angesehen werden. Ein Durchgang durch die Logienquelle vermag folgende Stellen zu nennen:

In *Q 4,1–13* weist Jesus die Versuchungen des Satans durch die Zitation der Tora (im Besonderen Dtn) zurück und belegt damit die ungebrochene Verbindlichkeit dieser Texte. Es wird deutlich, » ... dass Q Jesus in enge Verbindung mit dem Hauptgebot der Tora bringt und damit ... als den ›wahren Israeliten‹ darstellt ..., der die Tora in idealer Weise erfüllt.«[182]

In *Q 11,42* wird die Praxis der Pharisäer kritisiert, zugunsten äußerlicher kultischer Vorschriften Barmherzigkeit und Glauben zu vernachlässigen, doch wird als

---

179 Heil, Nachfolge, 111.
180 Vgl. Fleddermann, Q, 166: »From start to finish Q reads like a gentile Christian gospel«; weiters 167, 791.
181 Ebner, Q, 100.
182 Hieke, Schriftgelehrsamkeit, 66. Damit wollen die Q-Missionare »Jesu Verhalten und die eigene Lehre und Praxis als vollkommen übereinstimmend mit dem Hauptgebot der Tora darstellen ...« (ebd.).

Lösung keineswegs vorgeschlagen, nun die kultischen Aspekte hintanzustellen, sondern vielmehr geraten: ταῦτα δὲ ἔδει ποιῆσαι κἀκεῖνα μὴ ἀφιέναι – das eine zu tun und das andere nicht zu vernachlässigen.

Am deutlichsten schärft Q 16,17 die bleibende Gültigkeit von Gesetz und Propheten ein: Die Formel »Es ist nämlich leichter, dass der Himmel und die Erde vergehen, als dass ein Häkchen des Gesetzes seine Kraft verliert« meint die niemals endende, unverbrüchliche Gültigkeit des jüdischen Gesetzes.

2.3 Anfrage 1: Jesu Anspruch in Rivalität zur Tora?

2.3.1 Jesu exklusiver Anspruch ...

Die Frage nach der weiteren Gültigkeit der Tora alleine entscheidet noch nicht alles. So etwa bemerkt U. Schnelle: »Deutlich ist auf jeden Fall, dass innerhalb der Logienquelle nicht die Tora, sondern die Botschaft und Gestalt Jesu, des Menschensohn-Kyrios, zentrale Orientierungsgröße und soteriologisches Prinzip sind.«[183] Dies führt ihn weiter zur Behauptung: »Es fällt auf, dass Markus und Q als älteste Überlieferungsstränge im Rahmen der Zweiquellentheorie ein Jesusbild entwerfen, in dem die Tora keine wesentliche Rolle spielt ...«[184]

In der Tat sieht Q in Jesus *die eschatologisch relevante Gestalt*, an dem sich das zukünftige Geschick Israels entscheidet:

Q 6,49 Und jeder, der meine Worte hört und sie nicht tut, gleicht einem Menschen, der sein Haus auf Sand baute; und der Platzregen fiel herab und die Flüsse kamen und die Winde wehten und stießen an jenes Haus, und sofort stürzte es ein, und sein Einsturz war groß.

Q 7,22 Geht und berichtet Johannes, was ihr hört und seht: Blinde sehen wieder, und Gelähmte gehen umher, Aussätzige werden rein, und Taube hören, und Tote stehen auf, und Arme bekommen eine gute Nachricht zu hören. 23 Und selig ist, wer nicht Anstoß nimmt an mir.

Q 10,16 Wer euch aufnimmt, nimmt mich auf, und wer mich aufnimmt, nimmt den auf, der mich gesandt hat.

Q 10,21 Ich preise dich, Vater, Herr des Himmels und der Erde, denn du hast dies vor Weisen und Klugen verborgen, und du hast es den Einfältigen geoffenbart; ja, Vater, denn so hat es dir gefallen. 22 Alles ist mir von meinem Vater übergeben worden, und niemand kennt den Sohn außer der Vater, noch kennt jemand den Vater außer der Sohn und der, dem es der Sohn offenbaren will. 23 Selig die Augen, die sehen, was ihr seht. 24 Denn ich sage euch: Viele Propheten und Könige begehrten zu sehen, was ihr seht, und sahen es nicht, und zu hören, was ihr hört, und hörten es nicht.

Das besondere und exklusive Wissen um Jesus wird in der Tat zur Demarkationslinie, an der sich Erwählte und Verworfene scheiden.

---

183 Schnelle, Theologie, 362, mit einem Zitat von Kosch.
184 Schnelle, Einleitung, 264.

2.3.2 ... als Ausdruck frühjüdischen Ringens um die Tora

Der Heilsexklusivismus, mit dem die Trägergruppe hinter Q ihren Glauben an Jesus untermauerte, darf allerdings nicht in Rivalität zur jüdischen Tora – oder gar als deren Außer-Kraft-Setzung – gesehen werden. Denn keine andere Dynamik prägte das Frühjudentum mehr, als die Frage, wie die Tora richtig zu interpretieren sei und welche Gruppierung nun die authentische Auslegung für sich reklamieren könnte. Diese Dynamik des Frühjudentums wurde durch die fortschreitende Hellenisierung ausgelöst, die spätestens ab 300 v. Chr. zu einer immer stärkeren Polarisierung innerhalb des Judentums führte.[185] Diese Zerrissenheit hörte mit den makkabäischen Freiheitskämpfen nicht auf, sondern brachte die Konflikte erst so richtig zum Lodern. Spätestens seit sich der Makkabäer Jonatan (wohl zum Laubhüttenfest des Jahres 153 v. Chr.) widerrechtlich das Amt des Hohepriesters angeeignet hatte, zerbrach die alte innerjüdische Allianz vollends – die Entstehung der von Flavius Josephus (Bell 2,119–166; Ant 13,171–173; 18,11–24) genannten Gruppierungen der Sadduzäer, Pharisäer und Essener geht in diese Zeit zurück. Zunächst spalteten sich die Essener ab, die in Jonatan und den ihm im Amt des Hohepriesters folgenden Makkabäern/Hasmonäern nur »Frevelpriester« sahen und ab 100 v. Chr. in der Niederlassung von Qumran in ihrem »Menschenheiligtum« durch »Werke des Lobpreises« wichtige Sühnefunktionen des für die Qumraniten entweihten Jerusalemer Tempels übernahmen (zur Tempelkritik, s.u. II.2.5.2 und III.4.2).[186] Gerade dem »Lehrer der Gerechtigkeit«, der in den Qumranschriften zentralen Lehrautorität, wurden ähnliche Kompetenzen zugeschrieben, wie dies die Logienquelle später für Jesus tat. So heißt es in 1QpHab II,1–10:

> 1 ... [Seine Deutung bezieht sich auf die] Verräter mit dem Mann 2 der Lüge, denn sie haben nic[ht gehört auf die Worte] des Anweisers der Gerechtigkeit aus dem Mund 3 Gottes. Und auf die Verrä[ter am Bund], dem neuen, denn sie haben sich [nic]ht 4 als gläubig bewährt im Bund Gottes [und entweihten] den Nam[en] Seiner Heiligkeit. 5 Und wahrlich – die Deutung des Wortes bezieht sich [auf alle die Verr]äter am Ende 6 der Tage. Sie sind Gewalt[täter am Bun]de, die nicht glauben 7, wenn sie all das hören, was da ko[mmen wird über] die letzte Generation aus dem Mund 8 des Priesters, dem Gott in [sein Herz Wisse]n gegeben hat, zu deuten all [d]ie 9 Worte Seiner Propheten, [durch d]ie Gott aufgezählt hat 10 all das, was über Sein Volk kommt und [Sein Land ...]

Die »Verräter am neuen Bund« sind jene, die nicht auf den Anweiser der Gerechtigkeit gehört haben. Sie sind »Gewalttäter am Bund«, denn die Worte des Anweisers der Gerechtigkeit sind Worte aus dem Mund Gottes selbst![187] Ähnliches gilt auch für 1QpHab VII,17 – VIII,3:

> VII,17 [... doch ein Gerechter lebt durch seine Treue (Hab 2,4)]

---

185 Vgl. den Überblick bei Tiwald, Frühjudentum, 56–73.
186 Vgl. dazu und im Folgenden Tiwald, Frühjudentum, 117–152.
187 In 1QpHab II,8 ist mit dem »Priester« der »Lehrer der Gerechtigkeit« gemeint, wie VanderKam/Flint, Meaning, 283, nachgewiesen haben. In 4Q171 (4QpPsa) III,15 wird dieser nämlich ebenfalls als Priester bezeichnet.

> VIII,1 Seine Deutung (geht) auf alle die Täter der Torah im Haus Judah, welche 2 Gott erretten wird aus dem Haus des Gerichts wegen ihres Bemühens und (wegen) ihrer Treue 3 zum Anweiser der Gerechtigkeit [sc. Lehrer der Gerechtigkeit] ...

Die Treue zum Lehrer der Gerechtigkeit wird hier zum *exklusiven Kriterium* der Erlösung, ähnlich wie die Logienquelle das für Jesus veranschlagt.

Nach 1QS III,4–6 wird jeder, der nicht in den *jaḥad*, also die essenische Gemeinschaft, eingetreten ist, auf ewig unrein bleiben:

> 4 ... Nicht wird er schuldlos durch Sühneriten, nicht gereinigt durch Reinigungswasser, nicht geheiligt durch Seen 5 und Ströme, nicht gereinigt durch alles Wasser der Waschung: Unrein, unrein bleibt er alle Tage, da er verschmäht die Gesetze 6 Gottes, um nicht Zucht anzunehmen in der Einung (*jaḥad*) Seines Rates.

Die exklusive Zugehörigkeit zur eigenen Gruppierung wird hier zum *articulus stantis et cadentis* der Rechtfertigung und Erlösung.

2.3.3 Eschatologisches Sonderwissen

Das Reklamieren eines eschatologischen Sonderwissens, dessen Kenntnis exklusive Heilsrelevanz besaß, war nicht nur für die Qumrantexte und die Logienquelle konstitutiv, sondern im Frühjudentum weit verbreitet.[188] Der durch die Hellenisierungspolitik der Ptolemäer, Seleukiden und Römer in die Bevölkerung getragene Riss führte zu Gruppenbildungen und heftigen Kontroversen. In dieser gesellschaftlichen Zerrissenheit und Unsicherheit der tradierten Werte gehen laut Nickelsburg Weisheitstheologie und apokalyptische Muster ein Bündnis miteinander ein und führen nun zur Erwartung einer von Gott gesandten eschatologischen Offenbarung, durch die »eschatological wisdom about God's Law«[189] verkündet wird: »[W]isdom is mediated through an eschatological revelation possessed by the chosen. Outsiders are damned because they lack or reject the revelation that enables them properly to observe divine Law and to read the signs of the times.«[190]

In *Henochs Epistel*, einem Teil des 1. Henochbuchs (1 Hen 92,1–5; 93,11 – 105,2), der in die Zeit knapp vor dem Makkabäeraufstand datiert, doch in Qumran bis zur Zeitenwende aktuell blieb,[191] können nur diejenigen gerettet werden, die Henochs »Weisheitsrede annehmen und sie verstehen« (1 Hen 99,10). So heißt es dann auch dort:

> 1 Hen 103,2 Denn ich kenne das Geheimnis, und ich habe die Tafeln des Himmels gelesen und habe das heilige Buch gesehen, und ich habe darin aufgeschrieben und aufgezeichnet

---

188 Vgl. dazu Tiwald, Scheidung, 90–105.
189 Nickelsburg, Wisdom, 78.
190 Nickelsburg, Wisdom, 89.
191 Zur Textabgrenzung und Datierung vgl. Stuckenbruck, 1 Enoch, 3 und 215. Das Manuskript 4Q212 (= 4QEn^g ar) enthält Teile der Henochepistel in aramäischer Sprache und wird von Maier, Texte II, 164, in die Mitte des 1. Jh.s v. Chr. datiert. Die Wirkmächtigkeit der Henochepistel zeigt sich auch darin, dass sie sogar den Autor des um 160 n. Chr. verfassten Jubiläenbuchs inspirierte (vgl. Stuckenbruck, 1 Enoch, 215).

gefunden über sie, 3 daß alles Gute und die Freude und Ehre für eure Geister, die in Gerechtigkeit gestorben sind, und (daß) euch viel Gutes gegeben wird als Ausgleich für eure Mühen und (daß) euer Los besser ist als das Los der Lebenden.

1 Hen 104,10 Und nun kenne ich dieses Geheimnis, daß die Sünder das Wort der Wahrheit vielfach verdrehen und übertreten, böse Reden führen, lügen, große Werke schaffen und Bücher über ihre Reden verfassen. 11 Aber wenn sie all meine Reden richtig in ihren Sprachen niederschreiben und nichts verdrehen und nichts auslassen von meinen Worten, sondern alles richtig niederschreiben, alles, was ich zuvor über sie gesagt habe, 12 so kenne ich ein anderes Geheimnis, daß den Gerechten und Weisen die Bücher zur Freude, zur Rechtschaffenheit und vieler Weisheit gegeben werden.

Die inkriminierten »Frevler« sind nicht Ungläubige, sondern ebenfalls Theologen, die sogar eigene Bücher schreiben. Nickelsburg meint dazu: »The deceivers ... wrongly claim to present the right interpretation of the Tora, sometimes in opposition to the ›true‹ interpretation presented by the author's hero.«[192] Damit ist Henoch – ähnlich wie Jesus in Q 10,22 – nicht nur der einzige Offenbarungsträger, sondern auch die ihm Nachfolgenden sind mit privilegiertem Sonderwissen ausgestattet (vgl. Q 10,23). Denn Erlösung kann es nur in der gläubigen Annahme dieses exklusiven Wissens geben, das Henoch/Jesus offenbart.

In der *Zehnwochenapokalypse* des 1. Henochbuchs (1 Hen 93,1-10; 91,11-17), einem Text, der Henochs Epistel erst nachträglich zugewachsen ist und wohl in die Zeit von Antiochos IV. Epiphanes (175-170 v. Chr.) datiert,[193] heißt es:

93,9 Und danach, in der siebenten Woche, wird sich ein abtrünniges Geschlecht erheben, und seine Taten (werden) zahlreich (sein), aber alle seine Taten (werden) Abfall (sein). 10 An ihrem Ende werden die erwählten Gerechten von der ewigen Pflanze der Gerechtigkeit erwählt werden, denen siebenfache Unterweisung über seine ganze Schöpfung zuteil werden soll.

Hier wird klar, »daß in der Zehnwochenapokalypse mit dem eschatologischen Erwählungshandeln eine unmittelbare, das heißt nicht im Rückgriff auf die schriftlich fixierte Tora gewonnene, eschatologische Belehrung verbunden ist, welche die wahre Ordnung der Schöpfung aufdeckt ...«[194]. Dies ist eine »revelatory instruction received by the specially elect community.«[195] Dieses exklusive apokalyptische Sonderwissen wird allerdings nur den Auserwählten zuteil – nur sie verstehen die wahre Bedeutung des göttlichen Gesetzes. »The elect are chosen, first of all, to be the recipients of wisdom and knowledge. In the context of the Epistle, this means a particular understanding of the divine law, other esoteric information about the cosmos, and the eschatological message of the coming judgment.«[196]

Das deckt sich natürlich mit den Vorstellungsmustern, wie wir sie zuvor schon für Qumran verortet haben. Daher findet sich in Qumran auch in 4Q212 (= 4QEn^g ar) Frg. 1c II,12f., dem aramäischen Text von 1 Hen 93,9-10; 91,11-17, die Ankündigung

---

192 Nickelsburg, 1 Enoch, 488. Ebenso Stuckenbruck, 1 Enoch, 360.
193 Vgl. Stuckenbruck, 1 Enoch, 62.
194 Merklein, Gottesherrschaft, 104. Ebenso Heil, Nachfolge, 131-333.
195 Stuckenbruck, 1 Enoch, 57.
196 Nickelsburg, 1 Enoch, 448.

2.3 Anfrage 1: Jesu Anspruch in Rivalität zur Tora?

wieder, dass den Erwählten im Eschaton »siebenfache Weisheit und Erkenntnis« zuteilwird. Hier wird klar, dass die Texte von Qumran auf älteren theologischen Argumentationsmustern aufbauen, die im Frühjudentum auch außerhalb essenischer Theologie vertreten waren und einen breiteren Strom eschatologischer Erwartungen reflektieren.

Das belegt auch der Text *Musar leMevin* (früher: *4QInstruction*), ein zwar in Qumran gefundener Text, dessen Entstehungszeit aber ins dritte oder frühe zweite Jh. v. Chr. datiert und damit in seinem Kern voressenisch ist.[197] In Analogie zur Ankündigung der Zehnwochenapokalypse, dass den Erwählten im Eschaton »siebenfache Weisheit und Erkenntnis« zuteilwird, spricht *Musar leMevin* vom Geheimnis des Werdens, das nur den »Einsichtigen« offenbart werden kann. Der רז נהיה (*raṣ nihjeh*), das »Geheimnis des Werdens«/»mystery of being«, ist als stehende Wendung »geradezu formelhaft verfestigt« und trägt eine »offenbarungsvermittelnde Funktion«.[198] Gemeint ist damit »eine Welt- und Schöpfungsordnung, die ethische und historische Komponenten enthält und sich dereinst im Eschaton erfüllt. Es beginnen sich also im Begriff רז נהיה die ethisch-sittlichen Elemente der weisheitlichen Urordnung mit der Vorstellung einer prädestinatianischen, auf das Eschaton zulaufenden Geschichtsordnung zu vereinigen.«[199] Allerdings steht das »Geheimnis des Werdens« nur »besonderen, erwählten Offenbarungsträgern zu, wie etwa Henoch, dem Lehrer der Gerechtigkeit, oder, in seinem Gefolge, den Mitgliedern des yaḥad.«[200] Damit fungiert der Lehrer der Gerechtigkeit auch als eine Art »Offenbarungsmittler«,[201] ähnlich wie Jesus für Q. Dazu passt, dass das »Geheimnis des Werdens« nach 4Q118 Frg. 123 Kol. 2,4f. nur den erwählten »Verständigen« offenbar wurde.[202] Man ist hier an Q 10,21–24[203] erinnert:

> 21 In jener Zeit (Mt)/dieser Stunde (Lk) sagte er [Jesus]: Ich preise dich, Vater, Herr des Himmels und der Erde, denn du hast dies vor Weisen und Klugen verborgen, und du hast es den Einfältigen geoffenbart; ja, Vater, denn so hat es dir gefallen. 22 Alles ist mir von meinem Vater übergeben worden, und niemand kennt den Sohn außer der Vater, noch kennt jemand den Vater außer der Sohn und der, dem es der Sohn offenbaren will. 23 Selig die Augen, die sehen, was ihr seht. 24 Denn ich sage euch: Viele Propheten und Könige begehrten zu sehen, was ihr seht, und sahen es nicht, und zu hören, was ihr hört, und hörten es nicht.

Heilsexklusives Sonderwissen meint dabei keine Abrogation der Tora, sondern die Enthüllung des erst eschatologisch zugänglichen letztverbindlichen Sinnes der Tora, der – gleich einem Geheimnis – nur den Erwählten zugänglich ist.

---

197 Vgl. Kampen, Wisdom, 43. Der Text wird nicht nur in Fragmenten der vierten Höhle belegt, insgesamt umfasst das Corpus 1Q26, 4Q415–418, 4Q423. Daher ist *4QInstruction* nicht ganz korrekt.
198 Lange, Weisheit, 58.
199 Lange, Weisheit, 60.
200 Lange, Weisheit, 119.
201 Lange, Weisheit, 107.
202 Vgl. Stuckenbruck, 1 Enoch, 127. Ebenso Kampen, Wisdom, 36f.
203 Zur Frage nach apokalyptischen Mustern in Q und was dieser Text für die Logienquelle bedeutet, vgl. Tuckett, Apocalyptic, 107–121, bes. 113.

Eine weitere Parallele lässt sich auch im *4. Esrabuch* finden, das nach Zerstörung des Tempels noch im 1. Jh. n. Chr. in Palästina abgefasst wurde:

> 14,44 In den vierzig Tagen wurden vierundneunzig Bücher geschrieben. 45 Als die ersten Bücher zu Ende waren, redete der Höchste mit mir und sagte: Die ersten Bücher, die du geschrieben hast, leg offen hin. Würdige und Unwürdige mögen sie lesen. 46 Die letzten siebzig aber sollst du verwahren, um sie den Weisen aus deinem Volk zu übergeben. 47 Denn in ihnen fließt die Quellader der Einsicht, die Quelle der Weisheit und der Strom des Wissens.

Die hier genannten 94 Bücher setzen sich aus den 24 bereits bekannten heiligen Büchern des Frühjudentums zusammen, zu denen nun weitere 70 Bücher hinzukommen.[204] Diese 70 aber enthalten esoterische Sonderweisungen, die nur »den Weisen aus deinem Volk zu übergeben« sind. Eine Sondergruppe des Frühjudentums nimmt hier für sich in Anspruch, den eschatologisch-bindenden Sinn der Tora nicht aus dem Pentateuch, sondern aus gruppenspezifischen Sonderüberlieferungen zu erschließen, die freilich nun auch als inspirierte und heilige Bücher – also als »Tora«, als göttliche Weisung – angesehen werden.[205]

2.3.4   Ergebnis: Jesus vs. Tora?

Im Frühjudentum war die Vorstellung verbreitet, dass gewisse heilsrelevante Mittlergestalten – wie Henoch, Esra, der »Lehrer der Gerechtigkeit« oder eben Jesus – in der Endzeit eine eschatologisch-bindende Torainterpretation proponieren würden. Dabei ist Tora keineswegs nur auf den Pentateuch eingeschränkt, sondern meint die lebendige und endzeitlich-aktualisierende Willenskundgabe Gottes (vgl. den *raṣ nihjeh*, das »Geheimnis des Werdens«, in *Musar leMevin*). Die Heilsexklusivität, mit der die Logienquelle Jesus zeichnet, fällt dabei nicht aus dem Rahmen der uns für das damalige Frühjudentum bekannten Deutemuster hinaus.[206]

---

204 Zur Frage des frühjüdischen »Kanons« vgl. Tiwald, Frühjudentum, 267–271. Der Begriff »Kanon« für die heiligen Bücher ist eigentlich christlichen Ursprungs. Im Frühjudentum waren Zahl und Zugehörigkeit der heiligen Bücher noch nicht endgültig fixiert.
205 Vgl. Hogan, Meanings, 551: »... the wise can find tôrâ (in the sense of divine instruction) in esoteric books – presumably texts that were eventually excluded from the Jewish canon of Scripture.«
206 Vgl. Kampen, Wisdom, 31: »Since we now know of other instances in Second Temple Judaism, where the prospects for the attainment of wisdom and knowledge were tied to membership in an exclusive sectarian entity, the idea of Jesus as the exclusive source of wisdom for his followers appears in a broader context ... [T]he followers of Jesus can make claims to the exclusive source of wisdom in the same manner that other groups made similar assertions.« Ebenso Nickelsburg, Wisdom, 90: »At the beginning, Christian sectarian claims functioned like the Enochic and Qumranian claims. Christians were not anti-Jewish ... To the contrary, they were Jews who asserted that other Jews were excluded from the community of the saved if they did not adopt the revelation of the gospel.«

2.4 Anfrage 2: Antijüdische Polemik in Q?

D. Zeller – einer der Pioniere der Erforschung der Logienquelle – hat in einer 1972 erschienenen Untersuchung zu Q 13 die These vertreten, dass für die Logienquelle der heilsgeschichtliche »Ausschluß der Juden besiegelt« und die »Verdammung Israels« bereits vollzogen sei.[207] Ähnlich urteilt auch N. A. Beck, der über die Logienquelle schreibt: »... in ihr [ist] ohne Zweifel beachtliche antijüdische Polemik gegenwärtig.« Q biete eine »breite Grundlage, auf der [sc. in den späteren Evangelien des Mt und Lk] zusätzliche antijüdische Vorurteile aufbauen und artikuliert werden konnten.«[208] In seinem 1984 erschienenen Kommentar zur Logienquelle urteilt Zeller: »Durch das Herbeiströmen der Völker verliert Israel seinen ihm eigentlich angestammten Anteil am Reich Gottes«, doch spricht er hier auch von einem »letzten Appell«, der doch noch einmal an Israel ergeht.[209] Allerdings: »Die Möglichkeit, daß es [sc. Israel] das Erbe des Reiches Gottes an die Heiden abtreten muß, verdichtet sich an einigen Stellen zur Gewissheit ...«[210] 2001 kehrte Zeller noch einmal zur Thematik des Gerichts gegen Israel und Jerusalem (Q 13,34f.) zurück (»Die Stimmen, die hier eine Hoffnung für die Hauptstadt [sc. Jerusalem] heraushören, mehren sich«) und konstatiert eine gewisse Tendenz, »die Gerichtsworte von Q nicht als Verdammungsurteile, sondern als letzte Appelle zur Buße zu betrachten ...«[211] Hier schließt er: »Zwar vertieft sich der Bruch mit dem konkreten Israel, das in Jerusalem sein Zentrum hat«, doch andererseits: »Die Prediger, die Q tradierten, gaben Israel jedenfalls noch eine Chance«.[212]

2.4.1 Polemik im Frühjudentum

Zahlreiche in letzter Zeit getätigte Untersuchungen zu Rivalitäten im Frühjudentum geben dem Entwicklungsprozess Zellers Recht: Polemik wird zunehmend als innerjüdischer *boundary marker* gesehen, als *logos protreptikos*, mit dem sich unterschiedliche Gruppierungen voneinander abgrenzen und für die eigene Sache werben – ähnlich der vielbeschworenen »Wahlkampfrhetorik« von Politikern in der heutigen Zeit. Die zahlreichen hier erfolgenden Übertreibungen und Überzeichnungen sind nicht für bare Münze zu nehmen, sondern dienen der eigenen Profilierung in Abgrenzung zum anderen.[213] Die innerjüdische Polemik zur Zeit des Zweiten

---

207 Zeller, Völkerwallfahrt, 86 und 88.
208 Beck, Polemik, 204.
209 Zeller, Logienquelle, 87.
210 Zeller, Logienquelle, 96.
211 Zeller, Zukunft, 354 und 357.
212 Zeller, Zukunft, 367 und 369.
213 Vgl. dazu: Nickelsburg, Wisdom, 73–91; Johnson, Slander, 419–441; Marshall, Apocalypticism, 8–82; Tiwald, Valeur, 115–137. So schreibt Johnson (a.a.O. 433): »The purpose for the polemic is not so much the rebuttal of the opponent as the edification of one's own school. Polemic was primarily for internal consumption« und unterstreicht den »protreptic use of polemics«.

Tempels ist damit *konnotativ* und nicht *denotativ*:[214] Es geht nicht darum, *denotativ* die objektive Information einer Glaubensspaltung zu konstatieren, sondern *konnotativ* für die eigene Sache zu werben, damit die eigene Position zu bestärken und die anderen zu überzeugen. Solche Polemiken haben stets einen *performativen* und weniger einen *informativen* Charakter – sie wollen nicht dogmatisch-bindend exkommunizieren, sondern appellativ-mahnend zur Umkehr rufen. Somit hat D. Zeller mit seiner letzten Position Recht, dass in der Polemik der Logienquelle ein »letzter Appell« an Israel gerichtet wird: Es geht nicht um einen unkittbaren Bruch, sondern um ein letztes Werben an die Adresse Israels.

2.4.2 Ergebnis: Antijüdische Polemik in Q?

In der Q-Forschung gewinnt – gestützt auf soziologische Studien zur Textur des Frühjudentums – die Ansicht immer mehr Boden, dass die Polemiken der Logienquelle gegen Pharisäer, galiläische Städte und Jerusalem sowie gegen »diese Generation« (zu den Gegnern s. u. II.2.5) noch keinen endgültigen Bruch zwischen der Q-Gemeinde und dem Judentum erkennen lassen, sondern nach wie vor als *innerjüdischer Konflikt* zu werten sind, auch wenn Spannungen und Rivalitäten klar zu Tage treten. Hierzu einige Positionen:

> C. Tuckett, Apocalyptic, 121: All this suggests that Q is not produced in a situation where there has been a division that is now irreparable. There clearly has been some division, but for those who have preserved the teaching of Jesus here in Q and presumably thought that it still has some value in their own day, such division is not a cause of satisfaction or rejoicing in any way: rather it is a cause for renewed effort to try to build bridges, mend fences, and to break down barriers that threaten to separate. If there has been some »parting of the ways«, the aim of the Q Christians is to seek overcome those divisions and to break down any boundary lines.

> J. Kloppenborg, Parting, 142: In spite of the exaggerated and fiery rhetoric of Q, in particular in its final redactional phase, there is good reason to suppose that Q and its partisans identified as Israel and had other Israelites in view as they constructed the document. Although they were prepared to condemn their co-ethnic group, there is no evidence that they had fundamentally turned away to embrace non-Israelites.

> G. Theißen, Lokalkolorit, 233: Hinter Q steht eine innerjüdische Erneuerungsbewegung, die mit prophetischer Radikalität die Umkehr jedes einzelnen in Israel fordert. Sie setzt darin die Botschaft des Täufers und Jesu fort.

---

214 Vgl. Johnson, Slander, 441: » ... the conventional nature of the polemic means that its chief rhetorical import is connotative rather than denotative.« Beispiele für solche Polemik können in der harschen Kritik der Qumrantexte an Sadduzäern und Pharisäern gefunden werden. Man vergleiche nur die von Flavius Josephus erwähnten Parteiungen im Frühjudentum. Weiters sind aber auch die heftigen Polemiken im 1. Henochbuch zu nennen, in denen neben theologischen Konflikten auch starke soziale Spannungen aufbrechen (vgl. dazu die Texte im Einzelnen bei Tiwald, Valeur, 115–137).

M. Ebner, Q, 100: In den scharfen Gerichtsandrohungen Israel gegenüber zeigt sich ein verzweifeltes Ringen um die eigentlich angezielten Adressaten, keineswegs dagegen eine Rückschau auf vollendete Tatsachen aus dem inzwischen heidenchristlichen Milieu heraus.

A. Dettwiler, Q, 253: ... le cadre de pensée de la source Q est profondément judéo-chrétien. Le document ne contient aucune trace d'une critique explicite, principielle ou ponctuelle, de la Torah.

J. Gnilka, Theologie, 142: Predigt wie Ablehnung [der Q-Missionare] erfolgen in Israel. Daß sie sich als Judenchristen nur an ihr Volk wandten, ist für die älteste Zeit nahezu selbstverständlich. Die Heiden werden am Ende kommen – wie es die alten Propheten in der Idee der Völkerwanderung zum Sionsberg vorausgesagt hatten – und die Ungläubigen in Israel beschämen (Mt 8,11 par). Je länger die Missionare wirkten, desto klarer mußte ihnen die weitreichende Erfolglosigkeit ihrer Bemühungen werden. ... Es ist aber unwahrscheinlich, daß sie von sich aus alle Brücken zur Synagoge abgebrochen haben.

Auch wenn die oben genannten Stimmen vermehrt Gehör finden, soll auch die andere Sichtweise zu Wort kommen, die in Q bereits einen unkittbaren Bruch zwischen Judentum und Jesusanhängern erkennen möchte:

J. Verheyden, Jugement, 219: La systématique du raisonnement, son caractère négatif et radical, tant pour le contenu que pour la forme, tout cela ne peut s'expliquer qu'en admettant ne plus avoir affaire à un dernier appel, ... mais bel et bien à un adieu pas encore digéré.

U. Schnelle, Einleitung, 250: Die Logienquelle setzt Verfolgungen der jungen Gemeinde durch Juden in Palästina voraus ... Die positive Erwähnung von Heiden in Q ... lässt auf eine Öffnung zur Heidenmission schließen ...

H. Fleddermann, Q, 165: ... in Q Israel has already gone over to judgement. That Q looks back on a failed mission to Israel should not surprise us.

M. Frenschkowski, Jerusalem, 557: Israel ist nur rhetorisch angesprochen: Ohne Frage richtet sich das Wort [sc. Q 13,34f.] vergewissernd an die Q-Gemeinde, die im schmerzlichen Bruch mit Israel lebt, diesen aber noch nicht theologisch verarbeitet hat.

2.5 Die »Gegner« in der Logienquelle

Will man Näheres über die Identität einer Gruppe erfahren, so legt es sich nahe, auch einen Blick auf die »Gegner«, also die aufgebauten Feindbilder zu werfen, da Identitätsbildung oft über Abgrenzung läuft. Ziel der Q-Polemik sind die Pharisäer und Gesetzeslehrer, galiläische Städte und Jerusalem sowie »diese Generation«. Gerade im Blick auf diese »Widersacher« lässt sich unschwer klären, ob die soeben postulierten Aussagen zur Polemik in Q dem Text selber gerecht werden (zur Polemik gegen die galiläischen Städte s. o. II.1.2.2).

2.5.1 Pharisäer und Gesetzeslehrer

Q 11,42 Wehe euch, den Pharisäern, denn ihr gebt den Zehnten von der Minze und dem Dill und dem Kümmel, und ihr übergeht das Recht und die Barmherzigkeit und die Treue! Dieses aber sollte man tun und jenes nicht lassen. 39b Wehe euch, den Pharisäern, denn ihr reinigt das Äußere des Bechers und der Schüssel, innen aber sind sie voll von Raub und Unmäßigkeit. 41 Reinigt ... das Innere des Bechers, ... und ... sein Äußeres rein. 43 Wehe euch, den Pharisäern, denn ihr liebt den Ehrenplatz bei den Festessen und den ersten Platz in den Synagogen und die Begrüßungen auf den Marktplätzen. 44 Wehe euch, den Pharisäern, denn ihr seid wie unkenntliche Gräber, und die Menschen, die darüber hinweggehen, wissen es nicht. 46b Und wehe euch, den Gesetzeslehrern, denn ihr schnürt ... Lasten zusammen, und legt (sie) auf die Schultern der Menschen, selbst aber wollt ihr sie nicht mit eurem Finger bewegen.

Die hier vorgebrachte Polemik wirkt auf den ersten Blick massiv – man könnte meinen, dass der Riss zwischen der Q-Gemeinde und ihren Gegnern bereits definitiv war. Allerdings gibt die Logienquelle hier auch stehende Gemeinplätze wieder. So etwa werden die Pharisäer im Nahumpescher, in 4Q169 I,2 und II,2 sowie CD I,18 als »Ausleger von glatten Dingen« (דורשי החלקות, dorsche ha-halaqot) verunglimpft.[215] Der Vorwurf, sich die eigene Gesetzesauslegung bequem glattgeschliffen zu haben, erinnert ein wenig an den oben zitierten Text aus Q 11. In der ebenfalls in Qumran gefundenen Damaskusschrift (CD VIII,12f.) werden die Pharisäer hingegen als »Tüncheschmierer«, »Windwäger« und »Lügenprediger« beschimpft.[216] Das erinnert an die »unkenntlichen Gräber« in Q 11,44, wo nur auf den äußeren Schein geachtet, doch das Innere vernachlässigt wird. Auch die den Pharisäern in Q 11 unterstellte Ehrsucht und Heuchelei gibt einen damaligen Gemeinplatz wieder: In Ant 17,41 wirft Flavius Josephus den Pharisäern vor, sich selbst als besonders gewissenhaft in der Auslegung der Überlieferungen und Gesetze einzuschätzen (ἐπ' ἐξακριβώσει μέγα φρονοῦν τοῦ πατρίου καὶ νόμων), doch dabei das Wohlwollen Gottes an diesen Gesetzen nur »vorzutäuschen« (προσποιουμένων), um damit das »Frauenvolk« (ἡ γυναικωνῖτις) unter ihren Einfluss zu bringen, sowie zum Kriegführen und zur Gewalttat bereit zu sein (εἰς τὸ πολεμεῖν τε καὶ βλάπτειν ἐπηρμένοι). Nach Ant 13,401–423 sind die Pharisäer gar »gefährliche Unruhestifter mit größtem Einfluß im Volk, Heuchler ohne eigene Meinung, wenn sie nur die Macht erlangen.«[217]

Die von der Logienquelle vorgebrachten Vorwürfe gegen Pharisäer und Gesetzeslehrer können also unschwer als stehende Gemeinplätze im damaligen Judentum entlarvt werden. Der Einsatz solcher Injurien belegt natürlich konkrete Spannungen zwischen der Q-Gemeinde und den Pharisäern als zwei rivalisierenden Gruppierungen im Frühjudentum. Doch gehen diese Polemiken nicht über das hinaus, was uns auch ansonsten von innerjüdischen Querelen bekannt ist.

2.5.2 Jerusalem, der Tempel, das dtr Geschichtsverständnis und das »Motiv vom gewaltsamen Prophetengeschick«

Q 13,34 Jerusalem, Jerusalem, du tötest die Propheten und steinigst die, die zu dir gesandt sind! Wie oft wollte ich deine Kinder sammeln wie eine Henne ihre Küken unter die Flügel

---

215 Vgl. VanderKam/Flint, Meaning, 276–280; ebenso VanderKam, Pharisees, 225–236. Siehe auch Tiwald, Frühjudentum, 140.
216 Maier, Nachumpescher, 239, hat nachgewiesen, dass diese Beleidigungen tatsächlich an die Adresse der Pharisäer gerichtet sind.
217 Stemberger, Pharisäer, 16.

2.5 Die »Gegner« in der Logienquelle

sammelt, aber ihr habt nicht gewollt. 35 Siehe, verlassen wird euch euer Haus. Ich sage euch, ihr werdet mich nicht mehr sehen bis es kommen wird, dass ihr sagt: Gesegnet, der im Namen des Herrn kommt!

Manche Exegeten sehen hinter diesem Wort bereits eine »Q-Gemeinde, die im schmerzlichen Bruch mit Israel lebt«.[218] Allerdings gibt der Text zunächst nur die geprägte Topik deuteronomistischer Theologie wieder: Dass sich Jerusalem bzw. Israel allen wahren Propheten widersetzt, ist keine christliche Invektive, sondern stehendes Theologumenon (besser: »Anthropologumenon«) deuteronomistischer Theologie (vgl. 2 Kön 17,7–20; Jer 7,27; 25,3f.; 35,14f.). In der Literatur wird dieser Topos seit O. H. Steck als »deuteronomistisches Prophetengeschick« bezeichnet (mehr dazu s. u. II.2.5.2; III.3 und III.4.1).[219] So begegnet bereits in 2 Kön 17,7–20 der Tun-Ergehen-Zusammenhang zwischen der Verstocktheit Israels (die ungehörten Mahnungen der Propheten) und der Strafe Israels (dem Exil) als genereller Deuteparameter für die Geschichte des Nord- und Südreiches. Gleiches gilt auch für die dtr geprägten Schichten des Jeremiabuches;[220] auch Jeremia widerfährt das Geschick eines Propheten, der von seinem Volk nicht erhört wird (vgl. Jer 7,27; 25,3; 35,14). Von einem *gewaltsamen* Geschick der Propheten bis hin zu deren Tötung ist in deuteronomistischer Theologie allerdings noch nicht die Rede. Das Motiv einer *gewaltsamen Verfolgung* aller Propheten bis hin zu deren *Ermordung* tritt erst mit Neh 9,26 ins Bild, einem nicht mehr zur dtr Theologie zählenden Text. Es empfiehlt sich hier also nicht mehr, vom »*deuteronomistischen*« Prophetengeschick zu sprechen,[221] sondern dies als das *Motiv vom gewaltsamen Prophetengeschick*[222] zu bezeichnen. Diese Motivik ist allerdings im Frühjudentum weit verbreitet, zu nennen wären: 1 Hen 89,51 – 90,19; Jub 1,7–26; 1QpHab II–V und Ant 9,265–267; 10,38–41. In der Logienquelle wird die Vorstellung vom *gewaltsamen Prophetengeschick* zum tragenden Deutemuster: Q 6,22f.; 11,47–51; 13,34f. (mehr dazu s. u. III.3 und III.4.1). Die Topik hat aber auch in anderen Texten des NT ihren Niederschlag gefunden: 1 Thess 2,15; Mk 12,1–9; Mt 22,6 und Apg 7,51f. Das Motiv ist also sehr weit verbreitet – es wäre ein fataler Fehler, solche *geprägten Erzählformen* (patterns) für bare historische Münze zu nehmen. Natürlich wird in solchen Texten eine real erfahrene Zurückweisung verarbeitet, fraglich aber bleibt, ob solch vorgeprägte Texte bereits einen realen und unheilbaren Bruch mit Israel belegen. Am ehesten wird man dem Text gerecht, wenn wir die einzelnen vorgeprägten Motivschritte näher untersuchen. Da in Neh 9,26–33 das Theologumenon vom *gewaltsamen Prophetengeschick*

---

218 Frenschkowski, Galiläa, 557.
219 Steck, Geschick, passim.
220 Vgl. Steck, Geschick, 72; sowie Backhaus/Meyer, Jeremia, 420f.
221 So etwa Kloppenborg, Faith, 80 (» ... Q has adopted and adapted deuteronomistic theology as the means by which to comprehend Jesus' and John's preaching, and Israel's rejection of that preaching ...«) oder Zeller, Logienquelle, 71, der allerdings einschränkend von einer Verankerung im »deuteronomistischen und chronistischen Geschichtswerk« spricht. Das Grundmotiv ist tatsächlich deuteronomistisch, doch wurde dieses später *dramatisierend* und *aggravierend* (Tötung statt Ablehnung) weitergeführt.
222 Vgl. dazu im Folgenden Tiwald, Gott, 69–76.

zum ersten Mal auftaucht, kann diese Stelle als unmittelbarer Prätext der späteren Texte angesehen werden. Das in Neh 9,26–33 verwendete Schema besteht aus einem Vier-Schritt, der gleich dreimal hintereinander repetiert wird:[223]

A) Sünde gegen Gott und Verweigerung
B) Mahnung durch die Propheten und Ablehnung derselben (bisweilen bis zur Prophetentötung gehend)
C) Strafe in Form von Preisgabe Israels durch Gott, gefolgt von Umkehr und Anrufung Gottes
D) Erbarmen Gottes und Heilswende

Legt man dieses Schema auf Q 13,34f. um, so ergibt das:

A) Sünde/Verweigerung	Jerusalem, Jerusalem, du tötest die Propheten und steinigst die, die zu dir gesandt sind!
B) Prophetenmahnung und Ablehnung	Wie oft wollte ich [*Jesus als Prophet!*] deine Kinder sammeln wie eine Henne ihre Küken unter die Flügel sammelt, aber ihr habt nicht gewollt.
C) Preisgabe und Umkehr	Siehe, verlassen wird euch euer Haus. Ich sage euch, ihr werdet mich nicht mehr sehen bis es kommen wird, dass ihr sagt:
D) Erbarmen/Heilswende	Gesegnet, der im Namen des Herrn kommt!

Aus der geprägten Topik geht klar hervor, dass auch für Q 13,34f. kein *endgültiger* Beziehungsabbruch Gottes mit seinem Volk Israel intendiert ist. Der vieldiskutierte V 35c (»Gesegnet, der im Namen des Herrn kommt!«) ist daher nicht als eschatologische Zwangsbekehrung Israels zum Glauben an Jesus zu werten,[224] sondern als Heilsverheißung der endzeitlichen Erlösung ganz Israels. Gerade die Zitation von Ps 117,26 LXX (Ps 118 MT) stützt diese Sichtweise: Nach »Gesegnet, der im Namen des Herrn kommt!« lautet der Psalmenvers weiter: »Wir segnen euch, vom Haus des Herrn her«. Diese Zitation macht klar: Auch für die Logienquelle wird Gott trotz des traditionell vorgegebenen Motivs der Preisgabe (»Siehe, verlassen wird euch euer Haus«) am Ende

---

223 Vgl. hier und im Folgenden: Tiwald, Gott, 71f. Dort wird das Schema von Neh 9,26–33 auch im weiterführenden Detail analysiert.
224 Gegen Müller, Gerichtsankündigung, 138, und Luz, Matthäus III, 384f., mit Verweis auf die Interpretation Calvins (»zitternd vor dem Anschauen seiner furchtbaren Majestät« muss Israel bekennen, dass Jesus Gottes Sohn ist. »Es gibt für ein Israel, das Jesus ablehnt, keine gute Zukunft mehr, auch nicht beim Weltgericht des kommenden Menschensohns.«).

zu seinem Volk und zu seinem Haus zurückkehren. Ps 117 LXX//Ps 118 MT steht in einem ausgesprochenen »Zions- und Tempelhorizont«.²²⁵ Der Psalm enthält »eine Zukunftsperspektive, die ihn zu einem Danklied der geretteten Gerechten ... macht, die im Jerusalemer Tempel JHWHs universale Königsherrschaft feiern ...«²²⁶ Es ist schwer vorstellbar, dass die Q-Theologen diesen biblischen Hintergrund bei der Zitation des Wortes nicht präsent gehabt hätten: Es geht nicht um Exklusion der Ungläubigen, sondern um deren eschatologische Umkehr – welche die Q-Missionare dann allerdings in ihr Recht setzen würde. Im Übrigen ist auch das Bild von der Vogelmutter (Q 13,34) Jes 31,5 geschuldet – wo Gott sich für Jerusalem einsetzen wird, *trotz* der Halsstarrigkeit Israels (vgl. Jes 31,1.6)!

Aber auch die Drohung, dass Gott seinen Tempel in Jerusalem verlassen wird, war ein Gemeinplatz biblischer und frühjüdischer Theologie, vgl. 1 Kön 9,1–10; Jes 5,1–7; Jer 22,5; Ez 9 – 11 (bes. 10,18f.; 11,23) und 2 Bar 8,2.²²⁷ Daher ist weder ein postulierter Bruch mit dem Judentum noch eine Datierung entsprechender Texte nach der Tempelzerstörung im Jahre 70 vonnöten. Auch Josephus berichtet in Bell 6,299–311 von wiederholten Prophezeiungen aus der Zeit lange *vor* dem Jüdischen Krieg, dass der Tempel in Jerusalem zerstört werde – unter anderem auch von dem 62 n. Chr. auftretenden Jesus Ben Ananos, »vier Jahre vor dem Krieg, als die Stadt [sc. Jerusalem] in Frieden und Wohlergehen stand« (Bell 6,300).²²⁸ Darüber hinaus war im Frühjudentum die Vorstellung weit verbreitet, dass der Jerusalemer Tempel verunreinigt sei (vgl. Jub 23,21b; 4Q174 III,7; PsSal 2,3–5; TestMos 5,5; 6,1; Bell 6,323; 2 Bar 10,18; TgJes 28,1) und im Eschaton durch einen neuen, nicht von Menschen, sondern von Gott gemachten Tempel ersetzt würde (Jub 1,29; 4 Esr 10,46–55; 1 Hen 90,28–29).²²⁹

Konklusion: Die Topik, dass Gott seinen Tempel verlassen und im Eschaton durch ein neues Heiligtum ablösen wird, ist im Frühjudentum bestens belegt und stellt keineswegs eine prinzipielle Abrogation des Tempels oder gar einen Bruch zwischen Christen und Juden dar.

2.5.3 »Diese Generation«

Von allen in Q auftretenden Gegenspielern muss »›diese Generation‹ (7,31; 11,29–31.50f.) [als] die entscheidende Personifikation der Antagonisten«²³⁰ angesehen werden. Die Wortgruppe »diese Generation« (ἡ γενεὰ αὕτη) kommt in Q siebenmal

---

225 Hossfeld/Zenger, Psalmen, 319. Bezüge sind gegeben zwischen Ps 118 und Jes 12,1–6, wo die »Verheißung der Wiederherstellung Israels durch einen neuen Exodus aus der weltweiten Zerstreuung« (ebd.) gefeiert wird.
226 Hossfeld/Zenger, Psalmen, 320.
227 Vgl. Müller, Gerichtsankündigung, 137; Wild, Encounter, 114; Tiwald, Gott, 69–76.
228 Vgl. dazu Theißen, Lokalkolorit, 231; Kloppenborg Verbin, Excavating, 86f.; Müller, Gerichtsankündigung, 137.
229 Vgl. dazu im Folgenden Tiwald, Protologie, 378f. Weiters: Paesler, Tempelwort, 40–89 und 150–66. Ebenso Evans, Opposition, 235–53, 236–41, und Ådna, Tempel, 122–27. Siehe auch Ego, Attitudes, 165–177.
230 Labahn, Wiederkommender, 455f.

vor (an drei unterschiedlichen Orten) und lässt erkennen, dass »in dieser Konzeption ein einendes Band von Q liegt ...«[231] Die verbindende Kraft dieses Syntagmas verknüpft nicht nur die entsprechenden Einzelstellen der Logienquelle miteinander, sondern webt Q als Ganzes ein in das deuteronomistische Geschichtsverständnis der hartnäckigen Verhärtung Israels gegenüber den Boten Gottes,[232] das in Q bis hin zum *gewaltsamen Prophetengeschick* weitergesponnen wird (s. o. II.2.5.2; III.3 und III.4.1). So heißt es etwa in Q 11,49–51:

> 49 Daher sagte die Weisheit auch: Ich werde zu ihnen Propheten und Weise senden, und (einige) von ihnen werden sie töten und verfolgen, 50 damit das Blut aller Propheten, das vom Anfang der Welt an vergossen worden ist, von dieser Generation gefordert werde, 51 vom Blut Abels bis zum Blut des Zacharias, der zwischen dem Altar und dem Tempelhaus umgekommen ist; ja, ich sage euch, es wird von dieser Generation gefordert werden.

Dabei bedient die Logienquelle auch hier dtr Topik: Ähnlich beklagt das Moseslied in Dtn 32,5 eine γενεὰ σκολιὰ καὶ διεστραμμένη, eine »perverse und verdorbene Generation« und 32,20 eine »perverse Generation, Söhne, in denen kein Glaube ist« (γενεὰ ἐξεστραμμένη ἐστίν υἱοί οἷς οὐκ ἔστιν πίστις ἐν αὐτοῖς). Jes 57,4 thematisiert dann den Spott der Ungerechten gegen den Gerechten in der Art von ungezogenen, die Zunge herausstreckenden Kindern: »Seid ihr nicht Kinder des Untergangs, Samen der Gesetzlosigkeit (σπέρμα ἄνομον)?« fragt der Autor. Gleich zu zwei Q-Stellen lässt sich hier eine Verbindung herstellen: Einerseits zu den launischen Kindern, mit denen Jesus nach Q 7,31f. »diese Generation« vergleicht und über das Stichwort »Gesetzlosigkeit« zu den ἐργαζόμενοι τὴν ἀνομίαν, den »Tätern der Gesetzlosigkeit« aus Q 13,27.

In frühjüdisch-apokalyptischen Texten wird die Erwartung zu einem tragenden Deutemuster, dass in der Endzeit eine verdorbene und ungläubige Generation zu Gegenspielern der Erwählten wird: Die Nicht-Annahme und das Scheitern des eigenen gruppenspezifischen Anspruchs innerhalb der differierenden Parteiungen des Frühjudentums wird somit bereits *ex eventu* »vorausprophezeit« und damit in den »Fahrplan« der Heilsgeschichte integriert.

> 1 Hen 93,9 Und danach, in der siebenten Woche, wird sich ein abtrünniges Geschlecht erheben, und seine Taten (werden) zahlreich (sein), aber alle seine Taten (werden) Abfall (sein). 10 An ihrem Ende werden die erwählten Gerechten von der ewigen Pflanze der Gerechtigkeit erwählt werden, denen siebenfache Unterweisung über die ganze Schöpfung zuteil werden soll.

Die Erwähnung des abtrünnigen Geschlechts[233] steht hier symptomatisch für die endzeitlich erwartete »time of pervasive wickedness«, sowie für »unprecedented malevolence«[234]. Erst am Ende der siebenten Woche wird Gott den eschatologischen

---

231 Labahn, Wiederkommender, 413, Anm. 573.
232 Vgl. hier und im Folgenden Labahn, Wiederkommender, 412f.
233 Nach Stuckenbruck, 1 Enoch, 119, liest der äthiopische Text hier für »wicked generation« tewled 'elut; der aramäische Text ist an dieser Stelle lakunös (a. a. O. 121 und 50–52), das koptische Fragment hingegen endet schon mit V 8 (a. a. O. 52).
234 Stuckenbruck, 1 Enoch, 122f.

Umbruch einleiten, indem er den »erwählten Gerechten« eine »siebenfache Unterweisung über die ganze Schöpfung« (1 Hen 93,10) zuteil werden lässt (s. o. II.2.3.3).

Fazit: Die Wortgruppe »diese Generation« wird in Verbindung mit dem *gewaltsamen Prophetengeschick* zu einer tragenden Sinnlinie der Logienquelle. Allerdings belegt die alttestamentlich-frühjüdische Topik deutlich, dass es sich hier um *geprägte Redeformen* handelt. Es ist daher wenig ratsam, »diese Generation« mit Israel identifizieren zu wollen und daran den Bruch der Logienquelle mit seiner jüdischen Matrix festzumachen.

2.5.4 »Christenverfolgungen« in Q?

Dass von »dieser Generation« nun »das Blut aller Propheten« (Q 11,50) eingefordert wird (Text s. o. II.2.5.3), führt manche Exegeten dazu, hier bereits Anzeichen einer regelrechten Verfolgung der Jesusjünger durch Juden zu sehen. Dazu schreibt U. Schnelle:

> *Schnelle, Einleitung, 250*: Die Logienquelle setzt Verfolgungen der jungen Gemeinde durch Juden in Palästina voraus ... In 1 Thess 2,14–16 erwähnt Paulus um 50 n. Chr. bereits zurückliegende Christenverfolgungen in Judäa. Die Hinrichtung des Zebedaiden Jakobus durch Agrippa I. ... erfolgte um 44 n. Chr.

Wenn die Logienquelle hier vom »Blut aller Propheten« spricht, kennt sie in den eigenen Reihen doch keinen einzigen (!) Blutzeugen – der Text muss vielmehr auf Abel und Zacharias zurückgreifen, die nun nicht gerade Zeitgenossen der Logienquelle sind. An dieser Stelle gebraucht Q klarerweise literarische Topoi. Eine reale blutige Verfolgung lässt sich hier nicht festmachen. Bestätigt wird dieser Befund durch Q 12,11f.

> 11 Wenn sie euch vor die Synagogen(gerichte) bringen [*eigentlich wörtlich:* wenn sie euch in die Synagogen führen], macht euch keine Sorgen, wie und was ihr sprechen sollt; 12 denn der heilige Geist wird euch in «jener (Mt)/dieser (Lk)» Stunde lehren, was ihr sprechen sollt.

Hier wird noch ganz anders als bei Mk 13,9 weder von einem »Ausliefern« (παραδώσουσιν ὑμᾶς) an »Gerichte« (συνέδρια) noch von Prügelstrafen (δαρήσεσθε) in Synagogen gesprochen. Vielmehr werden die Q-Missionare lediglich »in die Synagogen geführt« (εἰσφέρωσιν ὑμᾶς ἐπὶ τὰς συναγωγάς). Die »Synagoge« als Mehrzweckraum[235] diente natürlich auch der Gerichtsbarkeit, doch ebenso als Versammlungsraum für öffentliche Auftritte – auch Jesus hat immerhin in Synagogen gepredigt! Etwas überspitzt könnte man sagen: »Dass für solch ›offiziellere‹ Predigtauftritte der Beistand des Heiligen Geistes verheißen wird, belegt eher die Nervosität der Missionare als die Existenz eines drohenden Blutgerichts.«[236] Natürlich zeichnen sich in solchen Texten die stärker werdenden Spannungen zwischen Q-Missionaren und nicht-jesusgläubigen Juden in Palästina ab – von gegenwärtigen, blutigen Verfolgungen jedoch weiß die

---

235 Zu Existenz und Funktion der Synagogen im Palästina der Zeitenwende vgl. Levin, Palestine, 23–41.
236 Tiwald, Gott, 80.

Logienquelle nichts zu berichten. Wahrscheinlich waren es doch eher der Spott von Kindern am Marktplatz (vgl. Q 7,32), das Desinteresse der Menschen (Q 10,10; 11,16–32) sowie Schmähungen »um des Menschensohnes willen« (Q 6,22), die den Q-Missionaren zu schaffen machten, aber noch keine blutigen Verfolgungen.

Die von Schnelle erwähnte Hinrichtung des Zebedaiden Jakobus ist hingegen den Restaurationsbestrebungen von Agrippa I. (37–44 n. Chr., in Apg 12,2 als »Herodes« bezeichnet) geschuldet, die sich auch gegen tempel- und beschneidungskritische Kreise der Jesusbewegung richteten.[237] Eine generelle Christenverfolgung ist hier nicht in Sicht – immerhin verblieb nach der Hinrichtung des Zebedaiden und der Flucht des Petrus der gesetzesstrenge Herrenbruder Jakobus als neue Leitfigur der Christen in Jerusalem (Apg 12,17). Als dieser dann 62 n. Chr. durch den Hohepriester Ananos II. (Josephus, Ant 20,200), einen Sadduzäer, hingerichtet wurde, demonstrierten ausgerechnet die Pharisäer (die Josephus hier als die »eifrigsten Beobachter des Gesetzes« kennzeichnet) zugunsten des Jakobus und erwirkten die Absetzung des Ananos.[238] Die Hinrichtungen der beiden »Jakobusse« wie auch die Steinigung des Stephanus (Apg 7,59) und die in 1 Thess 2,14–16 genannten Verfolgungen gehen nicht über das hinaus, was man auch ansonsten von innerjüdischen Zwistigkeiten der damaligen Zeit kennt. Auch 1 Thess 2,14–16 berichtet im Übrigen nicht von *blutigen* Verfolgungen, einzig »Jesus, den Herrn, und die Propheten« hätten die »Juden« getötet. Gerade hier wird deutlich, wie freizügig Paulus das *gewaltsame Prophetengeschick* für seine Zwecke nutzt, denn Jesus wurde von den Römern hingerichtet, nicht von Juden!

S. Rollens hat in ihrer Untersuchung *Persecution in the Social Setting of Q* (2015) recht überzeugend die gruppenpsychologische Dynamik herausgearbeitet, die Verfolgungs- und Märtyrer-Narrative zu identitätsstiftenden Gemeinschaftsüberlieferungen werden lassen.[239] Das Trauma der Zurückweisung der eigenen Botschaft wird im *gewaltsamen Prophetengeschick* sublimiert und in sein Gegenteil verkehrt: Die Ablehnung wird nun sogar zum Zeichen der prophetischen Legitimation schlechthin, über die man sich sogar »freuen« kann und die als Zeichen einer Sukzession der Q-Propheten zu den Propheten in Israel und zu Jesus interpretiert wird:

> Q 6,22 Selig seid ihr, wenn sie euch schmähen und verfolgen und alles Böse gegen euch sagen um des Menschensohnes willen. 23 Freut euch und jubelt, denn euer Lohn im Himmel ist groß; denn so verfolgten sie die Propheten vor euch.

2.5.5 Abschließende Wertung zu den »Gegnern« in Q

Auch eine Analyse der von der Logienquelle zu »Gegnern« aufgebauten Menschen und Städte vermag die These eines definitiven Bruchs zwischen der Q-Gemeinde und Israel nicht zu untermauern. Sämtliche Polemiken sind stehenden frühjüdi-

---

237 Vgl. dazu Tiwald, Frühjudentum, 211f.
238 Zu den Hintergründen vgl. Tiwald, Frühjudentum, 102.
239 Vgl. Rollens, Persecution: »In some cases, the claim to have experienced violence may have been so ideologically valuable that the persecution was deliberately sought out« (a. a. O. 156).

schen Topoi geschuldet; gerade in der Polemik zeigt sich die starke Eingebundenheit der Logienquelle in frühjüdische Deutemuster (vgl. besonders das *gewaltsame Prophetengeschick*). Von daher legt sich die Vermutung nahe, diese Polemiken als *innerjüdischen Konflikt* zu betrachten, der zwar bereits eine gewisse Intensität erreicht hat, doch noch nicht über das hinausgeht, was uns ansonsten von rivalisierenden Gruppierungen des Frühjudentums bekannt ist.

Schön lässt sich dies an einem so zentralen Text wie dem Gastmahlgleichnis (Q 14,16–23) zeigen:

> 16 Und er sagte ihnen: Das Reich Gottes ‹gleicht› einem Menschen, der ein großes Gastmahl bereitete. 17 Und er sandte seinen Sklaven, um den Eingeladenen zu sagen: Kommt, denn es ist schon bereit. 18 «Sie alle begannen, Entschuldigungen vorzubringen.» «Der eine ging auf seinen Acker (Mt)/der erste sagte ihm: Ich habe einen Acker gekauft und muss gehen, um ihn anzusehen (Lk)» 19 «der andere (ging) an sein Geschäft (Mt)/und ein anderer sagte: Ich habe fünf Paar Ochsen gekauft und muss gehen, um sie anzuschauen (Lk)». 20 «Und ein anderer sagte: Ich habe eine Frau geheiratet (Lk)» 21 Und als der Sklave zurückkehrte, berichtete er dies seinem Herrn. Daraufhin wurde der Hausherr zornig und sagte seinem Sklaven: Geh schnell hinaus in die Straßen, und wen auch immer ihr finden mögt, ladet ein «zu dem Fest». 23 Und nachdem d‹er› Sklave‹› in die Straßen hinausgegangen war‹›, versammelte‹› ‹er› alle, die ‹er› fand‹›; und das Haus war gefüllt.

Es fällt auf, dass die erst später von Mt und Lk angebrachten Verschärfungen, die traditionellerweise als Bruch mit Israel interpretiert werden, in Q eben noch nicht anzutreffen sind: Von einer Verwerfung der erstgeladenen Gäste ist hier im Unterschied zu Mt 22,8 (οἱ δὲ κεκλημένοι οὐκ ἦσαν ἄξιοι, »Die Geladenen waren nicht würdig«) oder Lk 14,24 (λέγω γὰρ ὑμῖν ὅτι οὐδεὶς τῶν ἀνδρῶν ἐκείνων τῶν κεκλημένων γεύσεταί μου τοῦ δείπνου, »Denn ich sage euch: Keiner jener eingeladenen Männer wird mein Mahl kosten«) noch *nicht* die Rede. Genauso wenig ist hier von der hyperbolischen Aussendung der Armee die Rede, um die Mörder zu töten und die Stadt einzuäschern – ein klares *vaticinium ex eventu* bei Mt 22,7 nach der Zerstörung Jerusalems.

2.6 Heidenmission in Q?

Nach einer Untersuchung der »Gegner« hilft wohl auch eine Untersuchung der Zielgruppe, das Profil der Q-Gemeinde besser zu verstehen. H. Fleddermann und U. Schnelle rechnen damit, dass in der Logienquelle der Bruch mit Israel bereits vollzogen sei und die Q-Missionare zur Heidenmission übergegangen wären:[240] Die Hervorhebung des besonderen Glaubens des heidnischen Hauptmanns von Kafarnaum (Q 7,1–3.6–9), die positive Erwähnung von Tyrus und Sidon (Q 9,13f.) und die Einladung von »vielen« aus Osten und Westen in die *basileia* (Q 13,29f.) legen allerdings nur auf den ersten Blick solch einen Schluss nahe.

---

240 Vgl. Fleddermann, Q, 164–166; Schnelle, Einleitung, 250.

2.6.1 Judenmission und Heidenmission in der Urkirche

Die in den 60er-Jahren schriftlich fixierte Logienquelle muss klarerweise von der bereits erfolgreichen Heidenmission Kenntnis besessen haben, da diese am »Jerusalemer Apostelkonzil« 49 n. Chr. grünes Licht erhalten hatte.[241] Dort allerdings wurde nicht nur die Heidenmission legitimiert, sondern auch das Missionsgebiet in Juden- und Heidenmission aufgeteilt (Gal 2,7–9 und Apg 15,1–29). Dies führte dazu, dass Judenchristen auch weiterhin Speisevorschriften, Sabbat und Beschneidung einhielten und damit auch weiterhin im Verband des Judentums verblieben, ohne jedoch die Heidenchristen zu diesen Auflagen zu zwingen. Dass diese Dichotomie auf die Dauer zu Verwerfungen innerhalb des Christentums führen musste, zeigt sich im »Antiochenischen Zwischenfall«, da bei Nichteinhaltung der Speisevorschriften durch Heidenchristen eine Mahlgemeinschaft mit Judenchristen nicht möglich war. Da damals das Sättigungsmahl noch unmittelbar mit dem eucharistischen Mahl verbunden war (vgl. 1 Kor 11,21f.), lief dies auf eine Verunmöglichung der eucharistischen Gemeinschaft zwischen Judenchristen und Heidenchristen hinaus. Diese Fragen wurden erst nachträglich durch eine *regula conviventiae*, wie sie Apg 15,20 in Form der sogenannten »Jakobusklauseln« fälschlich schon für das »Apostelkonzil« überliefert (Gal 2,8f. weiß von diesen Beschlüssen noch nichts), geklärt. Für die Teilnehmer am »Apostelkonzil« mögen diese Fragen noch nebensächlich gewesen sein: Die imminente Naherwartung (die sich auch noch in 1 Thess 4,17 widerspiegelt) ließ nicht erwarten, dass diese Lösung etwas anderes als ein *eschatologisches Provisorium* sein sollte, da doch mit der unmittelbar bevorstehenden Wiederkunft Christi ohnehin neue Fakten geschaffen würden. Dies führte allerdings zu einer gewissen Duplizität der Missionsgebiete und Missionsmethoden und damit auch zu einer Dualität der Lebensstile. So etwa belegen die Proteste der Pharisäer gegen die Hinrichtung des Herrenbruders Jakobus (s. o. II.2.5.4) durch den Sadduzäer Ananos II., dass streng nach dem Gesetz lebende Kreise der Urkirche den Pharisäern näher standen als die ihnen verfeindeten Sadduzäer. Zumindest bis in die Zeit knapp vor dem Jüdischen Krieg muss man damit rechnen, dass in Palästina toraobservante Gruppierungen des Urchristentums gemäß den Vorgaben des »Apostelkonzils« auch weiterhin Beschneidung, Speisevorschriften und Sabbatheiligung einhielten und sich bezüglich des Missionsziels rein auf Israel konzentrierten. Die Gemeinde der Logienquelle könnte in dieses Schema passen.

2.6.2 Die »Heiden« in Q

Bei genauem Hinsehen fällt auf, dass die »Heiden« in Q sehr schematisch gezeigt werden: In Q 6,33f. (»Tun das nicht auch die Heiden?«[242]) und 12,30 (»Denn all das

---

241 Zum »Jerusalemer Apostelkonzil« und zum »Antiochenischen Zwischenfall« vgl. Tiwald, Frühjudentum, 213–215.
242 Hier war in Q wohl von »Heiden« die Rede, wie es Mt 5,47 bewahrt hat. Lk 6,34 hingegen spricht redaktionell von den »Sündern«; vgl. Luz, Matthäus I, 402 und 408.

erstreben die Heiden«) werden diese als *Negativfolie* in Kontrast zur rechten Einstellung gesetzt; eine Argumentation, die frühjüdischem Denken verhaftet ist.[243] Genauso holzschnittartig nehmen sich Heiden allerdings auch dann aus, wenn sie als *Positiv-Folie* den Kontrast zum jüdischen Unglauben bilden, denn auch die *scheinbar positive Erwähnung* der Heiden erfolgt in Q in einem *latent negativen Deutehorizont* dieser Heiden: Gerade beim heidnischen Hauptmann und bei den Städten Tyrus und Sidon hätte die Logienquelle solch einen Glauben gar nicht erwartet! Heiden werden hier noch immer als »notorious sinners and enemies of Israel«[244] gesehen. So werden Tyrus und Sidon in einem Atemzug mit der Sündenstadt Sodom genannt; man vergleiche nur die parallele Ausdrucksweise in Q 10,12 und 10,14: Sodom, Tyrus und Sidon wird es am Tag des Gerichts »erträglicher ergehen« als den galiläischen Städten. Jüdisches Erwählungsdenken gegenüber den normalerweise ungläubigen Heiden spielt hier unterschwellig noch immer die tragende Rolle. Die Textpragmatik dieser Aussagen spielt mit der Ungewöhnlichkeit eines solchen Glaubens (das »Staunen« Jesu in Q 7,9 über den Glauben des Hauptmanns) wie auch mit dem Kontrast zum Unglauben Israels (Q 7,9: »in Israel habe ich solchen Glauben nicht gefunden« oder die hyperbolische Kontrastierung mit den Heidenstädten in Q 10,13–15). W. Arnal hat diesen rhetorisch-hyperbolischen Charakter der Darstellung gut erkannt: Genauso wenig wie die Logienquelle eine Missionsstation in Sodom plane, tritt hier eine Mission in Tyros und Sidon in den Blick![245] Obendrein ist die Phrase »wenn in Tyrus und Sidon die Wundertaten *geschehen wären* ...« im Irrealis verfasst: »The clear implication is not only that such miracles have *not* been performed ..., but in addition that ... no such ›mission‹ has taken or will take place.«[246] Darüber hinaus kann Gott selbst aus Steinen Kinder Abrahams machen, wie Q 3,8 in der Täuferrede festhält. Dies ist somit der gleichen polemischen Topik geschuldet, »that anything – Sodomites, Tyrians, rocks – would please God more than this wicked generation.«[247]

2.6.3 »Shaming Rhetoric« in Q

Man gewinnt also den Eindruck, dass Heiden in Q nicht um ihrer selbst willen erwähnt werden, sondern als Kontrastfolie dienen, um Israel zu beschämen: »The rhetorical strategy at work is shaming«[248] sagt Kloppenborg Verbin zu Recht. Diese »shaming rhetoric«[249] bestätigt sich in den Aussagen über die »Königin des Südens« und die »Männer von Ninive« (Q 11,31f.), die beim Jüngsten Gericht gegen Israel

---

243 Vgl. Arnal, Q, 138. Dazu im Folgenden Tiwald, Gott, 76–78.
244 Arnal, Q, 143.
245 Vgl. Arnal, Q, 143.
246 Arnal, Q, 144.
247 Arnal, Q, 144.
248 Kloppenborg Verbin, Excavating, 192. In diesem Sinne auch Gnilka, Theologie, 142: »... die Ungläubigen in Israel beschämen«.
249 Arnal, Q, 144.

auftreten werden. Auch deren Glaube wird – genauso wie der des Hauptmanns – in Kontrast zum Unglauben Israels gesetzt. Die »Königin des Südens« und die »Männer von Ninive« sind nun gewiss keine Zeitgenossen der Logienquelle, erfüllen aber textpragmatisch die gleiche Funktion wie der Hauptmann und die heidnischen Städte. Daher legt sich im Umkehrschluss nahe, dass auch der Hauptmann und die heidnischen Städte kein reales Missionsziel der Q-Gemeinde waren. Die *Beschämungsstrategie* liegt damit genau auf der gleichen Linie wie die oben schon untersuchte Polemik: Es geht um einen letzten eindringlichen Aufruf an Israel, Umkehr zu tun. Eine ähnliche Konzeption findet sich schließlich auch in Röm 11,11, wo Paulus mit dem Vorbild der gläubigen Heiden Israel »eifersüchtig« machen will.[250] Damit spricht eine gewisse Wahrscheinlichkeit dafür, dass die Gemeinde hinter der Logienquelle noch keine Heidenmission betrieb, sondern den Glauben der Heiden nur aus textpragmatischen Gründen mit Blick auf die eigene Israelmission ins Spiel bringt.

2.7 Q und die »Ritualtora«

Will man dem oben eingeschlagenen Argumentationsgang folgen, so war die Logienquelle ein Dokument frühjüdischer Jesusanhänger, die trotz stärker werdender Spannungen zu anderen frühjüdischen Gruppierungen noch immer im Verband jüdischen Lebens und jüdischer Bräuche standen. Dann allerdings stellt sich die Frage, ob die Gemeinde hinter Q auch noch an der *Ritual- und Reinheitstora* festhielt oder die Tora nur *qua Liebesgebot* praktizierte.[251]

Nimmt man Q 11,39.41.42–44 ernst, so ergibt sich zweifelsohne, dass die Q-Gemeinde auch an den kultisch-rituellen Vorschriften des Judentums weiterhin festhielt.[252] Dort (Text s. o. II.2.5.1) ist in der Kritik gegen Pharisäer die Rede davon,

---

250 Vgl. Theißen, Lokalkolorit, 235. So auch Tuckett, Q, 425f.: »... the existence of Gentile Christians seemed only to have been appealed to by Q as part of its continuing passionate plea to the Jewish people to respond positively to the Christian message. Any ›missionary‹ activity in Q seems confined to Judaism.«
251 Zu Recht notieren Wolter, Zeremonialgesetz, 341, und Heil, Speisegebote, 299, dass es im Frühjudentum *terminologisch* nicht üblich war, zwischen »kultisch-rituellem« und »ethischem« Gesetz zu unterscheiden. Allerdings zeigen einige frühjüdische Texte, dass es solch eine Unterscheidung *intentional-textpragmatisch* sehr wohl gab (vgl. dazu Tiwald, Frühjudentum, 169f.). So urteilt auch Heil, Absonderung, 156: »Ausgehend von der ›Metaphorisierung‹ von Reinheit im Sinn einer moralischen Verfasstheit in der prophetischen und weisheitlichen Literatur unterschied das frühe Judentum – besonders das hellenistische Judentum – die rituellen Aspekte der Tora-Gebote von den moralischen, ohne sie ineinander zu verschmelzen.«
252 Vgl. dazu Harb, Weherufe, 159f.: »Eine weitere Frage ist, ob die Q-Leute tatsächlich noch gezehntet bzw. die Reinheitsgebote gehalten haben. ... Meines Erachtens spricht der Text der Weherede in seiner Gesamtheit ... eher dafür als dagegen.« Ebenso Wild, Encounter, 115: »It [sc. Q 11,42] demonstrates that there was agreement at the level of Q community ... that the tithing of spices was indeed an obligation ...«

2.7 Q und die »Ritualtora«

dass diese aufgrund von Reinheits- und Verzehntungsvorschriften »das Recht und die Barmherzigkeit und die Treue« außer Acht lassen. Die Antwort der Logienquelle ist nun nicht, diese inneren, moralischen Vorschriften an die Stelle von Reinheitsnormen und Verzehntung zu setzen, sondern die Einhaltung beider Vorschriften zu fordern: »Dieses aber sollte man tun und jenes nicht lassen« (ταῦτα δὲ ἔδει ποιῆσαι κἀκεῖνα μὴ ἀφιέναι). Dieser Befund wird gestärkt durch Q 16,17:

> Es ist nämlich leichter, dass der Himmel und die Erde vergehen, als dass ein Häkchen des Gesetzes «seine Kraft verliert».

Dazu passt gut, dass J. Schröter und D. Marguerat zu Q 16,18 nachgewiesen haben, dass der Haftpunkt des Q-Ehescheidungslogions in den jüdischen Reinheitsvorschriften zu suchen ist:

> Q 16,18 Jeder, der seine Frau (aus der Ehe) entlässt, begeht Ehebruch, und wer eine (aus der Ehe) Entlassene heiratet, begeht Ehebruch.

Im Frühjudentum gab es eine Tendenz, Reinheitsvorschriften, die ursprünglich nur für Priester galten, zu generalisieren, sodass diese dann auch für den Rest der Bevölkerung verpflichtend wurden.[253] Somit besteht eine hohe Wahrscheinlichkeit, dass das aus Lev 21,7.14f. bekannte Verbot für Priester, aus Gründen der rituellen Reinheit keine Verstoßene heiraten zu dürfen, hier auf das gesamte Volk ausgedehnt wurde. Ähnliche Regelungen kennen wir auch aus Qumran, wenn dort in CD IV,20 – V,2 und 11Q19 LVII,17–19 gegen die ansonsten von Dtn 24,1–3 erlaubte Wiederheirat nach Ehescheidung polemisiert wird. Der Haftpunkt solcher Vorschriften ist dabei in erster Linie nicht in ethischen, sondern vielmehr in kultischen Reinheitsvorstellungen zu suchen.

Wahrscheinlich lebte die Gemeinde der Logienquelle gemäß den Beschlüssen des »Apostelkonzils« (s. o. II.2.6.1) auch weiterhin eine uneingeschränkte Gesetzesobservanz – also nicht nur die Befolgung des *Sittengesetzes* der Tora, sondern auch die Einhaltung der *Ritual- und Reinheitsvorschriften*.[254] So zumindest urteilen:

> *J. Kloppenborg, Q,* 69: ... Q presupposed an exclusively Israelite environment where people naturally circumcised their sons, kept *kashrut*, and observed the Sabbath. ... Q's complaint with other Jewish groups is not that they observed the Torah and the Q people did not. Rather, Q's complaint against the Pharisees – no doubt, a bit of caricature – is that they insist on one set of commandments and neglect others ...«

> *C. Tuckett, History,* 425: ... Q shows a somewhat conservative attitude to the Jewish Law. There is certainly nothing which explicitly questions observance of the Law in any way ...

---

253 Vgl. Schröter, Erwägungen, 453–457 (bes. 455, Anm. 36); Marguerat, Règne, 123–125. Vgl. auch Tiwald, Gültigkeit, passim. Die gleichen Tendenzen sind auch bei den Pharisäern vorzufinden: »Die Pharisäer forderten daher für sich selbst und darum in gleicher Weise für alle Juden den Status und die Verpflichtungen der Tempelpriester. Der Tisch im Haus eines jeden Juden ist wie der Tisch des Herrn im Jerusalemer Tempel« (Neusner, Judentum, 24f.).

254 Vgl. dazu Pratscher, Jakobus, 84 und 87, der die weitere Gültigkeit der Ritual- und Reinheitstora für Judenchristen auch nach dem Apostelkonzil unterstreicht.

The horizon of Q Christians seems thus to be firmly fixed within the bounds of Tora-observance.

D. R. Catchpole, Quest, 279: The Q community thus inherited ... a continuing commitment to the covenant, the law, and the temple.

P. Foster, Use, 199: ... there is no »hard« evidence that the Q group maintained the typical boundary marking practices of Judaism, but given the likelihood of its geographical location and its temporal proximity to the earliest stages of the Jesus movement, it would not be surprising to find members continuing these religious traditions.

J. Schröter, Erwägungen, 457: Des Weiteren wurde deutlich, daß die Q-Überlieferung die unverbrüchliche Gültigkeit des Gesetzes als einen in der Jesusüberlieferung verankerten Topos betrachtet und ihre eigene Aufnahme und Fortsetzung dieser Verkündigung von dieser Überzeugung getragen ist (16,17). Schließlich wurde anhand der spezifischen Gestalt des Scheidungsverbotes in 16,18 erkennbar, daß die konkrete Rezeption der Regelungen des νόμος im Horizont einer Tradition erfolgt, in welcher jüdische Reinheitsvorstellungen eine Rolle spielen und die sich diesbezüglich von der markinischen Aufnahme unterscheidet.

Differenzierter U. Schnelle, Theologie, 362: Damit wird die Tora [sc. in der Logienquelle] nicht abgelehnt, wohl aber erfahren die rituellen Vorschriften zugunsten ethischer Aussagen eine deutliche Relativierung ...

2.8 Die Q-Gemeinde als Teil des Frühjudentums

Fasst man all diese Resultate zusammen, so ergibt sich für die Gemeinde hinter der Logienquelle ein einigermaßen schlüssiges Bild. Da die Logienquelle den Titel »Christus« für Jesus noch nicht verwendet (s. u. III.2), legt sich nahe, hier noch gar nicht von »Christen« *in sensu stricto* zu reden, sondern eher von *jüdischen Jesusjüngern* bzw. *Jewish Jesus Followers* oder *Jewish believers in Jesus*.[255] Demzufolge kann man dann in der Logienquelle ein »rural, Galilean Jewish gospel«[256] erkennen.

Damit aber wird deutlich, dass die Logienquelle nicht nur ein *missing link* zwischen früher Jesusbewegung und späterem Christentum darstellt, sondern auch ein in sich gültiges Zeugnis frühjüdischer Literatur.

---

255 Vgl. die Problemanzeige bei Foster, Document, 378 und passim; ebenso Kloppenborg, Bethsaida, 81 Anm. 66.
256 Kloppenborg, Q, 69.

3. Die Verfasser der Logienquelle

3.1 Wanderradikale Propheten ...

3.1.1 Die »Wanderradikalen«-These

Im Jahr 1972 stellte G. Theißen die These auf, dass Wanderprediger die ersten Autoritäten im beginnenden Christentum darstellten, und prägte dazu den Ausdruck vom »Wanderradikalismus«.[257] Denn als Grundlage wanderradikaler Autorität sah Theißen das emblematische Ethos der unmittelbaren Jesusnachfolge, bestehend aus zeichenhafter Armut, Heimatlosigkeit, Gewaltlosigkeit und eschatologischer Naherwartung. Etwa zeitgleich hatte auch schon P. Hoffmann darauf verwiesen, dass die Autoritäten hinter der Logienquelle charismatische Wanderpropheten waren, die einem Ethos der Armut und Friedfertigkeit als Zeichen der anbrechenden *basileia* verpflichtet waren.[258] Tatsächlich finden sich die Texte, auf welche sich die Vermutung einer »wanderradikalen« Existenz gründet, hauptsächlich in Q – ähnliche Traditionen im mk Überlieferungsstrang wurden bereits abgeschwächt und dem sesshaften Gemeindeleben adaptiert: Bereits Mk (in den mit Q parallel laufenden Überlieferungssträngen), aber dann noch stärker Mt und Lk verorten diese Texte als Reminiszenz einer mittlerweile überholten Etappe der eigenen Geschichte.[259]

---

257 Vgl. dazu den forschungsgeschichtlichen Rückblick bei Theißen, Radicalism, 93f.; ders., Wandercharismatiker, 101–116. Theißen hat diese Thesen zum ersten Mal publiziert in *Wanderradikalismus. Literatursoziologische Aspekte der Überlieferung von Worten Jesu im Urchristentum* (Erstpublikation 1973). Siehe ebenso: »*Wir haben alles verlassen« (Mc. X,28). Nachfolge und soziale Entwurzelung in der jüdisch-palästinischen Gesellschaft des 1. Jahrhunderts n. Chr.* (Erstpublikation 1977). Prägnant zusammengefasst in: Theißen, Jesusbewegung, 33–98. Zu den Hintergründen der These vgl. Heil, Missionsinstruktion, 52. Eine neuere Bewertung der These aus dem Jahr 2015 findet sich bei Tiwald, Freedom, 111–131.

258 Vgl. Hoffmann, *Studien zur Theologie der Logienquelle* (Erstauflage 1972), in der dritten Auflage 312–334. Diese These fand gerade im deutschsprachigen Raum etliche Anhänger; um nur einige zu nennen: Zeller, Redaktionsprozesse (Erstpublikation 1982), im Abdruck von 2012: 101–117; Tiwald, Brücke (2001), 523–534; ders. Wanderradikalismus (2002), 246–257; Schnelle, Theologie (2007), 364; Broer/Weidemann, Einleitung (³2010), 70.

259 Vgl. dazu besonders Tiwald, Wanderradikalismus, 175–203, und ders. Nichterfüllung, passim, wo diese Adaptationsprozesse an der Aussendungsrede exemplifiziert werden: Während hinter Q 10,3–10 noch eine aktuell gelebte Praxis steht, *historisiert* Mk 6,7 die Aussendungsrede bereits zu einem einmaligen Ereignis der Vergangenheit; Mt 10,8f. verwandelt die *Besitzverzichtsregel* zum *Erwerbsverzicht*, Lk hingegen widerruft die reale Armut in 22,35–38 und münzt das *Ethos der Besitzlosigkeit* in eine *Ethik des Besitzausgleichs zwischen Arm und Reich* um.

Tatsächlich fällt auf, dass es in der Logienquelle ein »Ethos der Heimatlosigkeit (Q 9,58; Q 10,4e), der Familienlosigkeit (Q 14,26) und der Gewaltlosigkeit (Q 6,29f.)« gibt, an dem man solchen »Wanderradikalismus« festmachen kann.[260] Hinzu tritt noch das Ethos der Besitzlosigkeit und als *primum movens* das Ethos der eschatologischen Eile um der *basileia* willen. Als entsprechende Stellen könnte man aufführen:

Ethos der Heimatlosigkeit und des Wanderlebens:

*Q 9,57 Und jemand sagte ihm: Ich werde dir nachfolgen, wohin du auch gehst. 58 Und Jesus sagte ihm: Die Füchse haben Höhlen und die Vögel des Himmels Nester, der Menschensohn aber hat nichts, wo er seinen Kopf hinlegen könnte.

Vgl. *Q 10: Der Text der Aussendungsrede zeichnet wandernde Boten ohne Besitz, die von sesshaften Sympathisanten aufgenommen werden.

Ethos der Familienlosigkeit/afamiliäres Ethos:

*Q 9,59 Ein anderer aber sagte ihm: Herr, lass mich zuerst weggehen und meinen Vater begraben. 60 Aber er sagte ihm: Folge mir nach, und lass die Toten ihre eigenen Toten begraben.

*Q 12,51 Meint ihr, dass ich gekommen bin, um Frieden auf die Erde zu bringen? Ich bin nicht gekommen, Frieden zu bringen, sondern das Schwert. 53 Denn ich bin gekommen zu entzweien: (den) Sohn gegen (den) Vater und (die) Tochter gegen ihre Mutter und (die) Schwiegertochter gegen ihre Schwiegermutter.

*Q 14,26 Wenn einer nicht den eigenen Vater und die Mutter hasst, ‹kann er nicht mein Jünger sein›; und ‹wenn einer nicht den› Sohn und ‹die› Tochter ‹hasst›, kann er nicht mein Jünger sein.

Ethos der Besitzlosigkeit:

*Q 6,20 Selig ihr Armen, denn euer ist das Reich Gottes. 21 Selig ihr Hungernden, denn ihr werdet gesättigt werden.

*Q 10,4 Tragt weder Geldbeutel noch einen Reisesack noch Sandalen, auch keinen Stock, und grüßt niemanden unterwegs.

Ethos der Gewaltlosigkeit:

*Q 6,29 Wer dich auf die eine Wange schlägt, dem halte auch die andere hin, und dem, der mit dir vor Gericht gehen und dein Untergewand nehmen will, dem lass auch dein Obergewand. «Q^Mt 5,41 Und wer dich zwingt, eine Meile mit ihm zu gehen, mit dem geh zwei.» 30 Dem, der dich bittet, gib, und von dem, der sich geliehen hat, fordere nicht das, was dir gehört, zurück.

*Q 10,3 Geht! Siehe, ich sende euch wie Schafe unter Wölfe.

*Vgl. Q 10,4 Text (s. o.): Das Verbot eines Wanderstabes, der weniger Gehbehelf, sondern primär Waffe war, dient der Friedfertigkeit.

---

260 Vgl. Schnelle, Theologie, 364. Vgl. auch Tiwald, Wanderradikalismus, 246–249; ders. Brücke, passim.

Ethos der eschatologischen Eile um des Gottesreiches willen:

*Q 10,9 Und heilt die Kranken in ihr [sc. in jener Stadt], und sagt ihnen: Das Reich Gottes ist euch nahe gekommen.

*Vgl. Q 10,4: Ein unnötiges Vergeuden von Zeit durch langwierige Grußformeln (vgl. 2 Kön 4,29) soll vermieden werden.

3.1.2 Realsymbolische Zeichenhandlungen

Die Vermutung legt sich nahe, dass dieses Ethos emblematisch gelebt wurde, als ein sinnbildliches Zeichen, um auf die Nähe des Gottesreiches zu verweisen. Das deckt sich ganz mit der Praxis Jesu, der nicht nur in Wortverkündigung den Anbruch der *basileia* verkündigte, sondern mehr noch in realsymbolischen Zeichen: Seine *Gleichnisse* werden zum Wortereignis, in dem das Gottesreich in performativer Rede schon präsent ist, seine *Mahlpraxis* lässt ein kleines Stück des Festmahles der *basileia* schon jetzt verkosten, seine *Wunderheilungen* und *Sündenvergebungen* nehmen die endzeitliche Wiederherstellung des Menschen in seiner prälapsarischen Integrität bereits vorweg.

Solche realprophetischen Zeichenhandlungen waren auch alttestamentlichen Propheten vertraut, die dadurch auf das bevorstehende Geschick Israels verwiesen: Man denke nur an Hosea, der eine Dirne zur Frau nimmt und mit ihr drei Kinder mit bezeichnenden Namen zeugt (Jesreel, Lo-Ruhama und Lo-Ammi; Hos 1,2–9). Zu erwähnen wäre auch Ezechiel, der sich öffentlich unrein macht, indem er sein Brot auf Menschenkot backt (Ez 4,12), sich öffentlich die Haare schert (5,1) und symbolisch die Totenklage verweigert (24,16f.) oder Jeremia, der mit einem Jochholz am Nacken herumgeht, um auf das bevorstehende Exilsgeschick des Volkes zu verweisen (Jer 27,2). Mit diesen Zeichenhandlungen rücken die Propheten die bereits eingetretene Verunreinigung Israels symbolisch ins Bild und verweisen auf das bevorstehende Geschick im Falle einer unterlassenen Bekehrung. Gattungskritisch handelt es sich hier um einen אות (ʾot), also eine realprophetische Zeichenhandlung. Ein אות ruft zeichenhaft eine *bestehende Wirklichkeit in Erinnerung oder nimmt eine noch nicht eingetroffene, aber unmittelbar bevorstehende Wirklichkeit symbolisch vorweg.*[261] Ganz auf dieser Linie lag wohl auch das Selbstverständnis Jesu und der Q-Boten:

> Q 12,24 Betrachtet die Raben: Weder säen sie, noch ernten sie, noch sammeln sie in Scheunen, und Gott ernährt sie doch. Seid ihr nicht mehr wert als die Vögel? 25 Wer von euch, der sich sorgt, kann zu seinem Lebensalter eine Elle hinzufügen? 26 Und was sorgt ihr euch über Kleidung? 27 Lernt von den Lilien, wie sie wachsen; weder mühen sie sich ab, noch spinnen sie. Ich aber sage euch: Selbst Salomo in all seiner Herrlichkeit war nicht gekleidet wie eine von diesen. 28 Wenn Gott aber das Gras, das heute auf dem Feld steht und morgen in den Ofen geworfen wird, so kleidet, wird er nicht euch um vieles mehr kleiden, ihr Kleingläubigen? 29 Sorgt euch also nicht, indem ihr sagt: Was sollen wir essen? Oder was sollen wir trinken? Oder was sollen wir anziehen? 30 Denn all das erstreben die

---

261 So die Definition nach Helfmeyer, Art. אות, 183.

Heiden; euer Vater weiß doch, dass ihr dies alles nötig habt. 31 Strebt aber nach seinem Reich, und dies alles wird euch hinzugegeben werden.

Das völlige und rückhaltlose Vertrauen in den Anbruch des Gottesreiches führt dazu, dass Jesus und seine Boten in zeichenhafter *Besitzlosigkeit* (nicht einmal Sandalen an den Füßen, Q 10,4!), wie die Raben und die Lilien all ihr Vertrauen auf Gott setzen: Wer nach Gottes Reich strebt, dem wird alles andere hinzugegeben werden!

Die *Familienlosigkeit* ist dabei ebenfalls zeichenhaft: Gott wird der neue Vater in einer neuen Welt sein, die nun unmittelbar bevorstehend im *hic et nunc* anbricht (vgl. auch Texte außerhalb der Q-Tradition: Mk 3,33–35; 12,25). Gott als liebender Vater schafft nun seine eigene *familia Dei*, die nicht mehr den Banden des Fleisches, sondern denen der Gotteskindschaft folgt.[262]

Das *Wanderleben* ist dann nicht nur missionarischer Notwendigkeit geschuldet, sondern drückt die Erwartung der neuen Heimat aus, die Gott in der nun anbrechenden *basileia* bereiten wird.

Die *Gewaltlosigkeit* symbolisiert sodann den eschatologischen Frieden, den nur Gott geben kann, den seine Boten aber in fast schon magisch-dinghafter Weise realsymbolisch in ihrem eigenen Gruß vorwegnehmen:

> Q 10,5 In welches Haus ihr auch geht, sagt zuerst: Friede diesem Haus! 6 Und wenn dort ein Sohn des Friedens ist, soll auf ihn euer Frieden kommen; wenn aber nicht, soll euer Friede zu euch zurückkehren.

All dies aber – Armut, Friedfertigkeit, Wanderleben und Familienlosigkeit – diente der zeichenhaft-realsymbolischen Ankündigung der nahenden Gottesherrschaft, für die die Q-Propheten genauso wie ihr Meister Jesus mit Wort und Tat einstanden.

3.1.3 Kritik an der Wanderradikalen-These

R. Horsley und D. Oakman vertreten die These, dass Jesus und seine Nachfolger Sozialrevolutionäre waren, die lediglich »political aims« verfolgt und der »social malaise«[263] den Kampf angesagt hätten. Daher sehen sie in den soeben als »Ethos« veranschlagten Handlungsweisen auch eher Mittel zur politischen Befreiung. Dabei unterschätzen sie jedoch massiv das religiöse Movens der Jesusbewegung, das ja in der Logienquelle deutlich mit der Erwartung des Gottesreiches zum Tragen kommt.

---

262 Vgl. dazu Jacobson, Families, 361–380. C. Heil, Rezeption, 212–214, hat nachgewiesen, dass Micha 7,6 (frei wiedergegeben in Q 12,53: »Denn ich bin gekommen zu entzweien: den Sohn gegen den Vater und die Tochter gegen ihre Mutter und die Schwiegertochter gegen ihre Schwiegermutter«) bereits im Frühjudentum in Jub 23,19 und 1 Hen 91,11–17 als Motivhintergrund vorliegt und als Zeichen der eschatologischen Krise verstanden wurde. Ebenso Melzer-Keller, Frauen, 347: »Offenbar deuten die Q-Leute ihre Erfahrungen von Familienspaltungen aufgrund des Jesusglaubens als geweissagtes Symptom der mit Jesus angebrochenen Endzeit ...«

263 Vgl. den Titel von Oakmans Buch: The Political Aims of Jesus, sowie Horsley, Sociology, 67 und 127. Zur Auseinandersetzung mit diesen Ansätzen vgl. hier und im Folgenden Tiwald, Freedom, 111–131.

3.1 Wanderradikale Propheten ...

Für W. Stegemann hingegen zeigt sich im Verhalten Jesu lediglich die »bettelarme Existenz von Hungerleidern, doch nicht infolge eines Ethos der Besitzlosigkeit.«[264] Dabei müsste man allerdings fragen, warum armen Habenichtsen auch noch die letzten Besitztümer verboten werden (vgl. Q 10,4): Sandalen und einen Bettelsack hatten in der Regel auch die Ärmsten. Hier geht es offensichtlich um eine *Unterbietung der Armut*, die wohl zeichenhaft gesehen werden muss.

J. Draper wiederum sieht die Wanderradikalen-These als wissenschaftlichen Zirkelschluss, der nur durch ein Ineinander-Lesen der Q-Texte mit Aussagen der Didache zustande kommt.[265] Auf diesen wichtigen Kritikpunkt wird im nächsten Absatz einzugehen sein (s. u. II.3.1.4).

J. Kloppenborg setzt mit seiner Kritik anders an: Nicht Wanderpropheten, sondern »Dorfschreiber« wären die Verfasser der Logienquelle gewesen. Die Itineranz der Q-Boten diente nicht einer bestimmten Symbolik, sondern dem Aufrechterhalten eines »network of localized groups«[266] (dazu s. u. II.3.1.5; II.3.2).

3.1.4 Wanderradikale in der Didache?

G. Theißen stützt seine Wanderradikalen-These durch Texte aus der Didache, einer frühchristlichen Kirchenordnung, die um 120 n. Chr. im syrischen Raum entstand und in einem gewissen Traditionskontinuum zu Logienquelle und Matthäusevangelium steht.[267] Während die Logienquelle in den 60er-Jahren im syrisch-palästinischen Grenzraum entstand, wurde das MtEv in den 80er-Jahren im syrischen Raum verfasst, die Didache dann ebendort um 120 n. Chr. geschrieben.[268] Allen drei Schriften sind die jüdischen Wurzeln noch deutlich anzumerken. Es gibt Gründe anzunehmen, dass die Mt-Gemeinde von Q-Missionaren gegründet wurde (dazu s. u. II.4.2.1); in die Didache hingegen sind ähnliche Traditionen eingeflossen, wie wir sie in Q und im MtEv vorfinden.[269] So legt sich die These nahe, in einigen Texten der Didache eine spätere Version der Q-Wanderpropheten zu erkennen:

---

264 Stegemann, Wanderradikalismus, 111. Ebenso Stegemann, Horizont, 86 und 94f. Auch für Stegemann, Wanderradikalismus, 115–117, zeigt sich hier ein »sozialkritisches und sozialethisches Programm« – man könnte darüber diskutieren, ob nicht auch so ein Programm als emblematisch zu verstehen ist.
265 Vgl. Draper, Charismatics, 40–45.
266 Kloppenborg, Gospel, 22.
267 Auf diese Verbindung haben hingewiesen: Niederwimmer, Didache, 77–80; ders., Wanderradikalismus, 70f.; Schmeller, Brechungen, 78–83; Luz, Matthäus I, 103.
268 Vgl. für das MtEv: Konrad, Matthäus, 23 (»eher der Süden Syriens, z. B. eine Stadt wie Damaskus«); Luz, Matthäus I, 103 (»eine größere syrische Stadt«; »Antiochien nicht die schlechteste Hypothese«); für die Didache: Niederwimmer, Didache, 80 (»Syrien oder den palästinisch-syrischen Grenzraum«).
269 Luz, Matthäus I, 103: »Die Didache ist in einer durch Mt geprägten Gemeinde entstanden.« Niederwimmer, Didache, 77, hingegen nimmt an, dass die Didache »eine apokryphe Logiensammlung vom Typus der synoptischen Logienquelle« verwendet habe. Die Gemeinde der Didache habe »Wandercharismatiker« gekannt (Niederwimmer, Entwicklungsgeschichte, 70–87).

> Did 11,3 Aber hinsichtlich der Apostel und Propheten verfahrt nach der Weisung des Evangeliums so: 4 Jeder Apostel, der zu euch kommt, soll aufgenommen werden wie der Herr. 5 Er soll aber nur einen Tag lang bleiben; wenn aber eine Notwendigkeit besteht, auch den zweiten. Wenn er aber drei bleibt, ist er ein Pseudoprophet (ψευδοπροφήτης). 6 Wenn aber der Apostel weggeht, soll er nichts mitnehmen außer Brot, bis er übernachtet; wenn er aber um Geld bittet, ist er ein Pseudoprophet. 7 Und jeden Propheten, der im Geist redet, stellt nicht auf die Probe und fällt kein Urteil über ihn; denn jede Sünde wird vergeben werden, diese Sünde aber wird nicht vergeben werden. 8 Nicht jeder, der im Geist redet, ist ein Prophet; sondern wenn er die dem Herrn entsprechenden Verhaltensweisen (τοὺς τρόπους κυρίου) hat. An den Verhaltensweisen also (ἀπὸ οὖν τῶν τρόπων) werden der Pseudoprophet und der Prophet erkannt werden.
>
> Did 12,5 Wenn er aber nicht so handeln will, dann ist er einer, der mit Christus Schacher treibt (χριστέμπορός ἐστι); vor solchen hütet euch!

Die in diesem Text erwähnten τρόποι κυρίου, *trópoi kyríou*, »die dem Herrn entsprechenden Verhaltensweisen«, dienen hier bereits als ein Kriterium, um die wahren Propheten von den Pseudopropheten unterscheiden zu können. Aus dem Text geht klar hervor, dass mit den *trópoi kyríou* Wanderleben (nur eine Übernachtung, maximal zwei) und Armut (kein Geld, nur Brot) gemeint sind. Die Nachfolge Jesu in seinem Lebensstil der Armut und Heimatlosigkeit wird hier bereits zum Unterscheidungsmerkmal, um einem Scharlatan das Handwerk zu legen, »der mit Christus Schacher treibt«, wie Did 12,5 mahnt (und dabei das schöne Wort χριστέμπορος, *christémporos*, »Christushändler«, benützt). Dass die Christen Syriens im 2. Jh. tatsächlich mit solchen Leuten zu kämpfen hatten, belegt auch Lukian von Samosata:

> *Peregr.* 13 Sodann hat ihnen ihr vornehmster Gesetzgeber die Meinung beigebracht, dass sie alle untereinander Brüder wären, sobald sie übergegangen, das heißt, die griechischen Götter verleugnet und sich zur Anbetung jenes gekreuzigten Sophisten [sc. Jesus] bekannt hätten und nach dessen Vorschriften lebten. Daher verachten sie alle äußern Güter ohne Unterschied und besitzen sie gemeinschaftlich – Lehren, die sie auf Treu und Glauben, ohne Prüfung und Beweis angenommen haben. Wenn nun ein geschickter Betrüger an sie kommt, der die Umstände schlau zu benützen weiß, so kann es ihm in Kurzem gelingen, ein reicher Mann zu werden und die einfältigen Tröpfe ins Fäustchen auszulachen.

Für Did 8,2; 11,3; 15,3f. wird das überlieferte »Evangelium« bereits zur *regula Christi*, wobei besonders die »überlieferten *Worte des Kyrios*« von Bedeutung sind und nicht das Kerygma von Tod und Auferstehung Jesu.[270] Die Parallelen zu Texten wie der Aussendungsrede Q 10 scheinen hier evident.

3.1.5 Wanderboten im syrischen Urchristentum

Noch einleuchtender werden die Parallelen, wenn man berücksichtigt, dass im syrischen Urchristentum Wanderboten/Wandermissionare offensichtlich zum fixen Erscheinungsbild gehörten. Bereits A. v. Harnack hatte bezüglich der Didache auf die Polarität zwischen sesshaften Amtsträgern und wandernden Charismatikern ver-

---

270 Niederwimmer, Didache, 75f.

wiesen und G. Kretschmar brachte 1964 die syrischen Wanderprediger der Didache mit den bei Lukian von Samosata und in den Pseudoklementinen Genannten in Verbindung.[271] Hier passen nun nicht nur die itineranten Q-Boten ins Bild, sondern auch die Wanderboten des Corpus Johanneum und der Autor der Johannesoffenbarung.

Gerade bezüglich der *johanneischen Gemeinde* hat M. Theobald darauf verwiesen, dass diese geographisch in »Syrien in der ›Nachbarschaft Palästinas‹« zu verorten ist und gemäß ihrer Tradition auf altes Spruchgut ähnlich der Logienquelle zurückgreift.[272] Auch wenn er und andere eine direkte Abhängigkeit der johanneischen Logia-Tradition berechtigterweise ausschließen, wurde doch wiederholt auf die starke Ähnlichkeit der Überlieferung verwiesen: »Logienquelle und Johannesevangelium bzw. der Trägerkreis eines wichtigen Segments johanneischer Wortüberlieferung wurzeln in einem vergleichbaren Milieu, dem der Wandermissionare des syrisch-palästinischen Grenzgebiets.«[273] Daher ist es nicht unwahrscheinlich, dass die im zweiten und dritten Johannesbrief erwähnten Wanderboten in einem gewissen Traditionskontinuum zwischen Logienquelle und Didache anzusiedeln sind (ohne hier natürlich direkte Abhängigkeiten postulieren zu wollen).[274] Auch 2 Joh 10 entwirft schon – ähnlich wie später die Didache – Kriterien, mit denen man falsche und wahre Wanderboten auseinanderhalten kann. Auch die hohe Wertschätzung für Propheten teilen die Johannesbriefe mit Q (vgl. das *gewaltsame Prophetengeschick*, s. o. II.2.5.2; III.3 und III.4.1) und der Didache (vgl. Did 11,3–8; 13,1–3; 15,1f.): Die hohe Wertschätzung von Propheten (Joh 4,19; 1 Joh 4,1; 2 Joh 10; 3 Joh 5–8.10) und Ältesten (2 Joh 1,1; 3 Joh 1,1) tritt im joh Schrifttum allenthalben zu Tage. Das Amt der Bischöfe und Diakone entstand in den heidenchristlichen Gemeinden (vgl. Phil 1,1), während in den judenchristlichen Gemeinschaften Propheten, Lehrer und Älteste als Autoritäten angesehen wurden.[275] Did 15,1f. belegt diesen Sachverhalt noch gut:

> 15,1 Wählet euch nun Bischöfe und Diakone, würdig des Herrn, Männer, mild und ohne Geldgier und wahrhaftig und erprobt; denn sie leisten für euch ja auch den Dienst der Propheten und Lehrer. 2 Verachtet sie also nicht. Denn sie sind die ehrenvoll Ausgezeichneten unter euch, gemeinsam mit den Propheten und Lehrern.

---

271 Vgl. von Harnack, Lehre, 154–158; Kretschmar, Askese, 36f.
272 Zur geographischen Verortung: Theobald, Johannes, 98; zur Spruchtradition: ders., Herrenworte, 197: »Die von Joh rezipierten syn. Logien stammen nicht aus den syn. Evangelienbüchern, sondern sind als Parallelüberlieferungen eher auf der Ebene des vorevangelischen Materials anzusiedeln: auf der von Q bzw. der vormkn. und vormt. Überlieferungen« (Original teilweise kursiv).
273 Theobald, Q, [im Erscheinen, Original kursiv]. Ebenso: Tuckett, Gospel, 289: »FG [sc. The Fourth Gospel] certainly seems to share a significant, and distinctive, christological trajectory with Q, even if FG may be further ›advanced‹ along it.« Weiters: Broadhead, Gospel, 301: »While specific lines of dependency may or may not exist, FG [sc. Fourth Gospel] and Q certainly root in the same pool of primitive Christian traditions.« Vgl. im Folgenden auch Tiwald, Freedom, 123–131.
274 In diesem Sinne urteilen Theißen, Nachfolge, 109, und Broer/Weidemann, Einleitung, 70.
275 Vgl. Tiwald, Entwicklungslinien, 117f.

Hier wirbt Did – wohl erst 120 n. Chr. – für die Einsetzung von Bischöfen und Diakonen, die im Gebiet der Did noch als Seltenheit erscheinen. Offensichtlich haben die »Newcomer« auch ein Imageproblem den hochgeschätzten »Propheten und Lehrern« gegenüber: Der Didachist muss bitten, sie nicht zu »verachten«. Wahrscheinlich dominiert in 3 Joh 10 das gleiche Problem: H.-J. Klauck sieht in Diotrephes einen »monarchischen Bischof«, der gegenüber der charismatischen Autorität des »Ältesten« sein Amtsverständnis durchsetzen will.[276] Ähnliche Entwicklungen sind uns ja von Ignatius von Antiochien im gleichen geographischen Raum aus kurz darauf anschließender Zeit bekannt.

Nach Offb 1,3 und 22,9 versteht sich auch Johannes als »Prophet«, der die sieben Gemeinden Ephesus, Smyrna, Pergamon, Thyatira, Sardes, Philadelphia und Laodizea (vgl. Offb 1,4.11) betreut. Eine gewisse Wahrscheinlichkeit spricht dafür, dass er diese als Wanderprophet reihum abwanderte: Die Gemeinden liegen kreisförmig angeordnet mit Distanzen, die man in zwei bis drei Tagesmärschen gut bewältigen konnte.[277] Wenn J. Kloppenborg die Itineranz der Q-Boten als das Aufrechterhalten eines »network of localized groups« (s. o. II.3.1.3) bezeichnet, dann trifft das einen guten Vergleich zum Propheten Johannes der Offb. Gut ins Profil passt auch, dass die um 90 n. Chr. verfasste Offb die aus Apg 20,17f. bekannte Existenz von »Ältesten« bzw. »Bischöfen« in Ephesus unterschlägt, was für P. Trebilco – ähnlich wie der Befund in der Did – auf einen gewissen Widerstand gegen die Einführung dieser Ämter in den charismatisch-prophetisch geleiteten judenchristlichen Gemeindestrukturen verweist.[278] Denn auch der Prophet Johannes scheint palästinisch-judenchristliche Wurzeln zu besitzen; wahrscheinlich war er vor dem Jüdischen Krieg aus dem syrisch-palästinischen Raum nach Kleinasien geflohen.[279] Es ist gut möglich, dass Johannes in Kleinasien Gruppen von anderen judenchristlichen Palästina-Flüchtlingen betreute, die sich in den genannten sieben Gemeinden niedergelassen hatten. Das würde auch die theologischen Differenzen zu den dort existierenden paulinischen Gemeinden erklären.[280]

3.1.6 Wandernde Boten – sesshafte Gemeinden

Immer wieder wurde auf die enge Verbindung verwiesen, die zwischen Wanderboten und sesshaften Gemeindemitgliedern bestand. »Viele Q-Logien setzen Sesshaftigkeit voraus, so die Gleichnisse vom Senfkorn und Sauerteig (Q 13,18.21), das Verbot der Ehescheidung (Q 16,18) oder das Wort vom Hausherrn und Dieb

---

276 Vgl. Klauck, Gemeinde, 219f.
277 Eine durchschnittliche Entfernung, etwa zwischen Ephesus (heute Selçuk) und Smyrna (heute İzmir) betrug etwa 70 km. Ein tägliches Weiterziehen von einer Gemeinde zur anderen (wie in Did 11,5 gefordert) ist damit allerdings nicht möglich.
278 Vgl. Trebilco, Ephesus, 715 (»resisting a change in church order«).
279 Vgl. Stowasser, Nikolaiten, 223: »... dass der Prophet Johannes aus dem syrisch-palästinischen Raum stammte, den er im Gefolge des ersten Jüdischen Krieges (66–70 n. Chr.) verließ, um seine Tätigkeit nach Kleinasien zu verlegen.«
280 Vgl. dazu Trebilco, Ephesus, 712–717; vgl. auch Tiwald, Ephesus, passim.

(Q 13,39f.).«[281] Klarerweise profitierten beide Gruppen voneinander; das wird schon in der Aussendungsrede der Wanderboten deutlich, wo der Unterhalt der Wanderboten durch die Gemeinden reflektiert wird:

> Q 10,7 Bleibt in jenem Haus, esst und trinkt, was sie haben, denn der Arbeiter ist seines Lohnes wert. Geht nicht von Haus zu Haus. 8 Und in welche Stadt ihr auch hineingeht und sie euch aufnehmen, esst, was sie euch vorsetzen.

Schon in diesem Text wird deutlich, dass Wanderboten und ansässige Gemeinde interagierten: »Das Verhältnis zwischen den Wanderpredigern und den Ortsansässigen darf nicht statisch gedacht werden, es herrschte sicherlich ein reger Austausch, und die beiden Gruppen rekrutierten sich teilweise gegenseitig.«[282]

Andererseits belegt der Text Q 10,7f. auch schon eine gewisse Weiterentwicklung: Im Fokus steht nun nicht mehr die unmittelbare Frische einer realprophetischen Zeichenhandlung im Dienste der erwarteten *basileia* (s. o. II.3.1.2), sondern es drängen bereits *flankierende Regularien* ins Bild, die das Zusammenspiel zwischen itineranten Boten und sesshaften Gemeindemitgliedern strukturieren. Die Aussage »der Arbeiter ist seines Lohnes wert« macht bereits deutlich, dass es von Seiten der Gemeinden eine Art *Unterhaltspflicht* gibt – es ist nicht nur eine *gesture of goodwill*, wenn Boten aufgenommen werden, sondern eine Pflicht! Das zeigt sich auch in späteren Texten, wie Did 11,4 (»Jeder Apostel, der zu euch kommt, soll aufgenommen werden wie der Herr«) oder der Empörung in 3 Joh 10, dass Diotrephes die Wanderbrüder nicht aufnimmt (vgl. dagegen das Lob an Gaius in 3 Joh 5f. für die Unterstützung der Wanderboten; s. o. II.3.1.5).

Umgekehrterweise werden nun aber auch für die Boten Vorschriften erlassen, die dem Schmarotzertum einen Riegel vorschieben. Nach Q 10,7f. heißt es: »Geht nicht von Haus zu Haus« und »Esst, was sie euch vorsetzen«. Der Missbrauch, wegen besserer Verköstigung von Haus zu Haus zu wandern und Ansprüche an die Verpflegung zu stellen, wird hier bereits unterbunden.[283] Dass solche Schmarotzer weit verbreitet waren, haben wir bereits gesehen (s. o. II.3.1.4): Die Warnung in Did 12,5 vor *christémporoi* und der Spott des Lukian von Samosata sprechen hier eine deutliche Sprache. Aber auch die Formulierung in Mt 10,8f. beugt dem Missverständnis vor, dass der Missionar eine finanzielle Entschädigung erhalten könnte:

> 8 ... Umsonst habt ihr empfangen, umsonst sollt ihr geben. 9 Erwerbt nicht Gold, Silber und Kupfermünzen (um sie) in euren Gürtel (zu stecken) [Ü.MT].

Mt 10,10 liegt dann ganz auf dieser Linie, wenn hier die Q-Vorlage »der Arbeiter ist seines *Lohnes* (μισθός) wert« (Q 10,7) abgeändert wird in: »der Arbeiter ist seiner *Nahrung* (τροφή) wert«. Hier wird dem Missverständnis gewehrt, dass ein Missionar finanziellen Lohn für seine Arbeit verlangen dürfe! Ganz in Einklang damit dekretiert ja auch Did 11,6: »Wenn aber der Apostel weggeht, soll er nichts mitnehmen außer Brot, bis er übernachtet; wenn er aber um Geld bittet, ist er ein Pseudopro-

---

281 Schnelle, Theologie, 365.
282 Schnelle, Theologie, 365.
283 Vgl. Kremer, Lukasevangelium, 116.

phet.« Aber auch schon in Q 12,22–31 wird das schöne Bild von den Raben, die »weder säen noch ernten« und doch von Gott erhalten werden, und den Lilien des Feldes, die »sich nicht mühen und spinnen« und von Gott doch so prächtig gekleidet werden, bereits mit einer Mahnung versehen: Wer von den Nachfolgern Jesu diese Grundhaltung nicht übernimmt, gilt als »Kleingläubiger« und wird den »Heiden« gleichgestellt. Die einstige *Vergünstigung* ist hier bereits zu einer *Vorschrift* geworden! Angesichts der vielen Schmarotzer ist die Entwicklung nachvollziehbar, doch geht mit der Einschränkung des Charismas auch ein Stück der ursprünglichen Lebendigkeit und Leichtigkeit verloren. Q ist damit nicht nur ein Dokument der charismatischen Anfänge, sondern auch ein Zeugnis der notwendigen Institutionalisierung; nicht nur ein Text von Wanderradikalen, sondern auch von sesshaften Gemeinden, die wie die spätere Didache anhand der *trópoi kyríou* (Did 11,8; s. o. II.3.1.4) zwischen Pseudoprophet und wahrem Propheten unterscheiden will.

3.1.7 Missionarischer Vermögensverzicht als »Gebot des Herrn«

Dass für die Didache »die dem Herrn entsprechenden Verhaltensweisen«, also die *trópoi kyríou* in Did 11,8, bereits zum Unterscheidungskriterium wurden und die »überlieferten *Worte des Kyrios*« zur »*regula Christi*«,[284] haben wir schon gesehen (s. o. II.3.1.4). Den ersten Beleg für diese Entwicklung finden wir jedoch lange vor Q, MtEv und Did bei Paulus:

> 1 Kor 9,4 Haben wir nicht das Recht, zu essen und zu trinken? ... 6 Sollen nur ich und Barnabas auf das Recht verzichten, nicht zu arbeiten? 7 Wer leistet denn Kriegsdienst und bezahlt sich selber den Sold? Wer pflanzt einen Weinberg und isst nicht von seinem Ertrag? Oder wer weidet eine Herde und trinkt nicht von der Milch der Herde? 8 Sage ich das nur aus menschlicher Einsicht? Sagt das nicht auch das Gesetz? 9 Im Gesetz des Mose steht doch: Du sollst dem Ochsen zum Dreschen keinen Maulkorb anlegen. Liegt denn Gott etwas an den Ochsen? 10 Sagt er das nicht offensichtlich unseretwegen? Ja, unseretwegen wurde es geschrieben. Denn der Pflüger wie der Drescher sollen ihre Arbeit in der Erwartung tun, ihren Teil zu erhalten. 11 Wenn wir für euch die Geistesgaben gesät haben, ist es dann zu viel, wenn wir von euch irdische Gaben ernten? 12 Wenn andere an dem, was euch gehört, teilhaben dürfen, dann erst recht wir. Aber wir haben von diesem Recht keinen Gebrauch gemacht. Vielmehr ertragen wir alles, um dem Evangelium Christi kein Hindernis in den Weg zu legen. 13 Wisst ihr nicht, dass alle, die im Heiligtum Dienst tun, vom Heiligtum leben, und dass alle, die am Altar Dienst tun, vom Altar ihren Anteil erhalten? 14 So hat auch der Herr denen, die das Evangelium verkündigen, geboten (ὁ κύριος διέταξεν), vom Evangelium zu leben.

Paulus verweist auf ein Gebot des Herrn – ὁ κύριος διέταξεν: Das Unterhaltsprivileg ist hier bereits zu einer Pflicht, einem »Gebot des Herrn«, geworden![285] Dafür, dass Paulus und Barnabas »von diesem Recht keinen Gebrauch gemacht« haben, werden sie nun kritisiert, wie 2 Kor 11,7; 12,13 erkennen lässt. Die paradoxe Situation ist Paulus bewusst, wenn er in 2 Kor 12,13 schreibt: »Worin seid ihr denn im Vergleich mit den übri-

---

284 Niederwimmer, Didache, 75f.
285 Vgl. dazu Theißen, Lebensunterhalt, 214–226.

gen Gemeinden zu kurz gekommen? Höchstens darin, dass gerade ich euch nicht zur Last gefallen bin. Dann verzeiht mir bitte dieses Unrecht!« Dort (12,12) wird nach den Erkennungszeichen eines wahren Apostels gefragt, und Paulus muss eingestehen, dass er das Unterhaltsprivileg nicht in Anspruch genommen hat. Offensichtlich hält man ihm vor, dass er das Gebot des Herrn nicht eingehalten und damit auch seine Legitimation als Apostel verspielt habe – im Gegensatz zu den anderen Aposteln, die Paulus in 2 Kor 11,5 als »Überapostel« und in 2 Kor 11,13 gar als »Lügenapostel« (ψευδαπόστολοι) verunglimpft. In der Erwähnung der ψευδαπόστολοι ist man nun stark an den analogen Ausdruck ψευδοπροφήτης, »Lügenprophet« in Did 11,3–8 erinnert. Dort werden damit Apostel und Propheten bezeichnet, welche die *trópoi kyríou*, »die dem Herrn entsprechenden Verhaltensweisen«, nicht einhalten und für ihre Arbeit Geld verlangen. Auch Paulus erhielt für seine Arbeit Geld – wenn auch nicht für die Missionsarbeit, sondern doch für seinen Brotberuf als Zeltmacher (womit hätte er denn auch sonst seine Schiffsreisen bezahlen sollen?). Es ist also gut möglich, dass er mit dem Wort »Lügenapostel« einfach nur den Ausdruck wiedergibt, mit dem er von den Korinthern verurteilt wurde (analog zu Did 11,3–8) und diesen Begriff nun auf die »Überapostel« münzt. Diese hatten – zumindest nach Meinung der Korinther – aufgrund ihres Vermögensverzichts die Kriterien des Apostelseins besser erfüllt als Paulus – von daher wird auch das Sobriquet »Überapostel« im Munde des Paulus verständlich.

3.1.8 Die Praxis Jesu als Ethos der Q-Boten

Der Durchgang durch das weite Spektrum ur- und frühchristlicher Schriften hat klar gemacht, dass Wanderleben und Armut durchaus als emblematische Lebensweise Jesu verstanden wurden. Auch wenn ein Analogieschluss nie hundertprozentige Sicherheit vermitteln kann, so legen die geographischen, theologischen und soziologischen Parallelen doch nahe, dass man dieses Verständnis auch für die Logienquelle reklamieren darf. Der Vorwurf eines Zirkelschlusses (s. o. II.3.1.3 die Position von J. Draper) konnte damit entkräftet werden. Die Zeichenhaftigkeit des Lebensstils schließt nicht aus, dass diese Existenz auch praktischen Zwecken diente, etwa dem Aufrechterhalten eines »network of localized groups«.[286] Kloppenborg hat obendrein Recht, wenn er die Itineranz der Q-Boten von der paulinischen Wandermission unterscheidet: »›Itinerancy‹ should not be imagined on the model of Paul's journeys; it would have looked more like morning walks.«[287] Tatsächlich folgt die paulinische Mission eher dem Ziel, missionarisches *Neuland* zu beschreiten, während die Q-Boten im *vertrauten* nordpalästinisch-südsyrischen Gebiet verblieben. Der hohe Stellenwert, der Wanderleben und Armut dennoch zugemessen wird, unterstreicht, dass dieser Lebensstil nicht nur praktischen Zwecken folgte, sondern als Zeichen einer realsymbolischen Nachfolge Christi verstanden wurde.

---

286 Kloppenborg, Gospel, 22. Am besten stellt man sich vor: »The Q people ... may have flourished in a network of villages« (ders., Convention, 86).
287 Kloppenborg, Gospel, 22.

Im syrischen Raum haben sich diese Verhaltensmuster auffallend lange gehalten: Von Q zum MtEv, der Did und Lukian streckt sich der Bogen bis weit ins 2. Jh. n. Chr. und führt von dort in Gestalt der pseudoklementinischen Briefe *Ad Virgines* weiter ins 3. Jh.[288] Dort werden Wanderasketen beschrieben, die im syrischen Raum operierten und das alte Ethos der Itineranz und der Familienlosigkeit weiterführten. Die ursprüngliche Zeichenhaftigkeit ist hier allerdings schon der asketischen Bewährung gewichen. Ebenfalls ins 3. Jh. datieren die in Ostsyrien entstandenen apokryphen Thomasakten, in denen Thomas als wandernder Enkratit gezeichnet wird (vgl. ThAct 30.39.42.62.68). Trotz aller Brüche, Weiterentwicklungen und Regulierungsversuche belegt die hohe »Tenazität« (Zähigkeit) der Traditionen und ihre »Tendenzprödigkeit« (Widerständigkeit) gegenüber allzu bürgerlich-sesshaften Werten, dass Heimatlosigkeit und Armut zumindest im palästinisch-syrischen Raum als die »Lebensweise des Herrn« einen hohen emblematischen Stellenwert beanspruchen durften und bei den charismatischen Nachfolgern Jesu weit verbreitet waren. In der Logienquelle haben wir – neben den Texten des Paulus – erste Hinweise auf dieses alte Ethos.

3.2   ... oder Dorfschreiber ...

Zur Frage, wer im damaligen Galiläa befähigt war, die mündlichen Traditionen der Logienquelle schriftlich zu fixieren, s. o. I.3.2: Jesus selbst war aller Wahrscheinlichkeit nach des Lesens und Schreibens nicht kundig. Von einfachen Wanderpropheten ist Ähnliches anzunehmen. Obendrein kann man von heimat- und besitzlosen Wanderpredigern, denen nach Q 10,4 sogar die Vorratstasche verweigert wurde, gewiss nicht annehmen, dass sie Schriftrollen und Schreibutensilien mit sich führen. Daher ist klar, dass man von Wanderpropheten, die wohl nicht einmal der griechischen Sprache mächtig waren – jedenfalls nicht in literarischer Form –, keinesfalls erwarten darf, einen Text wie die Logienquelle niedergeschrieben zu haben.

J. Kloppenborg war der Erste, der 1991 die These aufstellte, dass galiläische κωμογραμματεῖς (*kōmogrammateís*), also Dorfschreiber, die Logienquelle in der ihnen geläufigen Amts- und Schriftsprache Griechisch abgefasst hätten (mehr dazu s. o. I.3.2.3).[289] Diese These wurde 2001 von seinem Schüler W. Arnal in der Monographie *Jesus and the Village Scribes* weitergeführt.[290] G. Bazzana gestaltete diese Annahme dann weiter, indem er die Existenz von griechischsprachigen Dorfschreibern in Israel bereits für die Zeit Herodes' des Großen untermauerte und den Beweis erbrachte, dass manche

---

288   Vgl. dazu und im Folgenden: Tiwald, Wanderradikalismus, 299–310.
289   Vgl. Kloppenborg, Convention, 100; ders., Gospel, 25. Zuletzt (2015): ders., Parting, 137: »Those responsible for the framing of Q were likely low-level scribes – the sorts of agents who, in a setting where the vast majority of the population was illiterate, routinely served to mediate the relationship between the majority of the population and various levels of bureaucracy.«
290   Arnal, Scribes, 159: »... the cultivation and composition of the Q traditions was undertaken by persons with the characteristics of the village scribes (κωμογραμματεύς), that is, by rural scribes who were moderately, but not spectacularly, educated.«

Ausdrücke in der Logienquelle »bureaucratic terminology« solcher Schreiber wiedergeben, also deren »quasi-technical language of Greek bureaucratic writing« geschuldet sind.[291] M. Labahn hat schließlich vom literarischen *plot* der Logienquelle auf deren Schreiber rückgeschlossen. Er konstatiert, »dass nicht die Addition einzelner, für den mündlichen Vortrag gedachter Blöcke die Gestalt von Q ausmachen, sondern dass das Dokument Q als Schrift ein literarisches, näherhin narratives Grundgerüst aufweist.«[292] Daraus schließt er auf eine gewisse literarische Bildung derjenigen, die diese Schrift am Ende für eine schriftliche Fassung aufbereiteten.[293]

3.3 ... oder beides: Autoritäten und Autoren

Die eher im deutschsprachigen Raum beheimatete *Wanderradikalen-These* und die größtenteils in den USA und in Kanada vertretene *Dorfschreiber-These* müssen einander nicht ausschließen. Schon M. Labahn hat in seiner Untersuchung zur Narrativität der Logienquelle festgestellt:

> *Labahn, Wiederkommender, 85*: Ob der oder die Verfasser von Q damit direkt aus der genannten Schicht [sc. von Dorfschreibern] stammen oder nur durch Diktat für die Literalisierung des Stoffes verantwortlich zeichnen, kann lediglich durch generelle Erwägungen zu präzisieren gesucht werden.

Damit greift er eine Idee von G. Theißen auf:

> *Theißen, Entstehung, 64*: Die Logienquelle selbst muss deswegen nicht von einem Wandercharismatiker verfasst sein. Wahrscheinlicher ist, dass ein Christ in einer Ortsgemeinde die Traditionen von Wandercharismatikern aufgeschrieben und ins Griechische übersetzt hat ...

Somit scheint es sinnvoll, zwischen *Autoritäten* und *Autoren* hinter der Logienquelle zu unterscheiden:

Spirituelle Autoritäten der Q-Überlieferung waren charismatische Wanderpropheten, die den jesuanischen Urimpuls des Wanderlebens und radikalen Gottvertrauens angesichts der anbrechenden *basileia* lebendig erhalten hatten. Ihr emblematischer Lebensstil hat in der Logienquelle seinen unmittelbaren Niederschlag gefunden.

Die *Autoren*, welche die Logienquelle schriftlich abfassten, waren sesshafte Dorfschreiber. Diese notierten die von den Wanderpropheten tradierten *logia* und brachten sie in einen erzähltechnischen Rahmen (vom Täufer bis hin zum Gericht) mit einem durchgängigen narrativen *plot*.

---

291 Zu Dorfschreibern allgemein vgl. Bazzanas Monographie *Kingdom of Bureaucracy. The Political Theology of Village Scribes in the Sayings Gospel Q*, 2015, sowie: ders., Profile. Zu »bureaucratic terminology« in der Logienquelle vgl. ders., Scribes, 134 und 148; ders., Profile, passim.
292 Labahn, Wiederkommender, 83.
293 Dieser Ansatz wurde auch vertreten von Viviano, Q, 91: »written in Greek by a bilingual village scribe, since the preaching was in Aramaic.« Ansonsten erweist sich Vivianos Ansatz zur Entstehung von Q jedoch als zu phantasievoll: Der Apostel Matthäus, den Viviano mit dem Zöllner aus Mk 2,13–17 identifiziert wissen möchte und der daher des Schreibens kundig war, habe seine Erinnerungen als »private notes« abgefasst.

Auch theologisch lässt sich diese Duplizität gut begründen: Die *prophetische Grundausrichtung* der Logienquelle (erkennbar im *gewaltsamen Prophetengeschick*, s. o. II.2.5.2; III.3 und III.4.1) wird durch starke *weisheitlich-schriftgelehrte Deutemuster* (s. u. III.2.4–5) erweitert.

3.4 Q und die Kyniker

Kyniker hinterfragten provokativ die bürgerliche Ordnung der Gesellschaft und deren Machthaber. Ahnherr dieser Philosophie war der historisch schwer fassbare Diogenes (412/403–324/321 v. Chr.).[294] Epiktet (50–130 n. Chr.) verdeutlicht das kynische Ethos folgendermaßen:

> *Vom Kynismus 47*: Seht auf mich, ich bin ohne Haus, ohne Vaterstadt, ohne Besitz, ohne Sklaven. Ich schlafe auf dem Boden, habe weder Frau noch Kind noch ein Häuschen, sondern nur die Erde, über mir den Himmel und einen schäbigen Mantel.

Heimat- und familienloses Wanderleben, verbunden mit Armut und Besitzlosigkeit, werden auch hier zum zeichenhaften Lebensstil – gekoppelt mit den markig-provokanten Sprüchen der Kyniker. Rein heuristisch findet dies eine Parallele in der Besitz- und Heimatlosigkeit sowie der provokanten Wortverkündigung Jesu und der Q-Propheten. Dies hat zu unterschiedlichen Spekulationen geführt.

3.4.1 Q – eine Schrift von »jüdischen Kynikern«?

J. D. Crossan hat Jesus als »Vertreter jener bäuerlichen, volkstümlichen, mündlichen philosophischen Praxis, die man als jüdischen Kynismus (oder kynisches Judentum) bezeichnen könnte« klassifiziert, jene Kyniker, die als »Hippies in einer Welt augusteischer Yuppies« mit ihrer »Lebensform ... Widerstand gegen die Zwänge der mediterranen Kultur« leisten wollten.[295] B. Lang geht noch einen Schritt weiter und postuliert »gegenseitige Wahrnehmung und ... Gedankenaustausch zwischen Kynismus und Judentum«, was zu einer Form des »jüdischen Kynismus« geführt habe, in den sich auch Jesus einordnen ließe.[296] Vorsichtiger verfährt B. Mack, der die Weisheitstheologie

---

294 Zu den Kynikern vgl. Ebner, Stadt, 280f.
295 Crossan, Jesus, 553. Im englischen Original ist von Jesus als einem »peasant Jewish Cynic« die Rede.
296 Lang, Jesus, 63, vgl. den Titel seiner Monographie: *Jesus der Hund – Leben und Lehre eines jüdischen Kynikers*. Als einzig belastbaren Beleg für den Kontakt von Juden mit Kynikern nennt er den kynischen Philosophen Oinomaos von Gadara im 2. Jh. n. Chr. Diesen verband eine Freundschaft mit dem palästinischen Rabbi Meïr, eine Wertschätzung, die sich auch in rabbinischer Literatur niederschlug. Dieses positive Verhältnis fußt allerdings auf der Kritik des Oinomaos am heidnischen Orakelwesen und nicht auf »jüdischem Kynismus«. Langs Verortung des Buches Kohelet, des jüdischen Philosophen Philon von Alexandria und des Bannus, eines Lehrers von Flavius Josephus, als »kynisch«, ist von der Wissenschaft nicht rezipiert worden. Rein äußerliche Ähnlichkeiten, wie im Falle des Bannus, oder die Übernahme philosophischen Gemeinguts bei Kohelet oder Philon belegen noch keine Existenz »jüdischer Kyniker«.

Jesu als »Cynic approach to life« klassifizieren will und in Jesus »less a prophet and more a popular sage« sehen möchte.[297] Noch vorsichtiger sind L. Vaage, der Jesu Sozialkritik mit der der Kyniker vergleicht[298] und G. Theißen, der darauf verweist, dass die wanderradikalen Propheten und die kynischen Wanderphilosophen »einem vergleichbaren soziologischen Typus angehören.«[299]

3.4.2 Anfragen

Die Basis für eine Verortung kynischer Ideale im Galiläa kurz nach der Zeitenwende ist schmal bis nichtexistent. Die von G. Theißen genannten Philosophen Menippos (280–265 v. Chr.), Meleagros (140–70 v. Chr.) und Oinomaos (2. Jh. n. Chr.) lebten zwar alle in Gadara (also zumindest im benachbarten syrischen Raum), doch keiner von ihnen als Zeitgenosse zur Abfassung der Logienquelle.[300] Im wohlwollendsten Fall könnte man eine durchgehende Schule kynischen Gedankenguts in Gadara vom 3. Jh. vor bis ins 2. Jh. nach Chr. verorten – wofür es allerdings keine Hinweise gibt. Wahrscheinlich ist eher, dass der Kynismus mit Beginn des 2. Jh v. Chr. eine Krise durchlitt, wenn nicht gar ausstarb und erst im Laufe des ersten nachchristlichen Jh.s wieder aufblühte.[301]

Weiters sind die Parallelen keinesfalls so eindeutig wie oft behauptet. Der kynische *dress code* war klar definiert in Gestalt eines einfachen Mantels, eines Stabes, einer Vorrats- und Betteltasche sowie bloßer Füße.[302] Dieses *outfit* war seit Diogenes zum klassischen Erscheinungsbild eines Kynikers geworden. So polemisiert Epiktet gegen einen Scheinkyniker, der beschließt, die Not seiner Armut als »kynische« Tugend zu verkaufen:

> *Vom Kynismus 10*: Einen schäbigen Mantel trage ich schon jetzt und werde es auch dann tun, auf einem harten Lager schlafe ich schon jetzt und werde es auch dann tun. Ein Lederränzlein und einen Stock werde ich mir zulegen, werde anfangen bettelnd herumzuziehen und die Leute, die mir begegnen, zu beschimpfen.

---

297 Mack, Myth, 69.
298 Vaage, Upstarts, 10–12 und 103.
299 Theißen, Wanderradikalismus, 90.
300 Vgl. zu den Kritikpunkten hier und im Folgenden Tuckett, Cynic, 356.
301 Ein Aussterben des Kynismus vertreten Wenley, Art. Neo-Cynism, 298, und Billerbeck, Cynicism, 148. Meleagros wäre demzufolge kein Kyniker, sondern nur ein Rezipient ähnlichen Gedankenguts. Andere Forscher halten zwar an einer ununterbrochenen Weiterentwicklung des Kynismus bis in nachchristliche Zeit hinein fest (so Helm, Art. Kynismus, 5, ebenso Goulet-Cazé, Cynisme, 2722f.), doch rechnen auch sie mit einem Niedergang des Kynismus in den letzten beiden Jh. vor der Zeitenwende: » ... durant les deux siècles qui suivirent [sc. die letzten zwei Jh. v. Chr.], le cynisme semble avoir connu une certaine éclipse« (Goulet-Cazé, Cynisme, 2723).
302 Vgl. Goulet-Cazé, Cynisme, 2738: »Sous l'Empire comme à l'époque hellénistique, on reconnaît le Cynique à son accoutrement inséparable de sa philosophie. Depuis Diogène, cet accoutrement est devenu traditionnel ...« Dazu im Folgenden Tiwald, Wanderradikalismus, 138–150.

Diese Kleidungskonvention hat sich übrigens durch die Jahrhunderte erhalten und ist selbst noch Augustinus im frühen 5. Jh. geläufig. In *De civitate Dei* 14,20 verweist er auf die beiden herausstechenden Merkmale kynischer Bekleidung, den Mantel (*pallium*) und den Stock (*clava*).[303]

Wenn nun Q 10,4 ausdrücklich Stab und Vorratstasche *verbietet*, dann läuft dies klarerweise dem kynischen *dress code* zuwider und kann nicht als Anspielung an kynische Muster missdeutet werden! Gerade der Stock des Kynikers wurde für Epiktet zum »Szepter des Diogenes« erklärt (*Vom Kynismus* 57), war also Dekorum und Erkennungszeichen eines Kynikers schlechthin.

Der in Q 10,4 genannte *dress code* reflektiert also gewiss keine kynischen Muster – allenfalls eine Distanzierung von diesen. Stock, Wanderschuhe/Sandalen und eine Vorratstasche stellen obendrein die funktionale Bekleidung eines Wanderers dar und müssen nicht unbedingt als »kynisch« verstanden werden. Dies wird aus der Mischna Ber 9,5 deutlich, wo ein Verhaltenskodex für Jerusalempilger aufgestellt wird:

> Ein Mann entblöße sein Haupt nicht vor dem Osttor, denn es liegt genau gegenüber dem Allerheiligsten [des Tempels]. Man nähere sich nicht dem Tempelberg mit seinem Stab, mit seinen Schuhen, seinem Geldgürtel oder mit Staub an den Füßen. Und man mache ihn nicht zum Abkürzungsweg, und noch weniger darf man ausspucken.

Der Kern des Textes ist, dass der Pilger zunächst die unfeine Reisekleidung ablegen muss, bevor er den heiligen Tempelbezirk betritt. Sinnspitze von Q 10,4 hingegen ist: Selbst dieses Minimum an Reiseausrüstung wird den Q-Boten untersagt!

In ähnlicher Weise berichtet auch Josephus in Bell 2,124–127 über Armut und Gütergemeinschaft der Essener:

> 124 Es ist aber nicht eine einzelne Stadt die ihrige, sondern in jeder wohnen viele [sc. Essener]. Den von auswärts kommenden Angehörigen der Sekte steht deren ganzer Besitz zur Verfügung gleich wie eigener, und bei Menschen, die sie nie vorher sahen, treten sie ein wie bei längst Vertrauten. 125 Deshalb nehmen sie auch bei ihren Reisen gar nichts mit, außer Waffen zum Schutz gegen Räuber. Ein Fürsorger aber wird in jeder Stadt eigens für die Gäste des Ordens eingesetzt, der Kleider und das sonst Notwendige bewirtschaftet. 126 ... Weder Kleider noch Schuhe wechseln sie, ehe das bisherige Stück ganz zerrissen oder mit der Zeit verbraucht ist. 127 Nichts aber kaufen oder verkaufen sie untereinander, sondern dem, der Bedarf hat, gibt jeder seinen Besitz und empfängt umgekehrt von jenem das, was er brauchen kann; ja auch ohne Gegenleistung ist die Entnahme von Gütern, bei wem man will, unverwehrt.

Ähnlich wie in der Logienquelle, wird hier die starke *Interdependenz von wandernden und sesshaften Gruppenmitgliedern* deutlich. Insofern ist diese Parallele passgenauer für die Q-Propheten als der Vergleich mit Kynikern, die den sesshaften Bürgern ja ebenso *feindlich* wie *parasitär* gegenüberstanden.

Hauptkritikpunkt an der Q-und-Kyniker-These aber bleibt der *Motivationshintergrund* für den jeweiligen Lebensstil: Während sich Kyniker rein innerweltlich defi-

---

303 »... et nunc uidemus adhuc esse philosophos Cynicos: hi enim sunt, qui non solum amiciuntur *pallio*, uerum etiam *clauam* ferunt; ...«. – Vgl. Helm, Art. Kynismus, 6.

nierten und ihr provokantes Verhalten als »moral education of mankind«[304] betrachteten, ist dem Ethos Jesu und der ihm nachfolgenden Q-Boten die Erwartung der *basileia* gemein. »Cynicism has a raison d'être only so long as mankind has not been converted to wisdom.«[305] Im Unterschied dazu ist das Ziel der Jesusbewegung der Anbruch des Gottesreiches, das *primum movens* die eschatologische Naherwartung. So urteilt C. Tuckett zu Recht:

> Tuckett, Cynic, 375: Limitations of space have prevented a detailed discussion of every alleged parallel between Q and Cynic texts. However, enough has hopefully been said to show that the parallels are scarcely compelling. ... The eschatology which underlies so much of Q is absent from the Cynic tradition and hence many of the parallels turn out to be at best superficial.

Ähnlich G. Theißen:

> Theißen, Wandercharismatiker, 104: Untersuchungen über Galiläa und seine Mentalität haben den jüdischen Charakter Galiläas immer wahrscheinlicher gemacht ... Das macht den Einfluss kynischer Gedanken in Galiläa weniger wahrscheinlich – es sei denn in Form einer Abgrenzung von ihnen. ... Kyniker gehören zur paganen Welt.

Noch schärfer das Verdikt von M. Hengel:

> Hengel, Hellenisierung, 69: Jüdische »Kyniker«, wie heute gerne phantasiert wird, hat es in Palästina nicht gegeben. Erst recht kann man Jesus nicht unter dieses absurde Etikett subsumieren.

3.4.3 Berührungspunkte

»Jüdische Kyniker« lassen sich ebenso wenig nachweisen wie kynisches Gedankengut in Q. Die Ähnlichkeiten im Lebensstil können unschwer als äußerliche Berührungspunkte erklärt werden. Das heißt allerdings nicht, dass ein Blick auf die Kyniker keinen Mehrwert für die Q-Forschung zu bieten hätte. Die Berührungspunkte liegen allerdings nicht in positiver Nachahmung, sondern in negativer Abgrenzung.

Schon im vorangegangenen Punkt haben wir im Text *Vom Kynismus* 10 von der Kritik des Epiktet am »Scheinkyniker, dessen Gestalt seit der Kaiserzeit zum gewohnten Strassenbild [sic] Roms und der Städte im römischen Osten gehörte«,[306] gelesen (Text s. o.). Später kommt Epiktet wieder auf den Typus »Pseudokyniker« zu sprechen und wirft ihm vor:

> Vom Kynismus 50: Aber nein, stattdessen ein Ränzlein, einen Stock und grosse [sic] Kinnbacken; alles hinunterschlingen, was man gibt, oder hamstern oder die Leute, die ihm begegnen, in zudringlicher Weise beschimpfen ...

War bei den »echten« Kynikern ein philosophisch-idealistischer Protest gegen die spießig-bürgerliche Kultur das treibende Motiv, so springen nun Scharlatane und Pro-

---

304 So Billerbeck, Cynicism, 162.
305 Billerbeck, Cynicism, 163.
306 Billerbeck, Epiktet, 56.

fiteure auf den fahrenden Zug auf. In der Unterscheidung zwischen »wahren Kynikern« und schmarotzenden »Scheinkynikern« ist man stark an die Regularien zum Missionarslohn in Mt 10,8–10, die Warnung in Did 12,5 vor *christémporoi* und den Spott des Lukian über die Leichtgläubigkeit der Christen erinnert (s. o. II.3.1.4–8). Kyniker und Christen verbindet offenbar die Notwendigkeit, zwischen Scharlatanen und Idealisten zu unterscheiden.

Gerade der von Lukian porträtierte Scharlatan Peregrinos nutzte zunächst die Christen Palästinas aus, indem er sich als christlicher Wanderprophet ausgab (Text s. o. II.3.1.4). Im mysischen Parion aber gibt er sich als Kyniker aus, lässt sich anschließend wieder von den Christen aushalten und wird – von den Christen endlich ausgestoßen – wieder Kyniker:

> *Peregr.* 15 Er [sc. Peregrinos] erschien in der Bürgerversammlung zu Parium, schon ganz im Aufzug eines Philosophen, mit langem Haar und Bart, in einem groben Mantel, einen Ranzen auf dem Rücken und einen Knotenstock in der Hand; kurz er machte eine höchst tragische Figur. ... Die Bürger ... schrien: »Das ist einmal ein Philosoph, wie es keinen mehr gibt! Ein Patriot ohne Gleichen! Der einzig würdige Nachfolger eines Diogenes und Crates!« ... 16 Nun zog unser Mann zum zweiten Mal aufs Landstreichen aus, wobei ihm statt alles Reisegeldes die Gutmütigkeit der Christen genügte, welche ihm überall zur Bedeckung dienten, und es ihm an Nichts gebrechen ließen. Eine Zeitlang ward er auf diese Weise gefüttert. Als er aber auch gegen die Gesetze der Christen anstieß – man hatte ihn, glaube ich, einmal etwas bei ihnen Verbotenes essen sehen – so schlossen sie ihn aus ihrer Gemeinschaft aus ...
>
> 17 Seine dritte Reise ging jetzt nach Ägypten zu Agathobulos, wo er der wunderlichen Tugendübung der Kyniker sich widmete, den Kopf sich zur Hälfte glatt abscheren ließ, das Gesicht mit Kot besudelte, und die unanständigsten Dinge auf öffentlichem Markte trieb ...

In diesem Text wird deutlich, wie notwendig die christlichen Regularien gegenüber Wanderboten waren (s. o. II.3.1.4–8). Letztendlich wird Peregrinos aus der christlichen Gemeinschaft ausgeschlossen, da er Speisevorschriften nicht eingehalten hat – auch hier schimmert das alte judenchristliche Habitat dieser Wanderpropheten noch immer durch. Berührungspunkte zwischen Kynikern und Christen werden ersichtlich – allerdings nicht als gewünschte Parallele, sondern als unerfreuliche Rochaden eines Scharlatans!

In *Peregr.* 17 wird noch etwas anderes deutlich: die oft genannte »Schamlosigkeit« (ἀναίδεια) und der »Freimut« (παρρησία) der Kyniker. Nach *Diogenes Laertios* 6,69 bedeutet die παρρησία der Kyniker: »Es war aber üblich, alles im Öffentlichen zu verrichten, auch die Dinge der Demeter und der Aphrodite« (εἰώθει δὲ πάντα ποιεῖν ἐν τῷ μέσῳ, καὶ τὰ Δήμητρος καὶ τὰ Ἀφροδίτης). Auf gut Deutsch: Sie defäkierten und masturbierten öffentlich. Selbst wenn man nun nicht unterstellen möchte, dass alle Kyniker auf diese Weise provozierten, so war das Erregen öffentlichen Ärgernisses doch ein durchgängiger Wesenszug dieser Philosophie. Man darf annehmen, dass Q-Wanderpropheten es nicht für erstrebenswert hielten, mit Kynikern verwechselt zu werden. Es stimmt zwar, dass auch die alttestamentlichen Propheten nach Art eines אות (*'ot*), also einer realsymbolischen Zeichenhandlung, bis an den Rand des guten Geschmacks gehen konnten (s. o. II.3.1.2) und auch Jesus mit seiner zeichenhaften Praxis als »Fresser und Weinsäufer, ein Freund der Zöllner und Sünder« (Q 7,34) schlechten Leumund genoss – man ist bei AT-Propheten, Jesus und den Kynikern ein wenig an moderne »Aktionskünstler« erinnert, die mit Provokationen im öffentlichen Raum zum Nachdenken anregen. Allerdings liegt der Unterschied in der Frage des *Motivationshorizontes*: Dieser ist bei Jesus und seinen Jüngern in der religiös-jüdischen Tradition alttestamentlicher Propheten beheimatet und eschatologisch auf das Kommen der *basileia* ausgerichtet – nicht jedoch als kynische Provokation gegen Spießbürger. Vielleicht hat G. Theißen Recht, wenn er urteilt:

> *Theißen, Wanderradikalismus, 93:* Das Verbot von Tasche und Stab zielt wahrscheinlich darauf hin, auch den geringsten Anschein zu vermeiden, die christlichen Missionare seien solche [sc. kynische Wanderphilosophen] oder ähnliche Bettler.

Ebenso C. Tuckett:

> *Tuckett, Cynic, 376:* The garb of Q missionaries seems designed deliberately to avoid any possible confusion between the Q Christians and Cynic preachers, and the ethos underlying their (in part) common appearance of itinerancy is widely different from the Cynic ethos. ... By contrast, Q does appeal frequently to the Jewish prophetic tradition as providing such precedents.

4. Die Erben von Q: Warum wurde Q verfasst und blieb uns trotzdem nicht erhalten?

Nur ein Bruchteil der in der Antike geschriebenen Texte ist uns erhalten geblieben. Das Geschick der Logienquelle stellt also nicht die Ausnahme, sondern die Regel dar. Überlegenswert ist aber, warum gewisse Texte bis in die Gegenwart tradiert wurden und andere nicht. Grundsätzlich kann man sagen: Texte werden als Antwort auf bestimmte Situationen geschrieben – ihre Abfassung bedeutet einen performativen Akt, um durch die Aussage des Textes auf bestimmte Herausforderungen oder Situationen zu reagieren.

Umgekehrt werden Texte nicht länger tradiert, wenn die Notwendigkeit dazu nicht mehr besteht. Das kann geschehen, wenn neue Entwicklungen zu Transformationen geführt haben, die den bisherigen Text obsolet oder überarbeitungsbedürftig erscheinen lassen. Bei der Logienquelle haben wir einige Hinweise auf solch eine Situation. Dafür aber muss man zunächst verstehen, warum der Text überhaupt geschrieben wurde.

4.1 Umstände der Abfassung

Die ersten Jünger Jesu sahen noch keine Veranlassung, Jesustraditionen schriftlich niederzulegen. Die starke Naherwartung, wie sie etwa noch in dem 50 n. Chr. verfassten 1 Thessalonicherbrief (etwa in 4,15) zum Ausdruck kommt und belegt, dass Paulus für sich erwartet, ein »Live-Zeuge« der Parusie zu werden (etwas anders aber schon 2 Kor 5,1; Phil 1,23f.), macht verständlich, dass man aufgrund der kurzen Zeit bis zur bevorstehenden Wiederkunft Christi keine großen Pläne für die Zukunft schmieden musste (vgl. 1 Kor 7,29: »Denn ich sage euch, Brüder: Die Zeit ist kurz«). Mit einer zweitausendjährigen Kirchengeschichte rechnete damals niemand – die imminente Naherwartung ist in Q noch deutlich spürbar: Der Menschensohn-Richter wird als unmittelbar wiederkehrend erwartet (s. u. III.2.1.4); von ihm erhoffen sich die Q-Jünger Partizipation am Endgericht und damit eine unmittelbar noch zu eigenen Lebzeiten erfolgende Rechtfertigung der eigenen Botschaft (Q 22,28.30; vgl. auch 12,54–56).

Wahrscheinlich aber zeichnete sich in den 50er- und 60er-Jahren bereits eine Zäsur ab, die eine schriftliche Abfassung der Jesustraditionen notwendig machte. Grund dafür war zunächst das Sterben der ersten Generation von Traditionsträgern. Schon 1 Thess 4,13–18 thematisiert die Angst von Gemeindemitgliedern, aufgrund des eigenen Todes bei der Parusie im Nachteil gegenüber den noch Lebenden zu sein (etwa bei der Vergabe der besten Plätze im Himmelreich!). Aufgrund der damaligen Lebenserwartung muss man damit rechnen, dass ab den 50er- und 60er-Jahren immer mehr Augenzeugen Jesu starben. Auch wenn die Thematik der Parusieverzögerung für die Logienquelle noch nicht greifbar wird, so muss man doch ab dieser Zeit mit einem Generationenwechsel bei den Wandermissionaren rechnen. Q 10,2 reflektiert diesen Sachverhalt deutlich: »Die Ernte ist groß, aber die Arbeiter sind wenige; bittet also den Herrn der Ernte, dass er Arbeiter in seine Ernte schicke.« Offensichtlich gab es auch in Q schon »Nachwuchssorgen«.

Auch die immer stärker werdenden Spannungen zu nicht jesusgläubigen Juden mögen ihren Teil zur Verschriftlichung beigetragen haben: Selbst wenn der Bruch mit der jüdischen Synagogengemeinschaft erst später erfolgte (s. o. II.2.8 und II.4.2.2), nehmen die Spannungen doch zu – auch dies mag ein Grund dafür gewesen sein, die eigene Botschaft »sichern« zu wollen.

Die zunehmend instabile politische Lage muss hier als weiterer Faktor gesehen werden: Auch wenn der Jüdische Krieg erst 66 n. Chr. ausbrach, so hatten sich die Konflikte mit den Römern doch ständig verschärft und spätestens seit Antonius Felix (52–60 n. Chr.) bürgerkriegsähnliche Zustände erreicht:[307] Hier begegnen zum ersten Mal Sikarier, die mit ihrem Krummdolch (lat.: *sica*) Terrorattentate verübten (Bell 2,254–257//Ant 20,164–178), denen auch der Hohepriester Jonatan zum Opfer fiel. Ab dieser Zeit trieben mafiöse Banden ungeniert ihr Unwesen; parallel dazu traten vermehrt Zeichenpropheten, »Betrüger und Gaukler« (οἱ δὲ γόητες καὶ ἀπατεῶνες ἄνθρωποι; Ant 20,167) auf. Auch Porcius Festus (60–62 n. Chr.) und Albinus (62–64 n. Chr.) gelang es nicht, die Lage zu kontrollieren. Als Gessius Florus (64–66 n. Chr.) schließlich den Tempelschatz plünderte, war dies nur der Funke, der das Pulverfass zum Explodieren brachte und 66 n. Chr. den Jüdischen Krieg auslöste.

Konklusion: In den späten 50er- und beginnenden 60er-Jahren kann man aufgrund unterschiedlicher Dynamiken mit dem Bedürfnis rechnen, die eigenen Jesus-Traditionen schriftlich zu fixieren. Nach der Zerstörung des Tempels war dieses Bedürfnis natürlich noch größer geworden und schlug dann in den kanonischen Evangelien »zu Buche« (im eigentlichen Sinne des Wortes).

4.2 Das MtEv als »Nachlassverwalter« von Q

4.2.1 Die Mt-Gemeinde: Quellen, Gründung und Theologie

Der Verfasser des MtEv benutzte zwar die beiden schriftlichen Quellen MkEv und Logienquelle, doch theologisch stand Mt seiner Quelle Q näher als dem zweiten Evangelium. Zu Recht urteilt M. Konradt:[308]

> Vielmehr lassen die substanziellen Korrekturen, die Matthäus in für ihn wichtigen Fragen an Mk vorgenommen hat, kaum einen anderen Schluss zu, als dass Matthäus als markuskritisch, wenn nicht als antimarkinisch zu klassifizieren ist. Er ... wollte das Mk verdrängen, weil er es für ungeeignet hielt, um in seinen Gemeinden benutzt zu werden. ... Theologisch steht Matthäus Q näher als dem Mk.

---

307 Zu den politischen Hintergründen vgl. Tiwald, Frühjudentum, 101f.
308 Konradt, Matthäus, 21.

Mit U. Luz darf man vermuten, »daß das Matthäusevangelium aus einer Gemeinde stammt, die von den wandernden Boten und Propheten des Menschensohns der palästinischen Logienquelle gegründet worden ist und weiterhin in engem Kontakt mit ihnen steht«.[309]

Geographisch und zeitlich legt sich diese Sichtweise nahe, wahrscheinlich wurde das MtEv in den 80er Jahren im syrischen Raum verfasst, also im gleichen Habitat wie die Logienquelle, nur zwanzig Jahre später.[310] Wenn die Boten der Logienquelle im Gebiet von Nordpalästina und dem angrenzenden (süd)syrischen Raum operierten (s. o. II.1.2), dann legt sich solch eine Verbindung nahe. Die starke Verbreitung von urchristlichen Wanderboten in diesem Raum haben wir ja auch schon bestätigt (s. o. II.3.1.5).

Aber auch *theologisch* lässt sich die enge Verwandtschaft zur Logienquelle deutlich aufzeigen (vgl. auch die Zitate von Konradt und Luz oben). Wenn die Q-Gemeinde tatsächlich – wie wir als wahrscheinlichste Annahme festhalten konnten (s. o. II.2.7) – noch an der *ganzen Tora*, also auch an *Ritual- und Reinheitsgeboten* und nicht nur an der *Tora qua Liebesgebot*, festhielt, dann muss auch das einen Niederschlag im MtEv gefunden haben.

4.2.2 Die Mt-Gemeinde, das Judentum und die Tora

Einerseits wird deutlich, dass für die Mt-Gemeinde ein gewisser Bruch mit der *Synagogengemeinde* bereits erfolgt sein muss.[311] Man denke nur an die distanzierte Nennung von »*ihren* Synagogen« (9,35; 10,17) und »*ihren* Schriftgelehrten« (7,29; im Gegensatz zu einem »Schriftgelehrten, der ein Jünger des Himmelreichs geworden ist«, Mt 13,52; vgl. auch 23,2–33). Das heißt allerdings noch nicht, dass die Mt-Gemeinde auch schon mit dem Judentum *als solchem* gebrochen hätte. Im Gegenteil wird klar, »... dass sich die mt Gemeinde in einem von ihr selbst noch als *inner*jüdisch wahrgenommenen intensiven Konflikt mit der örtlichen pharisäisch dominierten Synagoge oder Synagogengemeinschaften befand und darin den Anspruch erhob, die legitime Sachwalterin des theologischen Erbes Israels zu sein.«[312] Denn auch für Mt 5,17f. bleibt die aus Q 16,17 übernommene Gültigkeit der Tora unverbrüchlich erhalten. Trotz aller Kritik an den »(jüdischen) Schriftgelehrten und Pharisäern« bricht Mt ausdrücklich *nicht* mit deren Lehre:

---

309 Vgl. Luz, Matthäus I, 90 (Original kursiv).
310 Vgl. Konradt, Matthäus, 23: »... eher der Süden Syriens, z. B. eine Stadt wie Damaskus«); Luz, Matthäus I, 103, geht mit seiner Verortung weiter nach Norden: »eine größere syrische Stadt«; »Antiochien nicht die schlechteste Hypothese«. In jedem Fall: Auch für das weiter nördlich gelegene Antiochia haben wir nach Gal 2,11 und 12, sowie Apg 6,5; 11,19f.; 15,1.22.24; 18,22; u.ö. Belege für einen regen Austausch mit Palästina. Josephus, Bell 2,479, hingegen belegt die blühende Diasporagemeinde in Antiochia.
311 Vgl. dazu Foster, Use, 188–200; Luz, Matthäus I, 96f. Zu den folgenden Ausführungen vgl. Tiwald, Art. Gesetz, 302f.; ders., Frühjudentum, 306f.
312 Konradt, Erfüllung, 130; auch ders., Matthäus, 19f. Ebenso Saladrini, Community, 107, der die Matthäus-Gruppe als »Deviant Jews« bezeichnet.

4.2 Das MtEv als »Nachlassverwalter« von Q

> Mt 23,2 Die Schriftgelehrten und die Pharisäer haben sich auf den Stuhl des Mose gesetzt. 3 Tut und befolgt also alles, was sie euch sagen, aber richtet euch nicht nach dem, was sie tun; denn sie reden nur, tun selbst aber nicht, was sie sagen.

Offensichtlich hielt nicht nur die Q-Gemeinde, sondern auch noch die Mt-Gemeinde die ganze Tora, also nicht nur die ethischen Vorschriften *qua* Liebesgebot, sondern auch noch die Ritual- und Reinheitstora.[313] Die weitere Heiligung des Sabbats geht so z. B. aus Mt 24,20 hervor (vgl. den Einschub »oder am Sabbat« in den Wortlaut von Mk 13,18), während Verzehntung und Kaschrut nach Mt 23,23 gültig bleiben (»das eine tun, ohne das andere zu lassen«), ein ebenfalls aus Q übernommener Text. Besonders deutlich wird dies auch in Mt 5,18–20:

> 18 Amen, das sage ich euch: Bis Himmel und Erde vergehen, wird auch nicht der kleinste Buchstabe des Gesetzes vergehen, bevor nicht alles geschehen ist. 19 Wer auch nur eines von den kleinsten Geboten aufhebt und die Menschen entsprechend lehrt, der wird im Himmelreich der Kleinste sein. Wer sie aber hält und halten lehrt, der wird groß sein im Himmelreich. 20 Darum sage ich euch: Wenn eure Gerechtigkeit nicht weit größer ist als die der Schriftgelehrten und der Pharisäer, werdet ihr nicht in das Himmelreich kommen.

Neben der unverbrüchlichen Gültigkeit der *ganzen* Tora (festgehalten in der Aussage, dass »auch nicht der kleinste Buchstabe des Gesetzes« vergehen wird), verweist V 19 auf die »kleinsten Gebote«. Damit sind wohl die Ritual- und Reinheitsgebote gemeint.[314] Diese sind für Mt zwar nur mehr zweitrangig, doch bleiben sie auch weiterhin in Kraft:[315] das Auflösen »eines dieser geringsten Gebote« (Mt 5,19) führt zu einer geringeren Platzierung im Himmelreich. Hier ist U. Luz Recht zu geben: »... die durch jahrhundertelange christliche Lehre und Praxis klassisch gewordene These, daß Matthäus das Sittengesetz bejahe und das Zeremonialgesetz außer Betracht lasse, geht mit dieser Sicht nicht zusammen.«[316] Damit hebt sich Mt ganz klar von jenem Gesetzesverständnis ab, wie wir es bei Paulus oder im MkEv vorfinden: »Da Mt die Vorstellung verschiedener Rangstufen im Himmel vertraut ist (11,11; 18,1.4; 20,21) und da er auch den Gedanken eines abgestuften Lohnes kennt (10,41; vgl. 5,12), mag man ... ihn zu den ›halbliberalen‹ gesetzestreuen Judenchristen rechnen ...«[317] Ganz nach den Vorschriften des Apostelkonzils toleriert die Mt-Gemeinde zwar die beschneidungsfreie Heidenmission und die von Paulus und anderen liberalen Juden vertretene rein ethische Deutung von Zeremonialgesetzen, doch selbst praktiziert man diese

---

313 Vgl. Konradt, Matthäus, 18. Vgl. dazu auch hier und im Folgenden: Strotmann/Tiwald, Paulus-Polemik, passim.
314 Vgl. Tiwald, Gültigkeit, passim; Konradt, Erfüllung, 133.
315 Vgl. Konradt, Matthäus, 17, und Luz, Matthäus I, 319: »Das Liebesgebot steht im Zentrum; die Zeremonialgesetze sind zweitrangig. Aber sie sind auch Teile des Gesetzes, das Jesus im ganzen erfüllt.«
316 Luz, Matthäus I, 319. Anders aber Deines, Gerechtigkeit, 346–353. Ganz im Sinne von Luz jedoch Konradt, Erfüllung, 133; ders., Matthäus, 18.
317 Luz, Matthäus I, 318.

Gesetzesinterpretation nicht und weist ihr auch nur einen geringeren Platz im Himmelreich zu.[318]

Die Sichtweise des Mt, zwischen den »größeren Geboten« in Form des Liebesgebots und den »kleineren Geboten« als Ritual- und Reinheitsvorschriften zu unterscheiden, lässt sich übrigens schon bei Philon nachweisen, der in Migr 94 eine ähnliche Unterscheidung vornimmt:[319]

> Migr 94 Siehst du nicht, daß auch dem weisen Abraham große und kleine Güter zukommen, wie die Schrift sagt, und zwar nennt sie die großen »vorhandene Grundlage« [sc. Gen 25,5 LXX], die allein der echte Sohn erben darf, die kleinen aber nennt er Geschenke, mit denen auch die unehelichen Söhne der Kebsweiber gewürdigt werden [sc. Gen 25,5f.]. Jene (substanziellen Gaben) gleichen den Naturgesetzen, diese den auf Menschensatzung beruhenden (Vorschriften) (ἐκεῖνα μὲν οὖν ἔοικε τοῖς φύσει, ταῦτα δὲ τοῖς θέσει νομίμοις).

»Philo verwendet den weit verbreiteten, in der Stoa besonders beliebten Unterschied zwischen den ungeschriebenen, göttlichen Sittengesetzen und dem auf Menschensatzung beruhenden Staatsgesetz. Die Thoragesetze in ihrem Wortsinn rechnet er zu den Menschensatzungen, deren Einhaltung er an unserer Stelle billigt, deren Wert aber dem Sittengesetz weit nachsteht.«[320] Aus dem Kontext Migr 89–93 wird deutlich, dass Philon hier die »extremen Allegoristen«[321] kritisiert, welche

---

318 Vgl. Runesson, Purity, 159: »Matthew's Jesus states clearly ... that ritual impurity is less important, or urgent, than moral impurity. This should not be understood ... as if ritual impurity may be neglected.«

319 Zum Vergleich des Begriffs »Gerechtigkeit« bei Philon und Matthäus siehe: Hoppe, Gerechtigkeit, 141-155. Bezüglich eines Vergleichs zum Toraverständnis der beiden Autoren siehe: Strotmann/Tiwald, Paulus-Polemik, 92-97.

320 Posner, Wanderung, 177.

321 Zu den »extremen Allegoristen« vgl. Doering, Schabbat, 348. Deren Anliegen, auch die Ritualgesetze ethisch zu interpretieren, teilt Philon grundsätzlich. So unterstreicht er in Migr 89–93, dass wir mit der Beschneidung »alle Lust und Begierde aus uns ›herausschneiden‹ sollen« und uns die Sabbatheiligung »die Macht des Ungeschaffenen (= Gottes) und die Unwirksamkeit der Geschöpfe lehrt«. Allerdings muss für Philon auch der Wortlaut, also die weiterhin rituell-reale und nicht nur symbolisch-allegorische Erfüllung der Gesetze gewährleistet sein – also nicht nur das »große« Liebesgebot, sondern auch die »kleinen« Ritualvorschriften, wie Philon an den »extremen Allegoristen« in Migr 89f. kritisiert: »Es gibt nämlich Leute, die in der Annahme, die verkündeten Gesetze seien nur Symbole von Gedachtem (εἰσὶ γάρ τινες οἳ τοὺς ῥητοὺς νόμους σύμβολα νοητῶν πραγμάτων ὑπολαμβάνοντες), letzterem (dem Gedachten) mit höherem Eifer nachgehen, erstere leichtsinnig vernachlässigen; diese muß ich wegen ihrer Leichtfertigkeit (τῆς εὐχερείας) tadeln. Denn sie hätten an Zweifaches denken sollen: sowohl das Unsichtbare (den Sinn) recht genau zu erforschen, alsdann auch das Offene (den Wortlaut) tadellos zu beachten.«
Zur Zentralität des Liebesgebotes bei Philon vgl. SpecLeg 2,63: »Und es gibt so zu sagen zwei Grundlehren (κεφάλαια; eigentlich: »Hauptgebote«), denen die zahllosen Einzellehren und -Sätze untergeordnet sind: in Bezug auf Gott das Gebot der Gottesverehrung und Frömmigkeit (τό τε πρὸς θεὸν δι' εὐσεβείας καὶ ὁσιότητος), in Bezug auf Menschen das der Nächstenliebe und Gerechtigkeit (τὸ πρὸς ἀνθρώπους διὰ φιλανθρωπίας καὶ δικαιοσύνης); jedes dieser beiden zerfällt wieder in vielfache, durchweg rühmenswerte Unterarten.«

die rituellen Vorschriften der Tora (Sabbat, Beschneidung, Tempeldienst) zugunsten einer rein ethischen Interpretation vernachlässigen. Obwohl Philon deren Wertung teilt, dass das Sittengesetz weit über den Ritual- und Reinheitsvorschriften steht, verteidigt er dennoch auch die Gültigkeit der »kleineren« Gebote.

Ähnlich wie Philon hält wohl auch die Mt-Gemeinde an der »validity of the entire Torah« fest, jedoch »lesser and greater commandments are consequently differentiated«, was zu einer »actual marginalization of certain ritual-cultic laws without principally abrogating them« führt.[322]

4.2.3 Entwicklungslinien: Q und Mt

Die Gemeinde der Logienquelle hatte wahrscheinlich noch nicht mit dem Judentum gebrochen, wenngleich die Spannungen wachsen und eine Eskalation absehbar ist. Werden nach Q 12,11 die Wanderboten noch in die Synagogen geführt, um dort befragt zu werden (s. o. II.2.5.4), dann wird klar, dass hier noch kein Bruch, wohl aber eine immer stärker werdende Spannung zur Synagogengemeinde besteht. Das ist nach Mt 9,35; 10,17 bereits anders geworden: Die Spannungen zwischen den Jesusanhängern und nicht jesusgläubigen Juden haben zu einer Separation geführt, die zwanzig Jahre nach Abfassung von Q nun im MtEv zu Buche schlägt.

Zunächst bedeutet dieser Bruch für die Mt-Gemeinde auch weiterhin ein Festhalten an der ganzen Tora samt Ritual- und Reinheitsvorschriften, wie dies für Judenchristen ja vom Apostelkonzil vorgesehen war. Auch im Selbstverständnis bezeichnete sich die Mt-Gemeinde wohl noch immer als »die legitime Sachwalterin des theologischen Erbes Israels«[323] – jedenfalls mit Sicherheit noch nicht als eine neue christliche Religionsgemeinschaft.[324]

Allerdings bringt die Neuentwicklung für das MtEv auch eine Neupositionierung im Vergleich zur Logienquelle mit sich: Jetzt erfolgt in Mt 28,19f. bereits der Übergang zur Heidenmission, die für Q noch nicht gegeben war. Auch für Mt wird diese Heidenmission – historisch korrekt – noch nicht mit dem irdischen Jesus (vgl. Mt 10,5 »Geht nicht zu den Heiden«), sondern erst mit dem Auferstandenen in Verbindung gebracht. Allerdings wird die Heidenmission schon in den mt Kindheitsgeschichten *präfiguriert*, etwa in 1,3.5 durch die Nichtjüdinnen Tamar, Rut und Rahab im Stammbaum Jesu, in 2,1 durch die heidnischen Sterndeuter und in 4,15 durch das Auftreten Jesu im »Galiläa der Heiden«. Dieser starke »Argumentationsdruck« beweist, dass die Heidenmission auch für den Verfasser des MtEv noch keine Selbstverständlichkeit, sondern eine sorgsam zu erklärende Neuerung darstellte.

---

322 Konradt, Law, 199; ebenso Luz, Matthäus I, 91–99 und 318f., sowie Strotmann/Tiwald, Paulus-Polemik, 102–106.
323 Konradt, Erfüllung, 130.
324 Zur Komplexität des »Parting of the Ways«, also der Trennungsprozesse von Juden und Christen, vgl. Tiwald, Frühjudentum, 47–50 und 306–308.

Umstritten ist, ob für die mt Gemeinde die Beschneidung noch galt. Nach Mt 28,19f. ist die Beschneidung für *Heidenchristen* nicht mehr nötig.[325] Allerdings schließt die universale Mission nach Matthäus auch ein, »dass Christusgläubige aus den Völkern auf die von Jesus vollmächtig ausgelegte Tora verpflichtet werden«.[326] Nach den oben getätigten Überlegungen galt die Ritual- und Reinheitstora ja noch immer, wenn auch nur als »kleinere Gebote« und dem »großen (Liebes-)Gebot« untergeordnet. Wahrscheinlich galt damit auch das Beschneidungsgebot für *Judenchristen* weiterhin. Dies bedeutet, dass die mt Gemeinde gemischt war und mit einer juden- und heidenchristlichen Koexistenz zu rechnen ist. Schon der »Antiochenische Konflikt« (Gal 2,11-14; Apg 15) belegt, dass es solche Mischgemeinden gab.[327] Wahrscheinlich belegen die sogenannten »Jakobusklauseln« erst eine nach dem Konflikt erlassene *regula conviventiae*, um gerade das Zusammenleben zwischen den Heidenchristen und den auch weiterhin auf die Kaschrut (also auf Speise- und Reinheitsvorschriften) verpflichteten Judenchristen zu ermöglichen.

4.2.4 Das MtEv und das Erbe von Q

Die Logienquelle war durch ihr Aufgehen im MtEv in mehrerer Hinsicht obsolet geworden:

Zum Ersten, weil nach dem Jüdischen Krieg das Judenchristentum in Galiläa ohnehin mehrheitlich zum Erliegen kam (s. o. II.1.2.3) und damit die *Trägergemeinde wegbrach*. Eusebius (HE 3,5,3) berichtete zwar nur von der Flucht der Jerusalemer Christen nach Pella, doch könnten auch Teile der galiläischen Q-Gemeinde ausgewandert sein und sich der Mt-Gemeinde angeschlossen haben. Dies gilt umso mehr, wenn die Mt-Gemeinde tatsächlich eine Gründung von Q-Missionaren war. In diesem Fall wäre es im Zuge des Jüdischen Kriegs und durch die sich in Q abzeichnenden Spannungen zur Synagogengemeinde – die sich dann im MtEv als bereits zurückliegender Bruch manifestieren –, zu einer Abwanderung gekommen, die klarerweise dorthin führt, wohin man ohnehin bereits gute Kontakte hat: also in die Tochtergemeinde. Das würde bedeuten, dass *die galiläische Trägergemeinde nicht nur wegbrach, sondern zu einem gewissen Teil wohl auch in die Mt-Gemeinde überging*. Das MtEv stellt dann sozusagen die aktualisierte Version der Logienquelle dar. In diesem Fall ging Q nicht verloren, sondern wurde im MtEv aktualisiert und weitergeführt.

Zum Zweiten wurde diese Aktualisierung nicht nur durch den *geographischen Wandel* (Abwanderung) und die *sozio-politische Neuausrichtung* (Niederlage der Juden im Jüdischen Krieg, Verlust des Tempels als Zentrum), sondern damit verbunden durch die *sozio-religiöse Neupositionierung* vonnöten: Der nun eingetretene Bruch mit der Synagogengemeinde, der Verlust der Heimat und der Neubeginn in Syrien führten auch für die nach Syrien emigrierten Q-Leute zu einem Übergang zur Heidenmis-

---

325 So zu Recht Konradt, Matthäus, 464: »Für die Christusgläubigen aus den Völkern ist die Taufe also der einzige Initiationsritus.« Zur Diskussion: Luz, Matthäus I, 92–99.
326 Konradt, Matthäus, 465.
327 Zum »Antiochenischen Konflikt« vgl. Tiwald, Frühjudentum, 213f.

4.2 Das MtEv als »Nachlassverwalter« von Q

sion, wie wir ihn im MtEv feststellen können. Nicht nur sozio-politisch und geographisch, sondern besonders theologisch stellt das MtEv eine aktualisierte Version der Logienquelle dar.

Summa summarum: Eine weitere eigenständige Tradierung der Logienquelle war im Unterschied zum MkEv nicht erforderlich, da die Q-Gemeinde *geographisch* ihre Heimat verloren hatte, *sozio-politisch* zumindest teilweise in der Mt-Gemeinde aufging und dort *theologisch* durch den Verfasser des MtEv weitergeführt und aktualisiert wurde. Alle diese drei Argumente treffen für das MkEv nicht zu: Mk schreibt für ein Publikum, das mit den Ansichten der Mt-Gemeinde nicht kompatibel war, aber auch von der Lk-Gemeinde abweicht – daher steht hinter dem MkEv eine eigene Trägergruppe, die diesen Text auch weiterhin tradierte. Die außerhalb Palästinas zu situierende Mk-Gemeinde musste auch keinen Umzug oder eine Flucht gewärtigen, die Trägergruppe blieb also intakt. Dank der ohnehin schon gegebenen heidenchristlichen Orientierung des MkEv war dieser Text aktueller als Q, ein *update* war hier nicht nötig (auch wenn sich das spätere LkEv bemüßigt sieht, gerade die jüdischen Wurzeln in seiner Weiterführung des MkEv vermehrt zu betonen). Man kann also mit J. Schröter schließen:

> *Schröter, Entscheidung, 74:* Angesichts der theologischen Tendenzen der Logienquelle liegt die Vermutung am nächsten, daß sie durch das Mt[Ev] angemessen »ersetzt« werden konnte. Es wäre allerdings nicht plausibel, hieraus den Schluß zu ziehen, daß die Logienquelle erst auf diese Weise ihre »wahre Bestimmung« gefunden habe. Vielmehr haben wir hier eine Quelle vor uns, die auf selbständige Weise einen Zugang zu dem »Phänomen« Jesus gefunden hat.

5. Q als Missing Link

Angesichts der bisherigen Ausführungen zu den Hintergründen der Logienquelle wird immer deutlicher, »daß Q ein Schlüsseldokument der christlichen Anfänge ist, das gleichwertig neben den paulinischen Briefen und dem Markusevangelium steht.«[328] Vielleicht könnte man sogar noch einen Schritt weitergehen und in der Logienquelle ein doppeltes *missing link* erkennen: Zum Ersten zwischen einer noch im Frühjudentum befindlichen Gemeinde hin zum späteren Christentum, aber zum Zweiten auch als Übergang von den charismatischen Anfängen der Jesusbewegung zur frühkirchlichen Institutsionswerdung.

5.1 *Missing Link I*: Frühjudentum – Christentum

Wie wir schon oben gesehen haben (s. o. II.2.8), hatte die Logienquelle noch nicht mit dem Judentum gebrochen. Die Theologie in Q ist so archaisch, dass für Jesus der »Christus-Titel« noch nicht zur Anwendung kommt. Daher sollte man bei der Q-Gemeinde noch nicht von »Christen« *in sensu stricto* reden, sondern eher von jüdischen Jesusjüngern. Das bedeutet aber, dass Q nicht nur als Dokument des Christentums *in statu nascendi* verstanden werden darf, sondern mehr noch als eigenständiges Dokument des pluriformen Frühjudentums. Schon alleine für das Studium frühjüdisch-eschatologischer Bewegungen hat die Logienquelle also eine wichtige Bedeutung, deckt dieser Text doch das in dieser Zeit im *literarischen Windschatten* liegende Galiläa ab.

Aber auch für die Frage, wie eng das pluriforme Frühjudentum und das Frühchristentum beisammen lagen – eine der offenen »Baustellen« des gegenwärtigen neutestamentlichen Forschens[329] – hat die Logienquelle evidente Bedeutung. In der Evolutionsbiologie meint der Ausdruck *missing link* eine fossile Übergangsform zwischen entwicklungsgeschichtlichen Vor- und Nachfahren, die aufgrund evolutionstheoreti-

---

328 Frenschkowski, Documenta Q, XXIV.
329 Vgl. dazu die 2008 gestellte Problemanzeige bei Müller, Wissenschaft, 58: »In den letzten zwei Jahrzehnten trat der frühjüdische *Pluralismus* zunehmend in das Bewusstsein der Neutestamentler sowie Judaisten. ... Auffällig ist, dass man in solchen Zusammenhängen von einem regelrechten Neuanfang redet.« Und als Konsequenz daraus (a. a. O. 60): »Zusammen mit den hier notwendigen Korrekturen [sc. betreffs frühjüdischer Theologie] wird sich das Wissen der Neutestamentler um die Stellung der urchristlichen Gemeinden zu ihren jüdischen Umwelten wahrscheinlich erheblich ausdifferenzieren und sich mit sehr viel komplexeren Befunden arrangieren müssen.«

scher Überlegungen vorhergesagt worden ist und eine Überlieferungslücke im Fossilbericht schließt. – Genau das aber tut die Logienquelle im evolutions*theologischen* Stammbaum: Sie fungiert als »Übergangsfossil« zwischen dem Frühjudentum und dem Urchristentum.

5.2   *Missing Link II*: Jesusbewegung – Urkirche

Eine Scharnierfunktion nimmt die Logienquelle als »Übergangsfossil« auch in der Entwicklungsgeschichte der Jesusbewegung hin zur Urkirche ein. M. Weber hat in seinen noch immer wegweisenden soziologischen Untersuchungen darauf hingewiesen, dass am Anfang einer Bewegung die Charismatiker stehen, die innerhalb der bürokratischen, traditionellen Ordnung neue, außeralltägliche Akzente setzen, damit begeistern und so eine Art natürlicher, charismatischer Autorität ausüben.[330] Jesus selbst war ohne Zweifel ein solcher Charismatiker. Die Außeralltäglichkeit des Charismas lässt sich klarerweise nicht auf Dauer halten, nach M. Weber kommt es daher zu einer »Veralltäglichung des Charismas«, d.h., das Charisma wird »traditionalisiert oder rationalisiert (legalisiert)« und damit auf eine »dauerhafte Alltagsgrundlage gestellt«. Die »Versachlichung des Charismas« führt zu gewissen »Erprobungs-Normen«, die die Zugehörigkeit zum Stand der leitenden Autoritäten an gewisse Kriterien binden. Gerade diesen Übergang aber kann man in der Logienquelle perfekt erkennen. Wie wir bereits gesehen haben (s. o. II.3.1.4–7), führte die Angst vor Scharlatanen, die die charismatische Autorität von Wanderpredigern missbrauchten, zu gewissen Regularien: in der Logienquelle die Vorschrift, nicht wegen besserer Verköstigung von Haus zu Haus zu wandern und keine besonderen Ansprüche an die Verpflegung zu stellen (Q 10,7f.). Weiters der Vorwurf der »Kleingläubigkeit«, wenn Wandermissionare ihren Verpflichtungen nicht nachkommen (Q 12,22–32); bei Mt 10,8f. die Regelung, kein Geld für die Missionsarbeit zu erhalten; in der Didache die Einforderung der *trópoi kyríou* (Did 11,3–8, Wanderleben und Armut) sowie die Warnung vor solchen, die »mit Christus Schacher treiben« (Did 12,5). Selbst bei Paulus sehen wir schon, dass das in 1 Kor 9,4–14 genannte Unterhaltsprivileg bereits zu einer Pflicht, einem »Gebot des Herrn«, geworden ist.

Der Übergang vom Charisma zum Amt soll dabei aber nicht als »Degeneration« verstanden werden, sondern als eine innere soziologische Notwendigkeit, auch wenn damit eine »Verbürgerlichung des Charismas« gegeben ist.[331] Letztlich ent-

---

330   Vgl. im Folgenden Weber, Gesellschaft, 140–148. Zur Umlegung dieser Kriterien auf Jesus von Nazaret vgl. Theißen, Jesusbewegung, 33–98.
331   Ähnliche Entwicklungen lassen sich auch gut im außerreligiösen Bereich studieren. Die Entwicklung der »Grün-Bewegung« hin zur etablierten politischen Partei hat dem Anliegen, verlässlich Verantwortung zu übernehmen und nicht nur ein »Chaosclub« zu sein, beträchtlich gedient – auch wenn manche »Fundis« den Pragmatismus der »Realos« gar nicht schätzen wollten. Umgekehrt hat die deutsche »Piratenpartei« diesen Sprung – sozusagen von der charismatischen Gärmasse hin zur ausgereift etablierten Partei – nicht geschafft, wie zahlreiche Irritationen, Verwicklungen in Skandale und innerparteiliche Grabenstreitigkeiten belegen.

scheidet über den weiteren Erfolg einer Bewegung, ob das nachfolgende »Amts-Charisma«, also die veralltäglichte Form des ursprünglich antiinstitutionellen Charismas, weiterhin zumindest ein Stück der ursprünglichen Ideale zu verkörpern versteht. Entsprechende Konflikte sind da natürlich vorprogrammiert, gehören aber zum stehenden Repertoire dieser Entwicklung.[332] Der Balance-Akt zwischen Charisma und Institution wird zur bleibenden Aufgabe aller Gruppierungen und sorgt für deren innere Dynamik. Jede gesunde Bewegung muss so viel »Ver-rücktheit« enthalten, dass man ihr die charismatische Kreativität auch noch weiterhin abnimmt, doch auch so viel »Bürgerlichkeit«, dass sie in vernünftig nachvollziehbaren Strukturen existieren kann!

In der Logienquelle haben wir tatsächlich auch hier ein *missing link* im Stammbaum der Institutionalisierung (s. u. III.5.2). Spätere Entwicklungen zeigen die – gerade im heidenchristlich-hellenistischen Raum ablaufende – Entwicklung hin zum kirchlichen »Amt«, wie sie in den Pastoralbriefen schon vorgezeichnet ist und dann bei Ignatius entwickelt begegnet.[333] Die Überlagerung der alten judenchristlich-presbyterialen Gemeindeordnung mit der heidenchristlich-episkopalen wird zunächst im Ineinander-Blenden von Presbytern und Episkopen in Apg 20,28f. und Tit 1,5–7 deutlich. Aber auch das Werben in Did 15,1f. für die Einsetzung von Episkopen und Diakonen neben den altangestammten Propheten und Lehrern liegt auf der gleichen Linie. In der Logienquelle allerdings ist es noch nicht so weit, die Wanderpropheten genießen noch immer ihren Status als charismatische Autoritäten. Trotzdem lässt sich anhand der oben genannten Regularien schon eine gewisse »Veralltäglichung des Charismas« feststellen: Auch die Logienquelle bietet nicht mehr den »ursprünglichen« Jesus, sondern die Adaption des jesuanischen Charismas auf die eigene Gegenwart. Damit wird deutlich, dass Aneignung immer durch Transformation erfolgen muss.[334] Zeuge dieses ersten Schrittes aber ist die Logienquelle!

---

332 Man vergleiche nur den stehenden Vorwurf, die Institution der katholischen Kirche habe sich weit vom Charisma des Wanderpredigers Jesus entfernt – ein Vorwurf, den bemerkenswerterweise gerade Papst Franziskus an verkarstete Strukturen in der römischen Kurie gerichtet hat und damit in den Medien weniger als »Kirchen-Funktionär«, sondern als »Charismatiker« wahrgenommen wird!
333 Vgl. dazu Tiwald, Entwicklungslinien, 114–120.
334 »Aneignung durch Transformation« lautet der schöne Titel einer FS für M. Theobald (hg. v. Eisele/Schäfer/Weidemann), wo gerade dieser Prozess für die erste christliche Generation verdeutlicht wird.

Teil III: Die Theologie der Logienquelle

1. Der »narrative Plot« der Logienquelle

1.1 Der narrative Spannungsbogen

Bereits anhand der rekonstruierten Gliederung zur Logienquelle (s. o. I.3.2) kann man erkennen, dass »das Dokument Q ... mehr als eine zufällige Aneinanderreihung von Sprüchen«[335] darstellt, wie dies etwa beim Thomasevangelium der Fall ist. An narratologischen Studien – wie sie M. Labahn exemplarisch durchgeführt hat – wird klar, »dass Q eine innere Struktur – einen *plot* – hat.«[336] Auch wenn Q hauptsächlich aus Redematerial besteht, so eröffnet sich gerade in dieser »Erzählung des Redens« ein Stück »narrativer Sinnbildung«[337]. Die ursprünglich einzelnen Logia sind bereits »mit einfachen literarischen Mitteln – wie etwa Stichwortverbindungen oder thematischen Assoziationen«[338] zu Themenkränzen formiert. Diese wiederum bilden dann eine narratologisch geschlossene Sammlung von Jesusworten mit einem durchgehenden Spannungsbogen. Dieser beginnt mit dem Täufer und seiner Botschaft, läuft über Taufe und Versuchung Jesu weiter zu dessen programmatischen Reden, erstreckt sich hin zur Missionsaussendung der Jünger Jesu, thematisiert die Auseinandersetzungen mit Gegnern und endet mit den Reden von der Endzeit, die im Gericht über die zwölf Stämme Israels gipfeln. Es zieht sich also ein *chronologischer, narratologischer und theologischer Spannungsbogen* quer durch das gesamte Werk, auch wenn man Q natürlich noch immer die oralen Wachstumsprozesse anmerken kann. Aber eine gewisse »Holprigkeit« – sowohl in der Darstellung wie im *plot* – zeichnet schließlich auch das MkEv aus, wenn man es neben die elaborierteren Entwürfe eines Mt oder Lk legt. Daher ist es legitim, wenn Fleddermann urteilt: »A single theological vision pervades Q ...«[339] – man darf von einer »argumentativen Geschlossenheit des Werkes«[340] ausgehen.

---

335 Labahn, Wiederkommender, 574. In diesem Sinne auch Kloppenborg Verbin, Excavating, 135: »... we can speak of Q as a ›literary unity‹ ...« Ebenso Schnelle, Einleitung 251: »Die Endfassung der Logienquelle ... lässt eine bewusste literarische Gestaltung erkennen« und weist eine »bewusste theologische Komposition« (a. a. O. 246) auf.
336 Labahn, Wiederkommender, 575.
337 Labahn, Wiederkommender, 577.
338 Schröter, Entscheidung, 70.
339 Fleddermann, Q, 154.
340 Labahn, Wiederkommender, 119.

1.2 Die argumentative Gesamtstruktur von Q

Die Logienquelle zielt in ihrer Gesamtstruktur darauf ab, dass Jesus als der *gekommene* Menschensohn in der – als unmittelbar bevorstehend imaginierten – Endzeit *wiederkehren* wird. Dann wird er die Q-Missionare und ihre Gemeinden ihren Gegnern zum Trotz ins Recht setzen.[341] Es ist also kein bloßer Zufall, dass die Erwartung des Wiederkommenden am Ende der Erzählung steht – sie ist gewissermaßen der theologische Fluchtpunkt der ganzen Logienquelle. Mit dem Ausdruck »Menschensohn« (s. u. III.2.1) werden somit der bereits *gekommene* wie auch der noch als *kommend* erwartete Heilsbote dargestellt. Die ganze Geschichte von Q liegt perfekt zwischen diesen beiden Polen: Die Ankündigung durch den Täufer bereitet das erste Kommen vor. Jesus und seine programmatischen Reden beleuchten seinen Anspruch, der sich in der Missionsaussendung der Jünger Jesu in die Gegenwart fortsetzt. In den anschließenden Auseinandersetzungen mit Gegnern verschmilzt die Ablehnung Jesu in der Vergangenheit mit der seiner Boten in der Gegenwart im Theologumenon vom *gewaltsamen Prophetengeschick* (s. o. II.2.5.2; III.3 und III.4.1). Aus diesem schöpfen die Q-Boten ihre Legitimation, da alle wahren Propheten Israels – bis hin zu Jesus und den Q-Missionaren – verfolgt und abgelehnt wurden. Aber in der Endzeit wird der bereits gekommene Menschensohn wiederkehren und den Q-Boten ihr Recht geben: Sie werden über die zwölf Stämme Israels zu Gericht sitzen (Q 22).

1.3 Narrative Sinnstiftung

Auch wenn es sich hier nur um eine »Erzählung des Redens« handelt, wird gerade in diesem Erzählen neuer Sinn erschlossen: Das *Weiterreden der Reden Jesu* wird zum performativen Sprachakt der Geschichtsdeutung und Sinnstiftung. Aus dem scheinbar »sinnlosen« Scheitern des irdischen Jesus wird über das Theologumenon vom *gewaltsamen Prophetengeschick* Trost erschlossen, weil sich so der Bogen von den Propheten Israels über Jesus bis hin zu den Q-Propheten spannt. Dabei wird auch das kurz bevorstehende Scheitern der Israelmission und die Ablehnung der Q-Boten durch einen je tieferen Sinnhorizont umfangen, da die Teilhabe am Verfolgungsgeschick des Meisters die Jünger auch an der Herrlichkeit des Wiederkommenden teilhaben lässt: Er wird ihnen das Gericht über Israel übertragen! Im Ausblick, dass der bereits Gekommene wiederkommen wird, erfolgt »narrative Sinnbildung ..., die aus dem *sinn*-losen Trauma der Ablehnung und gesellschaftlichen Ausgrenzung Sinn konstruiert.«[342]

---

341 Vgl. hier und im Folgenden: Labahn, Wiederkommender, 579.
342 Labahn, Wiederkommender, 581.

2. Die »Christologie« der Logienquelle

Der Ausdruck »Christologie« – als *terminus technicus* für die christliche Glaubenslehre über Jesus von Nazaret – ist hier in Anführungszeichen zu setzen, da die Logienquelle den Titel »Christus« (also »Messias«) für Jesus noch nicht kennt (und man so *in sensu stricto* gar nicht von »Christologie« sprechen kann). Wie wir schon gesehen haben (s. o. II.2.8), drückt sich darin die unmittelbare Verankerung der Logienquelle im frühjüdischen Mutterboden aus: Die Q-Gemeinde bestand noch nicht aus »Christen« im engeren Sinne des Wortes, sondern aus *jesusgläubigen Juden*. Die »Christologie« hat daher etwas Archaisches an sich; auch betreffs der »christologischen« Entwicklungsprozesse stellt die Logienquelle ein *missing link* (s. o. II.5) dar, da zwar schon sehr deutlich gemeindetheologische Reflexionen zur Person Jesu erkennbar sind, diese aber noch nicht bis zum Christustitel gediehen sind.

Bemerkenswert ist auch, dass Jesus nie *von anderen* mit einem Titel angeredet wird, der seine Sendung durch Gott zum Ausdruck bringt. Dies mag auch mit dem Schwerpunkt von Q auf der Logienüberlieferung zu tun haben, also dem Fakt geschuldet sein, dass die *Reden von Jesus* tradiert werden und kaum narratives Material *über ihn*. Tatsächlich bildet das spärliche narrative Material in Q hier eine Ausnahme: Q 4,3.9 weist in der Anrede Jesu durch den Teufel bei der Versuchung mit »Wenn du Gottes Sohn bist ...« tatsächlich einen Hoheitstitel auf – allerdings in Frageform. Somit erschließt sich die Stellung Jesu in einem größtenteils aus Logien bestehenden Dokument »im Wesentlichen implizit, da sich kaum erzählende oder kommentierende Abschnitte finden.«[343]

2.1 Menschensohn

»Die wichtigste Selbstbezeichnung Jesu [sc. in Q] ist ›Menschensohn‹. Dieser Ausdruck ... wird sowohl auf den irdischen Jesus (Q 7,34; 9,58) wie auch auf den zum Gericht Wiederkommenden (11,30; 12,40; 17,24) angewandt.«[344] Ob es sich bei der Bezeichnung »Menschensohn« bereits um einen Hoheitstitel handelt, ist in der Forschung umstritten. J. Schröter spricht sich dagegen aus, während z. B. Tuckett den Ausdruck als »a christological ›title‹ of some importance for Q«[345] bezeichnet.

---

343 Schröter, Entscheidung, 73.
344 Schröter, Entscheidung, 73.
345 Tuckett, Art. Q, 570; dagegen Schröter: Entscheidung, 73. Ebenso dagegen spricht sich Hurtado, Summary, 169, aus.

2.1.1 Gebrauch in jüdischer Bibel und Frühjudentum

Ursprünglich meint die hebräische Formulierung בן אדם (*ben 'adam*, vgl. den Gebrauch im *Buch Ezechiel*) nur generisch den »Sohn eines Menschen«, also einen aus dem Menschengeschlecht Stammenden.

In dem um 164 v. Chr. auf Aramäisch verfassten *Danielbuch* wird dann mit der aramäischen Formulierung בר אנש (*bar 'enosch*) in 7,13f. »einer wie ein Menschensohn« als endzeitlicher Akteur angekündigt, der im Namen Gottes (des »Hochbetagten«) ein ewiges Reich errichten wird. Manche Ausleger sehen im Danielbuch diese Figur, die über die animalisch gottfeindlichen Mächte (Dan 7,17) herrschen wird, kollektiv auf die Gerechten in Israel bezogen (Dan 7,18.21f.27), doch ist eher die Annahme möglich, dass diese menschenähnliche Gestalt einen Engel symbolisiert, der im Namen Gottes tätig wird (Dan 8,15; 9,21; vgl. 12,1).[346]

Die *Bildreden aus 1 Hen* (Kapitel 37–71) beschreiben den »Menschensohn« nicht nur wie in Dan als jemanden, der am Ende der Zeiten in Gottes Namen die Weltherrschaft übernehmen wird (48,5; 69,26), sondern auch als präexistenten himmlischen Akteur (48,2f.6f.; 62,7), der die Welt richten wird (62,5; 69,27-29). Der »Menschensohn« wird hier zur Verkörperung messianischer Hoffnungen (48,10; 52,4). Umstritten ist, wann diese Bildreden zu datieren sind: Am wahrscheinlichsten ist es, eine Entstehung in Palästina knapp nach der Zeitenwende anzunehmen – also etwa zeitgleich zum historischen Jesus.[347]

Auch im *4. Esrabuch*, das gegen Ende des 1. Jh. n. Chr. nach der Zerstörung des Tempels in Palästina verfasst wurde, begegnet der »Menschensohn« im 13. Kapitel als endzeitliche Richter- und Rettergestalt (V 3–13.25–40), die mit dem davidischen Messias identifiziert wird (12,31f.).

2.1.2 Jesus und der »Menschensohn«

Mit nur vier Ausnahmen (Apg 7,56; Hebr 2,6–8; Offb 1,13; 14,14) beschränkt sich die Verwendung des Begriffs »Menschensohn« im NT auf die Evangelien, bei Paulus fehlt der Terminus ganz. Im Befund der Evangelien (und damit auch in Q) begegnet der Ausdruck stets nur im Munde Jesu und nie als eine titulare Anrede an ihn. Dies kann als Hinweis darauf verstanden werden, dass der Begriff nicht nachösterlichen Ursprungs war, sondern auf den historischen Jesus zurückgeht. In den Evangelien meint Jesus mit dem »Menschensohn« zumeist sich selbst. Eine Ausnahme stellt dabei Q 12,8f. // Mk 8,38 dar:

---

346 Vgl. hier und im Folgenden: Nickelsburg, Art. Son of Man, 1250f. Ebenso Chialà, Son, 177.
347 Vgl. Nickelsburg, Art. Son of Man, 1250: »Composed between late first century B.C.E. and the first half of the first century C.E. ...« Ders. Parables, 47 »no later than the early decades of the first century C.E.« Ebenso: Charlesworth, Composition, 465 (»20–4 B.C.E.«); Boccaccini, Place, 288 (»parallels the earliest origins of the Jesus movement«); Vögtle, Gretchenfrage, 125; Schreiber, Menschensohn, 2.

2.1 Menschensohn

Q 12,8 Jeder, der sich zu mir vor den Menschen bekennt, zu dem wird sich auch der Menschensohn vor den Engeln bekennen; 9 wer mich aber vor den Menschen verleugnet, wird vor den Engeln verleugnet werden.

Mk 8,38 Denn wer sich vor dieser treulosen und sündigen Generation meiner und meiner Worte schämt, dessen wird sich auch der Menschensohn schämen, wenn er mit den heiligen Engeln in der Hoheit seines Vaters kommt.

Die inhaltlich deckungsgleiche Parallelüberlieferung, aus der Q und Mk unabhängig voneinander schöpften, belegt die jesuanische Ursprünglichkeit der Aussage. Hier wird deutlich, »daß Jesus mit dem Menschensohn *eine andere Person als sich selbst* gemeint hat.«[348] Es ist gut möglich, dass der vom Täufer angesagte »Stärkere« (Q 3,16, vgl. auch 11,22) den von Jesus angekündigten endzeitlichen »Menschensohn«-Richter bezeichnet. Jesus hätte dann die Ankündigung des »Menschensohn«-Richters vom Täufer übernommen, allerdings die Rettung der Verlorenen durch die Gottesherrschaft zeitlich und sachlich davorgesetzt.[349] Jesus selbst bringt sich mit dem von ihm erwarteten endzeitlichen »Menschensohn«-Richter in enge Verbindung: Wer seinen (Jesu) Worten keinen Glauben schenkt, der wird im endzeitlichen Gericht (vor dem Menschensohn) keinen Bestand haben.

Dies lieferte den Haftpunkt für eine spätere *Identifizierung Jesu mit dem endzeitlichen Menschensohn* (Q 11,30; 12,40; 17,24).

Q 11,30 Denn wie Jona für die Niniviten zum Zeichen wurde, so wird es auch der Menschensohn für diese Generation sein.

Q 12,40 Seid auch ihr bereit, denn der Menschensohn kommt zu einer Stunde, die ihr nicht erwartet.

Q 17,24 Denn wie der Blitz vom Osten hervorkommt und bis zum Westen scheint, so wird der ‹Tag› des Menschensohns sein. 26 Denn wie in den Tagen Noachs, so wird es auch in den Tagen des Menschensohns sein. 27 Sie aßen, tranken, heirateten, wurden verheiratet,

---

348 Becker, Jesus, 252 (kursiv MT) – vgl. dazu auch die folgenden Ausführungen. Damit wird auch klar, dass der Ausdruck »Menschensohn« nicht nur eine idiomatische Sprechweise Jesu für die erste Person Singular (also für »ich«) ist, wie gelegentlich behauptet wurde. Dagegen sprechen neben der Erwartung Jesu eines »Menschensohn«-Richters auch der Gebrauch in frühjüdischer Zeit und philologische Gründe: Es dürfte »nicht gelingen, den Ich/den MS-Spruch [sc. den idiomatischen Gebrauch von Menschensohn anstelle von »ich«] überzeugend in Jesu Redeweise vom MS einzuordnen« (Vögtle, Gretchenfrage, 64). Ähnlich Becker, Jesus, 254: »Allerdings ist dieser Ansatz [sc. der idiomatische Gebrauch von Menschensohn statt der ersten Person Singular] aus philologischen Gründen kaum aufrechtzuerhalten, da eine solche Sprachmöglichkeit bisher im Aramäischen zur Zeit Jesu überhaupt nicht belegt werden kann.« Einen ausführlichen Forschungsbericht zum Thema »Menschensohn« bietet Müller, Expression, passim.

349 Vgl. Becker, Jesus, 252. Charlesworth, Composition, 466, vermutet, dass Jesus die Rede vom Menschensohn bewusst verwendet hat, »because it was a vague concept and not a title. Thus, Jesus may have imagined that God was free to shape the Son of Man concept and define it.« Auch ansonsten legt sich Jesus nicht in Details betreffs der Endzeit fest (vgl. Mk 13,32) und kündigt auch keine großen Schauwunder an – ein sympathischer Zug, der ihn von anderen »allzuviel-wissenden« Zeichenpropheten positiv unterscheidet (vgl. Tiwald, Frühjudentum, 250f.).

bis zu dem Tag, an dem Noach in die Arche ging und die Flut kam und sie alle wegraffte. 30 So wird es auch an dem Tag sein, wenn der Menschensohn offenbar wird.

Die hier zitierten Aussagen sind allerdings noch so unspezifisch, dass sie nach wie vor »O-Ton« Jesu[350] sein und auf einen anderen kommenden endzeitlichen Richter als Jesus verweisen könnten (das Jona-Zeichen meint hier noch nicht – wie in Mt 12,40 – einen Verweis auf die Auferstehung, sondern den Hinweis auf das künftige Gericht, das Jona ankündigte und das gemäß Jesus und Q an den Menschensohn gebunden ist). Erst in der Identifikation mit dem *irdischen* Jesus (Q 6,22; 7,34; 9,58) wird klar, dass Jesus dieser »Menschensohn« ist:

> Q 7,33 Denn es kam Johannes, er aß nicht und trank nicht, und ihr sagt: Er hat einen Dämon. 34 Es kam der Menschensohn, er aß und trank, und ihr sagt: Siehe, ein Fresser und Weinsäufer, ein Freund der Zöllner und Sünder.

> Q 9,58 Und Jesus sagte ihm: Die Füchse haben Höhlen und die Vögel des Himmels Nester, der Menschensohn aber hat nichts, wo er seinen Kopf hinlegen könnte.

Die letzte Stufe in diesem Prozess stellt dann die Identifikation des »Menschensohns« mit dem *leidenden Jesus* dar. Da allerdings die Logienquelle keine Passionserzählung beinhaltet, fehlt auch diese Entwicklungsstufe in Q – und begegnet erstmals bei Mk (vgl. 10,33: »Er sagte: Wir gehen jetzt nach Jerusalem hinauf; dort wird der Menschensohn den Hohepriestern und den Schriftgelehrten ausgeliefert; sie werden ihn zum Tod verurteilen und den Heiden übergeben«).

2.1.3 Konklusionen

Die Rede vom »Menschensohn« gibt in der Logienquelle zunächst den Sprachgebrauch Jesu wieder, der einen endzeitlichen »Menschensohn«-Richter erwartete. Damit befand sich Jesus ganz auf der Linie frühjüdischer »Menschensohn«-Erwartungen, wie wir sie in den Bildreden des 1 Hen vorfinden können.[351] Das *novum* der Logienquelle ist nun, dass der irdische Jesus mit diesem endzeitlichen Richter identifiziert wird: *Der bereits gekommene Bote des Gottesreichs wird zum wiederkommenden Richter des Eschatons!*[352] Spätestens an diesem Punkt wird klar, dass sich für die Logienquelle die Frage gar nicht

---

350 Vgl. dazu Ebner, Q, 85, der unterstreicht, dass wir hinter dem Dokument Q »auf eine Trägergruppe [stoßen], die das ›Kerygma‹ (im nicht-technischen Sinn von Wortverkündigung) des irdischen Jesus geradezu im O-Ton zu bewahren und weiterzuschreiben versucht hat.«
351 Dass die Logienquelle in der Verwendung des Menschensohn-Begriffes ähnliche Traditionen weiterführt wie 1 Hen, wurde gezeigt von Nickelsburg, Parables, 47; Charlesworth, Composition, 465; Boccaccini, Place, 288 (»parallels the earliest origins of the Jesus movement and is the logical premise for the theological developments in … the later Christian tradition«). Ebenso Walck, Son, 315 (»The earthly sayings in Q, then, do not seem to reflect any direct verbal influence from the Parables on the character of Son of Man, but interestingly some of the same theological dynamics seem to be present«).
352 Ganz in diesem Sinne kann M. Labahn den »narrativen plot« der Logienquelle schon im Titel seiner Monographie prägnant auf den Begriff bringen: »Der Gekommene als Wiederkommender. Die Logienquelle als erzählte Geschichte«.

stellt, ob es sich hier um einen christologischen Hoheitstitel handelt oder nicht. Die »Christologie« der Logienquelle erschließt sich nicht aus abstrakten Titeln, sondern aus der lebendigen Adaption der Worte Jesu an die aktuelle Situation. Der Ausdruck »Menschensohn« wird damit zu einem theologischen Interpretament, das sich ganz der Dynamik der ersten Jesusjünger verdankt. Ähnlich wie das *gewaltsame Prophetengeschick* wird auch der *Menschensohn* nicht zu einer starren Titulierung, sondern zu einer dynamischen Adaption bereits existierender frühjüdischer Deutemuster auf den historischen Jesus hin – also auch hier zu einer »narrativen Sinnbildung«[353] (s. o. III.1.1).

Die spätere Kirche folgte eher dem paulinischen Deutemuster, dessen Identifikationspunkt in Kreuz und Auferstehung auskristallisierte. Die Logienquelle bietet auch hier einen archaischen Zugang zu Jesus. Dass sich später die paulinische Deuteschiene durchsetzen konnte, hat hauptsächlich mit dem großen Erfolg der Heidenmission zu tun (Paulus wurde sozusagen von seinem eigenen Erfolg überholt!), aber auch mit der nicht erfüllten Naherwartung von Gericht und Wiederkunft Jesu. Hier hatten Osterglaube und Kreuzestheologie »die besseren Karten« und betreffs Heidenmission die höhere »Passgenauigkeit« als die Erwartung des »Menschensohn«-Richters.

2.1.4 Die eschatologische Naherwartung in Q

Gerade anhand des »Menschensohn«-Ausdrucks wird deutlich: »Hinter Q steht eine innerjüdische Erneuerungsbewegung, die mit prophetischer Radikalität die Umkehr jedes Einzelnen in Israel fordert. Sie setzt darin die Botschaft des Täufers und Jesu fort.«[354] Der Ausdruck »Menschensohn« unterstreicht in aller Deutlichkeit die Eingebundenheit der Logienquelle in frühjüdisch-eschatologische Erwartungen. »Es ist keine Frage, daß das palästinensische [sic] Judenchristentum, das hinter den ältesten Q-Stoffen steht, eine eschatologische und enthusiastische Bewegung ist, die in glühender Naherwartung stand, darin sich keineswegs von anderen Heilsgemeinden in Israel unterscheidend.«[355]

2.2 Sohn/Sohn Gottes

Auch wenn die Bezeichnung »Sohn Gottes« bzw. der absolut gesetzte »Sohn« in der Logienquelle erst spärlich auftritt, so zeigen sich doch bereits erste Anzeichen für diesen später so bedeutsamen Titel. Auch an dieser Stelle wird deutlich, dass wir es in Q mit einer »*Christologia in statu nascendi*« zu tun haben.

Q 4,3 und 9: »Wenn du Gottes Sohn bist ...«

---

353 Labahn, Wiederkommender, 577.
354 Theißen, Lokalkolorit, 233.
355 Schulz, Q, 168.

Q 10,22 ... niemand kennt den Sohn außer der Vater, noch kennt jemand den Vater außer der Sohn und der, dem es der Sohn offenbaren will.

2.3 Johannes, Jesus und die Propheten

In der Logienquelle wird zunächst Johannes der Täufer als Prophet gezeichnet, ja sogar noch »mehr als ein Prophet« (Q 7,26), da sich nun das Hoffen und die Erwartung aller Propheten erfüllen, wie Q 10,24 verdeutlicht. Nach Q 7,28 ist die Zeitenwende nicht erst *nach Johannes*, sondern *schon mit ihm* erfolgt:

> Q 7,26 Was aber habt ihr sehen wollen, weshalb ihr hinausgegangen seid? Einen Propheten? Ja, ich sage euch, einen, der sogar noch mehr ist als ein Prophet. 27 Dieser ist es, über den geschrieben steht: Siehe, ich sende meinen Boten vor dir her, der deinen Weg vor dir bereiten soll. 28 Ich sage euch: Es ist niemand aufgetreten unter denen, die von Frauen geboren sind, der größer ist als Johannes; es ist der Kleinste aber im Reich Gottes größer als er [*bessere Übersetzung*: aber der Kleinere/Jüngere ist im Reich Gottes größer als er].

Das zumeist fälschlich als *Superlativ* übersetzte Wort μικρότερος muss korrekt als *Komparativ* wiedergegeben werden als »der Kleinere« (man könnte auch übersetzen »Jüngere«). Der Ausdruck meint dann nicht, dass »der Kleinste« in der *basileia* größer sei als Johannes, sondern hebt auf das Verhältnis Johannes-Jesus ab: Auch wenn Jesus gegenüber Johannes nur »der Kleinere«/»Jüngere« ist, so wird er in Bezug auf die *basileia* doch der Größere sein.[356] Damit beginnt mit Johannes bereits der neue Äon: Er, der zwar nur mit Wasser tauft, kündigt den Stärkeren an, der nach ihm kommt und mit heiligem Geist und Feuer taufen wird (Q 3,16). Mit ihm als Boten des Kommenden (»Siehe, ich sende meinen Boten vor dir her, der deinen Weg vor dir bereiten soll«, Q 7,27) ist der neue Äon schon im Anbrechen.

Jesus selbst wird in der Logienquelle nie *expressis verbis* als Prophet bezeichnet, doch *implizit* in die Reihe der alttestamentlichen Propheten gestellt – gemeinsam mit Johannes und den späteren Q-Missionaren. In Q 6,22f.; 11,47–51; 13,34f. begegnet nämlich die Vorstellung, dass alle wahren Propheten in Israel verfolgt und oft sogar getötet wurden. Diese Konzeption kann man als das Theologumenon vom »gewaltsamen Prophetengeschick« bezeichnen (s. o. II.2.5.2; III.3 und III.4.1). *Theologumenon* daher, da diese Vorstellung alttestamentliche Deutemuster übernimmt und in frühjüdischer wie frühchristlicher Literatur weite Verbreitung fand. Gerade in der Ablehnung, die Johannes, Jesus und den Q-Boten widerfährt, erkennen die Ver-

---

356 So der überzeugende Beweisgang bei Schröter, Erwägungen, 447. Ebenso Tuckett, Q, 137: »Within the context of Q ... it would seem that John must definitely be included in the new era.« Wahrscheinlich ergibt sich diese Sichtweise Jesu daraus, dass der Nazarener eine Zeitlang Schüler von Johannes war (vgl. dazu Tiwald, Frühjudentum, 202). In der Aussage, dass »niemand ... unter denen, die von Frauen geboren sind, ... größer ist als Johannes«, spiegelt sich Jesu Verehrung für seinen früheren Lehrer – dessen Gerichtsankündigung der »Kleinere«/»Jüngere« nun aber in seine *basileia*-Verkündigung weiterentwickelt hat und seinen Lehrer damit übertreffen konnte.

fasser der Logienquelle die Bestätigung, dass diese Sendung von Gott stammt. In das Schema wird auch Jesus miteinbezogen:

> Q 11,49 Daher sagte die Weisheit auch: Ich werde zu ihnen Propheten und Weise senden, und (einige) von ihnen werden sie töten und verfolgen ...

> Q 13,34 Jerusalem, Jerusalem, du tötest die Propheten und steinigst die, die zu dir gesandt sind! Wie oft wollte ich [sc. Jesus als Prophet!] deine Kinder sammeln wie eine Henne ihre Küken unter die Flügel sammelt, aber ihr habt nicht gewollt.

Auch bezüglich des Prophetentitels kann eine »*Christologia in statu nascendi*« verortet werden: Sowohl Johannes wie auch Jesus werden zwar in die sinnstiftende Deuteschiene des *gewaltsamen Prophetengeschicks* eingeordnet, doch sind sie schon mehr als die früheren Propheten: Mit ihnen erfüllt sich das bisherige Hoffen der Propheten:

> Q 10,23 Selig die Augen, die sehen, was ihr seht. 24 Denn ich sage euch: Viele Propheten und Könige begehrten zu sehen, was ihr seht, und sahen es nicht, und zu hören, was ihr hört, und hörten es nicht.

Das erinnert in gewisser Weise an Vorstellungen aus Qumran, wo erst in der Pescher-Exegese die Botschaft der früheren Propheten ihre wahre Bedeutung enthüllt. So etwa heißt es in 1QpHab VII,1–5:

> 1 Und Gott sprach zu Habakuk, niederzuschreiben, was (da) kommt über 2 die letzte Generation, doch die Vollendung der Zeit hat Er ihm nicht kundgetan. 3 *Und wenn es heißt: damit eilen kann, der darauf liest,* 4 so geht seine Deutung auf den Anweiser der Gerechtigkeit, dem Gott kundgetan hat die Gesamtheit 5 der Mysterien der Worte Seiner Diener, der Propheten ....

Nach dieser Konzeption hat Habakuk selbst noch gar nicht verstanden, was er da niederschrieb; der letzte und tiefste Sinn wird erst jetzt durch den Anweiser der Gerechtigkeit erschlossen, »dem Gott kundgetan hat die Gesamtheit der Mysterien der Worte Seiner Diener, der Propheten«.[357]

2.4 Johannes und Jesus als Kinder der Weisheit

Auch in einem anderen Punkt werden Johannes und Jesus als theologisches Zwillingspaar dargestellt und zwar als die beiden »Kinder der Weisheit« in Q 7,31-35:

---

357 »The Qumran pesherists ... believed that God continues to reveal his mysteries beyond biblical prophecies through, above all, the Teacher of Righteousness, but also through them ... The biblical texts are cited verbatim, but they were also modified and adapted to fit in with sectarian interpretation« (Lim, Scrolls, 72f.). Vgl. auch Fabry, Methoden, 21f.: »Der Pesher versteht sich also nicht nur als Kommentar einer Offenbarungsschrift, sondern will selbst als eine eigene Offenbarungsschrift gewertet werden ... Das entscheidende Proprium des qumranischen Peshers liegt darin, daß er die letztmalige und entscheidende Fortschreibung des Textes darstellt.«

> 31 Wem soll ich diese Generation vergleichen, und wem gleicht sie? 32 Sie gleicht Kindern, die auf den Marktplätzen sitzen, die den anderen zurufen und sagen: Wir haben für euch mit der Flöte gespielt, und ihr habt nicht getanzt, wir haben einen Klagegesang angestimmt, und ihr habt nicht geweint. 33 Denn es kam Johannes, er aß nicht und trank nicht, und ihr sagt: Er hat einen Dämon. 34 Es kam der Menschensohn, er aß und trank, und ihr sagt: Siehe, ein Fresser und Weinsäufer, ein Freund der Zöllner und Sünder. 35 Und doch ist die Weisheit durch ihre Kinder gerechtfertigt worden.

Interessant ist, dass hier noch keine Überhöhung Jesu gegenüber Johannes erfolgt, wie wir das ja aus der späteren neutestamentlichen Literatur kennen (z. B.: Mk 1,7–11; Mt 3,13–17; Lk 1,40–45; 3,15f.; Apg 18,25; 19,3–6; Joh 1,25–37; 3,26–30; u.ö.). Obendrein ist Jesus hier noch nicht als die personifizierte Weisheit gezeichnet,[358] sondern lediglich als deren Bote – ähnlich wie in Q 11,49:

> Daher sagte die Weisheit ...: Ich werde zu ihnen Propheten und Weise senden, und (einige) von ihnen werden sie töten und verfolgen ...

2.5 Q – prophetisch oder weisheitlich?

2.5.1 Zwei verschiedene Deutungen ...

Wie wir soeben gesehen haben, stehen in Q prophetische und weisheitliche Muster eng beisammen. »Während die Q-Traditionen in Europa vor allem von prophetisch-apokalyptischen Voraussetzungen her gedeutet werden, betont man in Nordamerika den weisheitlichen Charakter.«[359]

2.5.2 ... dieselbe Sichtweise unter anderem Aspekt

Mittlerweile beginnen sich die Grenzen aber aufzulösen. So hat J. Kloppenborg darauf hingewiesen, dass in der Logienquelle weisheitliche und apokalyptische Muster ineinanderfließen, ähnlich wie schon in *Musar leMevin*, einer in Qumran

---

358 Mt 11,19c greift hier in seine Q-Vorlage ein, indem er »Und doch ist die Weisheit durch ihre *Kinder* gerechtfertigt worden« (so Lk 7,35) ersetzt mit: »Und doch ist die Weisheit durch ihre *Taten* gerechtfertigt worden.« Hier ist Jesus schon die personifizierte Weisheit, die durch ihre Taten Bestätigung findet – in Q aber ist es noch nicht so weit. Boccaccini, Place, 277, hat darauf hingewiesen, dass auch in diesem Punkt eine Parallele zwischen Q und den Bildreden in 1 Hen besteht: »The heavenly Enoch is the herald and messenger of the divine Wisdom, not its incarnation.« Die spätere Identifikation mit dem präexistenten Logos als Schöpfungsmittler in Joh 1 erinnert ebenfalls an die präexistente, personifizierte Weisheit, wie sie in Spr 8,22–31 und Sir 24 gezeichnet wird (vgl. Boccaccini, Place, 282f.).

359 Heil, Rekonstruktion, 131.

2.5 Q – prophetisch oder weisheitlich?

gefundenen Schrift.[360] Wie wir bereits oben gesehen haben (s. o. II.2.3.3), gingen Weisheitstheologie und apokalyptische Muster im Frühjudentum ein Bündnis miteinander ein: Neben *Musar leMevin* lässt sich das auch für *Henochs Epistel*, die *Zehnwochenapokalypse* und das *vierte Esrabuch* nachweisen.[361] J. Collins urteilt daher zu Recht:

> Collins, Wisdom, 182: It should be clear from our discussion thus far that there is no necessary antithesis between »apocalyptic« and »sapiential.«

> A.a.O. 185: Q must be seen as a creative adaptation of both sapiential institutional and apocalyptic traditions, and we should beware of imposing our ideas of generic purity.

Wahrscheinlich war das beim historischen Jesus auch schon so, wie M. Ebner anmerkt:

> Ebner, Weisheitslehrer, 422: Es kommt zu *Unausgeglichenheiten* zwischen apokalyptischen und weisheitlichen Denkmustern. Sie stehen offensichtlich nicht erst in der Jesus*tradition* nebeneinander, sondern eben schon bei Jesus selbst.

2.5.3 Q – »apokalyptisch« oder »eschatologisch«?

Die Tatsache, dass in der Logienquelle apokalyptische Muster zum Tragen kommen, heißt noch lange nicht, dass Q als Ganzes eine apokalyptische Schrift wäre. Die Gattungszuordnung »Apokalyptik« ist an feste Kriterien gebunden. Kloppenborg nennt dafür:[362]

(1) Zeitlichen und örtlichen Dualismus (die Trennung von irdischer und göttlicher Welt und die Trennung des irdischen und des ewigen Äons; dabei fällt der göttlichen Sphäre die größere Bedeutung zu bei Geringerwertung der irdischen),

(2) den Glauben, dass sich der Kosmos im Chaos befindet und die göttliche Ordnung derangiert ist,

(3) das Zusammenbrechen aller bisherigen Strukturen und die menschliche Ausgeliefertheit angesichts dieser Situation,

(4) historischen Determinismus,

(5) Ermahnung und Trost als soziale Funktionen.

Es legt sich also nahe, zwischen »apokalyptisch« und »eschatologisch« eine Unterscheidung zu treffen. In der Apokalyptik kommt die Erlösung nicht innerhalb der Geschichte zur Geltung – das hebt *apokalyptische* Erwartungen von *eschatologischen*

---

360 Vgl. Kloppenborg, Sagesse, 73–98. Früher wurde *Musar leMevin* als *4QInstruction* bezeichnet, doch umfasst das Corpus auch Textfragmente der ersten Höhle (insgesamt: 1Q26, 4Q415–418, 4Q423). Zur Datierung vgl. Kampen, Wisdom, 43. Da die entsprechenden Qumranmanuskripte allerdings erst in frühherodianischer Zeit (spätes 1. Jh. v. Chr.) verfasst wurden (vgl. Goff, Wisdom, 1), haben wir hier einen Beleg für die ungebrochene Aktualität dieses Textes auch noch in knapp vorchristlicher Zeit.
361 Vgl. dazu Tiwald, Scheidung, 105.
362 Vgl. Kloppenborg, Eschatology, 294f.

Hoffnungen auf innerweltliche Verbesserungen deutlich ab. Für die Logienquelle gibt es keinen Bruch in der Heilsgeschichte und auch keinen katastrophenhaften Untergang dieser Welt. Das Gottesreich bricht im *hic et nunc* an, es verwandelt die Gestalt dieser Welt zwar, aber es zerstört diese Erde nicht. Q vertritt auch keinen Dualismus und auch kein apokalyptisches Geheimwissen – die Botschaft von der Gottesherrschaft ist allen zugänglich. Allerdings tragen kleinere Teile der Logienquelle apokalyptisches Kolorit, wie etwa der messianische Jubelruf Q 10,21f. oder sehr bedingt auch Q 17.[363]

2.6   Der eschatologische Freudenbote

Auch schon in der Logienquelle wird Jesus als der eschatologische Freudenbote nach Jes 61,1–2 gezeichnet:[364]

> Q 7,22 ... Geht und berichtet Johannes, was ihr hört und seht: Blinde sehen wieder, und Gelähmte gehen umher, Aussätzige werden rein, und Taube hören, und Tote stehen auf, und Arme bekommen eine gute Nachricht zu hören (εὐαγγελίζονται).

In Q 7,22 wird wie in Jes 61,1 LXX das Wort εὐαγγελίζω, *euangelízō*, »frohbotschaften«/ »eine frohe Botschaft verkünden«, verwendet. Q verbindet damit die Referenz auf die in den vorangegangenen Kapiteln des Jesajabuchs angekündigten Heilstaten Gottes: Totenauferweckung (26,19), Heilung von Tauben, Blinden und Lahmen sowie Befreiung der Armen (29,18f.; 35,5f.; 42,7.18). Dass die Erwartung eines endzeitlichen Heilsbringers im Frühjudentum mit Texten des Jesajabuchs verbunden wurde, geht auch aus 11Q13, einem Text der Qumrangemeinde, hervor, der von Maier mit 75–25 v. Chr. datiert wird.[365] Hier wird nicht Jesus, sondern Melchisedek als erwarteter Freudenbote und eschatologischer Heilsbringer mit den Worten von Jes 61,1f. und 52,7 gefeiert. In den qumranischen Hodajot hingegen wird der Lehrer der Gerechtigkeit, also die Zentralfigur der Qumraniten, mit diesen Zügen bedacht (1QH XXIII,15). Lk schließlich baut diese Jes-Referenz zu einem seiner Zentraltexte aus, der programmatischen Antrittsrede Jesu in Nazaret (Lk 4,17–21).[366] Das Traditionskontinuum spricht dafür, dass auch schon die Logienquelle – wo die Bezüge noch nicht so stark sind wie bei Lk – diese frühjüdische Erwartung aufgreift und auf Jesus bezieht. Zur Gewissheit wird dies, wenn man bedenkt, dass die in Q 7,22 gebotene, eigenwillige, aus verschiedenen Teilen des Jesajabuches kompilierte Aneinanderreihung der Heilung von *Blinden, Gelähmten, Aussätzigen* und *Tauben* sowie die *Totenauferweckung* und das *Verkündigen der guten Nachricht an Arme* bereits in 4Q521 Frg. 2 + 4 II,12 als Attribute des Messias genannt werden, einem

---

363   Vgl. Tuckett, Apocalyptic, 113: »Q itself is certainly not an ›apocalypse‹ ... There is one reference in Q to such an idea: that is the so-called Jubelruf of Q 10:21–22, with the claim that ›these things‹ have been hidden from the ›wise and understanding‹ but now revealed to ›infants‹ ...« Vgl. ebenso Kloppenborg, Eschatology, 306.
364   So Tuckett, Art. Q, 732f.
365   Vgl. Maier, Texte I, 361. Vgl. dazu auch Kühschelm, Antrittsrede, 167f.
366   Zu diesem Text vgl. Kühschelm, Antrittsrede, passim.

Text, dessen Entstehung Maier für das erste Jh. v. Chr. veranschlagt.[367] Die Vermutung legt sich nahe, dass die Qumrangemeinde und etwas später die Q-Gemeinde auf ähnliche Florilegien über den endzeitlichen Heilsboten zurückgriffen, was man als »ongoing interpretative trajectories in late Second Temple Judaism«[368] bezeichnen kann. Auch an dieser Stelle erkennt man sehr gut die Brückenfunktion von Q zwischen Frühjudentum und Urchristentum: Ein frühjüdisches Theologumenon wird von Q einer Relektüre auf Jesus hin unterzogen, wobei jedoch erst die späteren christlichen Texte (in diesem Fall das LkEv) die Referenz ausbauen und christologisch weiterführen.

2.7 Passion und Ostern?

2.7.1 Fehlendes Kerygma ...

Expressis verbis werden in der Logienquelle weder die Passion Jesu noch seine Auferstehung erwähnt. Einerseits ist dieses Fehlen aufgrund der Konzentration der Logienquelle auf Spruchgut und der Abwesenheit größerer narrativer Passagen verständlich. Andererseits stellt sich natürlich auch die Frage, wie ein Text der frühen Jesusjünger ohne dieses zentrale Kerygma auskommen konnte. Ob das Fehlen dieser Inhalte sogar dazu führt, dass man Q den Titel »Evangelium« (selbst in der Form »Spruchevangelium«) vorenthalten sollte, wurde bereits oben diskutiert (s. o. I.5.1). Wie auch dort schon ausgeführt wurde, ist die Einengung des Begriffs »Evangelium« auf das paulinisch-markinische Kerygma eine aus dem *ex post* verständliche, doch aus dem *ex ante* (also aus dem Duktus frühjüdischer Heilserwartungen, denen die Logienquelle noch stärker verbunden ist als die späteren Evangelien) gewiss nicht zwingende Vorstellung. Der historische Jesus hat seinen Tod nicht gewollt; er suchte den Glauben und die Umkehr der Menschen – ein »Erlösertod« war auch nach paulinischer Theologie nur durch unseren »Ungehorsam« nötig geworden (Röm 11,30–32). Für den historischen Jesus war das *salvatorische Agens* allerdings nicht der eigene Tod und die Auferstehung, sondern der Anbruch des Gottesreichs, der gerade in Jesu Wortverkündigung (neben seinen Wunderheilungen und seiner zeichenhaften Festmahl-Praxis) realsymbolisch-performativ vorweggenommen wurde. Im bewussten In-Kauf-Nehmen des eigenen Todes bricht sich Jesu Hoffnung Bahn, dass *trotz seines Scheiterns* – und vielleicht sogar gerade *durch seine Treue zu seiner Botschaft selbst im Scheitern* – das Gottesreich doch noch anbrechen werde.[369] Die von Jesus – stellvertretend für alle anderen – durchgehaltene Treue in der Erwartung der *basileia*

---

367 Vgl. Maier, Texte II, 683.
368 So Brooke, Traditions, 581, der eine detaillierte Untersuchung zu »Isaiah 35 and 61 in 4Q521 and Q« bietet.
369 Darauf verweisen seine Deuteworte beim Letzten Abendmahl, seine Todesangst in Getsemani und sein Entschluss, trotzdem nicht zu fliehen. Möglicherweise sah Jesus die sich abzeichnende Zuspitzung auch als eine »Erprobung« vor Gott, in der er seine Treue vor dem endgültigen Sieg der *basileia* unter Beweis stellen würde. Vgl. dazu Tiwald, Frühjudentum, 206–209.

wird zur Initialzündung frühchristlicher Theologie. Hier ist der Ansatzpunkt, wo man später im Lichte des Osterereignisses die Rede von einem stellvertretenden Sühneleiden anknüpfen konnte, wie Paulus das in Röm 3,25 tut und die Synoptiker in der Adaptation der Gottesknechtslieder (Mk 9,12; Mt 8,17; Lk 24,46; Apg 3,18; 17,3). In der Auferstehung Jesu sieht die frühe Kirche das Gottesreich – nun gedeutet als neuer Äon der Erlöstheit – trotzdem angebrochen. Dieser theologische Kunstgriff rettete die Naherwartung Jesu vor dem völligen Scheitern, indem hier – im Lichte des Osterereignisses – eine Neudeutung vogenommen wird: Die Erlösung ist bereits geschehen, sie muss sich aber erst auszeitigen. Bis dahin sind wir im Besitz der »Anzahlung« unserer Erlösung (2 Kor 1,22; 5,5).

2.7.2 ... oder anderes Kerygma

Dass die Logienquelle diesen Schritt noch nicht gesetzt hat, entspricht einer inneren Logik: Der stellvertretende Erlösertod Jesu ist für die Logienquelle gar nicht Herzstück des Glaubens – und musste es auch nicht sein: Genauso wie für den historischen Jesus nimmt die Erwartung des heilsstiftenden Anbruchs der Gottesherrschaft diese Zentralstellung ein! Der Logienquelle daraus den Vorwurf einer defizienten Theologie zu machen, wäre vermessen – schließlich hat Jesus selbst diesen Glauben geteilt. Die Q-Gemeinde ist einfach treue Bewahrerin der jesuanischen Kernverkündigung, sie ist von ihrer Theologie her im besten Sinne des Wortes »konservativ«. Dass die Zukunft der Verkündigung *ex post* dem paulinisch-markinischen Kerygma folgen würde, ist aus dem Scheitern der Reich-Gottes-Erwartung gut zu verstehen. Das Osterereignis und dessen theologische Ausdeutung bewahrten die ersten Jesusjünger davor, eine gescheiterte frühjüdisch-messianische Erweckungsbewegung neben vielen anderen zu sein.[370] Dass die Logienquelle diesem Deutemuster noch nicht folgt, diskreditiert sie nicht, sondern macht sie im Gegenzug umso wertvoller – weil ursprünglicher – für uns.

2.7.3 Tod und Auferstehung Jesu in der Logienquelle

Die Tatsache, dass Tod und Auferstehung Jesu in der Logienquelle nicht *expressis verbis* thematisiert werden, heißt nicht, dass Q davon nichts wusste. Im Theologumenon vom *gewaltsamen Prophetengeschick* (s. o. II.2.5.2; III.3 und III.4.1), der Vorstellung, dass alle wahren Propheten Israels mit Ablehnung und Verfolgung bis hin zum Tod konfrontiert wurden, wird gerade der Tod Jesu gedeutet und als sinnstiftend erschlossen. Zwar ist Jesu Tod damit noch kein *stellvertretender Sühnetod*, wohl aber *Zeichen der prophetischen Legitimation*: Nur die wahren Propheten wurden verfolgt! In der Verfolgung, die dann den Q-Missionaren widerfährt, sollen diese folgerichtig ein Zeichen ihrer eigenen Legitimation in der Nachfolge Jesu und der früheren Propheten erkennen, über das man sich »freuen« kann: »Freut euch und jubelt,

---

370 Vgl. dazu Theißen/Merz, Jesus, 141f.; Tiwald, Frühjudentum, 250f.

denn euer Lohn im Himmel ist groß; denn so verfolgten sie die Propheten vor euch« (Q 6,23).

Auch die Auferstehung Jesu ist in der Logienquelle *implizit* vorausgesetzt. Indem die Q-Boten die Sendung des *vor*-österlichen Jesus unbeirrt weiterführen, geben sie zu erkennen, dass Jesus eben nicht der am Kreuz Gescheiterte, sondern der von Gott Legitimierte ist, der als »Menschensohn«-Richter wiederkommen wird (s. o. III.2.1).

2.8 Der »Messias« im Frühjudentum

Am Ende des »Christologie«-Kapitels empfiehlt es sich, noch einmal auf den Titel »Messias«-/»Christos« zurückzukommen. Dass dieser in der Logienquelle fehlt, lässt sich – abseits von den soeben getätigten christologischen Untersuchungen – einfach auch aus realpolitischen Beweggründen erklären. Anders als die späteren Evangelien wurde die Logienquelle 1) noch vor dem Jüdischen Krieg und 2) in Palästina verfasst. Das aber macht einen gravierenden Unterschied!

2.8.1 Die Grundbedeutung von »Messias«

Zunächst bezeichnete man mit dem Begriff משיח (*maschíach*, »Gesalbter«; griechisch: Χριστός, *christós*) nur das Faktum der »Gesalbtheit«, ohne dass damit »eschatologisch-messianische« Erwartungen mitschwingen mussten. Grundsätzlich war die Salbung Inbegriff einer »divinely ordained position of authority«.[371] Diese von Gott vermittelte Leitungsposition bestand im Frühjudentum aus drei Komponenten: einem *gesalbten Regenten* (»davidischer Gesalbter«), einem *gesalbten Hohepriester* (»priesterlicher Gesalbter«) und einem *Toraprophet*en.[372] Alle diese Ämter hatte Johannes Hyrkanos (135/134–104 v. Chr.) usurpiert und in seiner Person vereinigt:[373] Nachdem die Makkabäer zunächst die Herrschaft Davids rückerobert hatten, eignete sich der aus nur niederem Priesteradel und nicht aus dem Geschlecht der Zadokiden stammende Jonatan widerrechtlich auch das Amt des Hohepriesters an (wahrscheinlich zum Laubhüttenfest des Jahres 153 v. Chr.). Doch erst Johannes Hyrkanos legte sich nach Bell 1,68 und Ant 13,299 neben der Würde des Ethnarchen und Hohepriesters auch das Amt des Toraprophet*en* zu (εἶχεν τήν τε ἀρχὴν τοῦ ἔθνους καὶ τὴν ἀρχιερωσύνην καὶ προφητείαν; Bell 1,68).[374] Hier wird deutlich, dass diese Titel keine *eschatologisch-messianische*, sondern eine *real-machtpolitische* Rolle spielten. Diese nicht-eschatologische Bedeutung des Begriffs משיח (*maschíach*, »Gesalbter«) wird auch deutlich in 4Q254 Frg. 4, wo mit den

---

371 Pomykala, Art. Messianism, 938.
372 Vgl. Maier, Torah, 49. Der Toraprophet wurde zwar auch gesalbt, doch nicht eigens als »prophetischer Gesalbter« tituliert; vgl. dazu Maier, Messias, 590 und 596–598. Zu dieser Dreiheit siehe den Qumrantext: 1QS IX,10f.
373 Vgl. dazu im Folgenden Tiwald, Frühjudentum, 66–69.150f.
374 Vgl. Theißen, Sadduzäismus, 226.

»beiden Ölsöhnen« (vgl. Sach 4,14) lediglich das gesalbte Laienoberhaupt und das gesalbte Priesteroberhaupt gemeint sind, ohne dass an dieser Stelle eschatologisch-messianische Erwartungen ins Spiel kämen.[375] Deswegen sollte man bezüglich der Qumrangemeinde auch nicht von zwei *eschatologischen* »Messiassen« sprechen: Wenn in den Qumrantexten wiederholt von zwei Gesalbten – einem »*Gesalbten Aarons*« und einem »*Gesalbten Israels*« (CD XII,23-XIII,1; XIV,19; XIX,10f.; XX,1) – die Rede ist, dann meint das lediglich die beiden Leitungspositionen des priesterlichen und des politischen Oberhaupts.[376]

2.8.2 Eschatologischer Messianismus

Das Unrecht der Makkabäer/Hasmonäer, die drei von Gott gegebenen Ämter usurpiert zu haben, hinterließ im Frühjudentum gravierende Spuren: Die Essener sahen in Jonatan und seinen Nachfolgern im Amt des Hohepriesters nur mehr »Frevelpriester« (1QpHab XII,6-10), während das Amt des Toraprpheten (eines »Propheten wie Mose«, vgl. Dtn 18,15.18; Apg 3,22) dem »Lehrer der Gerechtigkeit« zugesprochen wurde.[377] In der Person des »Lehrers der Gerechtigkeit« selbst brechen schon eschatologische Erwartungen auf, da diesem die letztgültige eschatologisch-bindende Tora-Interpretation zugemutet wurde (vgl. 1QpHab VII,1-5). In politischer Hinsicht allerdings erwartete man in Qumran einen politischen Messias, der als »warrior king« und »militant figure« das politische Reich Davids wiederherstellen sollte.[378] So berichten 4Q161 Frg. 8 + 9, 5-13 und 4Q285, dass der Spross Davids die »Kittijim« besiegen werde (nach Dan 11,30 wurden mit den »Kittäern« die Römer gemeint). Auch in PsSal 17,23-46 wird der Messias als Kriegsherr gezeichnet und in 4 Esra (Kapitel 11 und 12) vernichtet der Messias aus dem Geschlecht Davids (12,32) in der sinnbildlichen Gestalt des »Löwen« die Römer in Gestalt des (römischen) »Adlers«.

Der politische Messiasbegriff im Sinne eines *Kriegsherrn gegen die Römer* wird für den Historiker am Deutlichsten in der Figur des Schimon Ben Kosiba, der nach jTaan 4,8, fol. 68d von Rabbi Aqiva als Messias proklamiert wurde und daraufhin gemäß der Prophezeiung aus Num 24,17 (»Ein Stern geht in Jakob auf«) seinen Namen in Bar Kochba, »Sternensohn« änderte und den Bar Kochba-Aufstand (132-135 n. Chr.) gegen die Römer anzettelte. Darüber hinaus kannte das Frühjudentum aber noch etliche weitere Messiasprätendenten, bei denen die Grenze zwischen zeichenprophetischen Aktionen, politischer Revolte und messianischer Erwartung verfloss. Hier wird deutlich, dass in der Erwartung eines eschatologischen Messias *realpolitische Befreiungshoffnungen und religiöse Erlösungsvorstellungen stark ineinander-*

---

375 Vgl. dazu Maier, Messias, 605-612, und Tiwald, Frühjudentum, 152.
376 Vgl. Maier, Messias, 596 und passim. Ebenso Pomykala, Art. Messianism, 941. In 1QSa II,11-15 wird dies noch deutlicher. Dort wird sogar geregelt, dass der »Gesalbte Aarons« den Vortritt vor dem »Gesalbten Israels« haben soll.
377 Vgl. Tiwald, Frühjudentum, 121f. und 150f.
378 Pomykala, Art. Messianism, 939.

flossen. Kennzeichnend ist bei diesen »Zeichenpropheten-Messiassen«[379] häufig die Erwartung, dass Gott Heilsereignisse der jüdischen Vergangenheit präsent setzen werde:[380]

So etwa verspricht ein *samaritanischer Prophet* (Ant 18,85–87) gegen Ende der Amtszeit von Pilatus (26–36 n. Chr.), die von Mose am Garizim verborgenen Tempelgeräte wiederzufinden. Pilatus lässt die versammelte Menge niedermetzeln.

Unter dem Prokurator Cuspius Fadus (44–46 n. Chr.) tritt ein gewisser *Theudas* auf (Ant 20,97–99 und Apg 5,36, dort allerdings chronologisch falsch zugeordnet), der ankündigt, dass sich der Jordan teilen werde, sodass es zu einem neuen Durchzug gleich der Landnahme in Jos 3 kommen werde. Cuspius Fadus sendet seine Reiterei, die ein Blutbad anrichtet; Theudas wird enthauptet.

Mehrere *anonyme Propheten* werden zur Zeit des Prokurators Felix (52–60 n. Chr.) in Ant 20,167f. und Bell 2,258–260 genannt, die Josephus als »Betrüger und Gaukler« (οἱ δὲ γόητες καὶ ἀπατεῶνες ἄνθρωποι; Ant 20,167) kennzeichnet. Sie fordern die Menschen auf, ihnen in die Wüste zu folgen, wo sie Wunder und Zeichen sehen würden. Felix geht gegen diese Gruppe gewaltsam unter Einsatz der Reiterei vor.

Ebenfalls in die Zeit von Felix fällt die Tätigkeit eines nicht namentlich genannten *»Ägypters«* (Ant 20,169–172//Bell 2,262f.; vgl. Apg 21,38). Dieser führt eine große Menschenmenge auf den Ölberg, da auf sein Geheiß die Mauern der Stadt Jerusalem einstürzen sollen – eine Analogie zur Eroberung Jerichos. Felix schreitet wiederum mit der Reiterei ein.

Unter Procius Festus (60–62 n. Chr.) hingegen verspricht *ein nicht näher genannter Prophet* (Ant 20,188) den Juden »Erlösung und Freiheit von den Übeln« (σωτηρίαν αὐτοῖς ἐπαγγελλομένου καὶ παῦλαν κακῶν), wenn sie ihm in die Wüste folgten. Auch dies wird von den Römern blutig vereitelt.

Kurz nach Ausbruch des Jüdischen Krieges plündert *Menachem*, ein Sohn des Judas Galilaios, das Zeughaus der Feste Masada (Bell 2,433f.) und zieht dann feierlich in Jerusalem ein, wo er sich wie ein König huldigen lässt (zweifellos schwingen hier in der Aufstandsbewegung auch messianische Ansprüche mit!).

Summa Summarum: Die zahlreichen Fälle belegen starke messianisch-eschatologische Erwartungshaltungen im damaligen Israel. Dabei verflossen realpolitisch-messianische Widerstandsbewegung und prophetische Heilserwartungen häufig. Die Römer reagierten auf solche Unternehmungen mit unerbittlicher Härte.

---

379 Vgl. Pomykala, Art. Messianism, 941: »Whether these prophets should be designated ›messiahs‹ depends in large measure on whether the divine deliverance they promised is considered eschatological.« Siehe ebenso Tiwald, Frühjudentum, 246–251. – Jesus selbst hat sich klugerweise geweigert, ein Schauwunder als ihn legitimierende Zeichenhandlung zu setzen (Q 11,16.29-30). Andererseits: Gerade seine Festmähler, Wunderhandlungen, Sündenvergebungen und Gleichnisse (als Wortereignis) werden zu performativen Zeichenhandlungen, ja »Sakramenten« der anbrechenden *basileia*: »Wenn ich aber die Dämonen durch den Finger Gottes austreibe, dann ist doch das Reich Gottes schon zu euch gekommen« (Lk 11,20; vgl. auch Joh 11,47).

380 Vgl. im Folgenden Theißen/Merz, Jesus, 141f., und Tiwald, Frühjudentum, 250f.

2.8.3   Vermeidung des Messias-Titels durch Jesus und Q

Nach dem soeben Gesagten legte es sich für Jesus dringend nahe, den Messias-Titel zu vermeiden, wollte er nicht als *kriegerischer Messias oder politischer Widerstandskämpfer* gegen die Römer missverstanden werden. »Jesus fits the picture of a Davidic messiah poorly, given his nonviolent ministry ...«[381] Unter den gegebenen Umständen wäre es für Jesu Anliegen *theologisch kontraproduktiv* und *politisch irrsinnig* gewesen, den Messias-Titel ins Spiel zu bringen! Das gilt umso mehr, als sich tatsächlich auch Zeloten (also Anhänger eines politischen Umsturzes) im Gefolge Jesu befanden (»Simon der Zelot«, Lk 6,15 und Apg 1,13, war immerhin Angehöriger des Zwölferkreises). Texte wie Mk 10,35; 11,9f.; Apg 1,6f. belegen, dass viele Anhänger Jesu konkrete politische Erwartungen an ihren Meister richteten! Klugerweise distanzierte sich Jesus von diesen Vorstellungen.

Gleiches gilt – sogar *a fortiori* – für die Logienquelle: Die politischen Spannungen hatten seit der Zeit Jesu sogar noch zugenommen, der Ausbruch des Jüdischen Krieges lag in den frühen 60er Jahren (der Abfassungszeit der Logienquelle, s. o. II.1.1) in der Luft. Hier wäre es politischer wie theologischer Wahnsinn gewesen, den Messias-Titel zu benützen.

Anders aber präsentierten sich die Verhältnisse nach dem Jüdischen Krieg in der Diaspora, wo die Gefahr eines Missverständnisses nicht mehr unmittelbar gegeben war. Dort schließlich wurde der Messias-Titel in einer *spiritualisierten* Weise theologisch weitergeführt: Jesus wird zum himmlischen Heilsbringer und Erlöser. Doch diesen Schritt konnte die Logienquelle – zumindest in Bezug auf den Christus-Titel – noch nicht setzen.

2.9   Auswertung: Q als theologisches *Missing Link*

2.9.1   Ursprünglichkeit ...

Schon weiter oben konnten wir feststellen, dass die Logienquelle eine Art Scharnierfunktion zwischen Frühjudentum und Urchristentum einnimmt, also eine Art *missing link* darstellt (s. o. II.5). Dies gilt auch mit Blick auf die dort vertretene Theologie und »Christologie«. Auch wenn der Christus-Titel in Q nicht zur Anwendung kommt, so ist doch in Q eine »*Christologia in statu nascendi*« zu erkennen – gleich ob im »Menschensohn«-Begriff, beim Titel »Sohn«/»Sohn Gottes«, im »*gewaltsamen Prophetengeschick*« oder bei der Deutung Johannes' und Jesu als »*Kinder der Weisheit*«. In allen diesen Punkten stellt die Logienquelle eine Übernahme frühjüdischer Erwartungen dar, die nun einer Relektüre auf Jesus hin unterzogen werden. Dabei erreicht die Logienquelle noch nicht jenes Potential, das späteren christlichen Texten zu eigen ist. Die Theologie/»Christologie« der Logienquelle sollte man deswegen aber nicht *im abwertenden Sinne* als »primitiv« bezeichnen, sehr wohl aber

---

[381] Pomykala, Art. Messianism, 940.

im *positiven*: Sie ist noch ganz »ursprünglich« (also »primitiv«) in den theologischen Rahmen des Frühjudentums eingebunden. Eine gewisse »Christologie« ist zwar bereits im Entstehen, doch verlässt diese das Schwerefeld frühjüdischer Deutemöglichkeiten noch nicht. Die beginnenden Ansätze »christologischer« Reflexion offenbaren allerdings einen einzigartigen Einblick in die frühen Wachstumsstufen dieser Reflexionen – und in deren unaufgebbare Rückgebundenheit an ihren jüdischen Mutterboden.

2.9.2 ... und Weiterentwicklung

Bei aller Ursprünglichkeit stellt aber auch die Logienquelle nicht den »0-Ton« Jesu dar (s. o. I.2.2; I.3.2.4; I.5.3.3), sondern ist selbst Teil weiterführender Reflexionen:

> Labahn, Wiederkommender, 571: Ebenso kann die oftmals frühe Datierung von Q dem Dokument die Aura des Unverfälschten, bisweilen auch des Primitiven beimessen. Diese Engführungen sind aufzugeben. Wie die vorliegende Studie ... belegt, ist das Dokument Q eine *eigenständige Rezeption des Jesusgeschehens* ...

Es empfiehlt sich, Q als einen *eigenständigen Strang des frühen Jesuskerygmas* zu verstehen. Dieser Strang besitzt – wie wir gesehen haben – seine Legitimation (s. o. I.5), auch wenn hier »Passion und Tod ... nicht soteriologisch ausgedeutet werden, sondern das Heil durch den Zuspruch des Gekommenen und die Rettung in der Erwartung der Wiederkunft des Menschensohns liegt.«[382] Dieser Ansatz ist – wie wir ebenfalls zeigen konnten (s. o. III.2.7.2) – dem historischen Jesus noch recht nahe. Allerdings wäre der Versuch verfehlt, »einfach durch Selektion der Worte und Bilder des Redenden zum ›wahren Jesus‹ kommen« zu wollen; korrekter ist es vielmehr, »das Dokument Q als Dokument der Jesusnachfolge und seine Sinnbildung als bewahrende und geformte Erinnerung« wahrzunehmen.[383]

---

382 Labahn, Wiederkommender, 572.
383 Labahn, Wiederkommender, 572. Diese Kautelen gelten übrigens auch für Jesustraditionen bei Paulus, wie C. Jacobi, *Jesusüberlieferung bei Paulus?* unlängst gezeigt hat: »Eine Erinnerungshermeneutik, die solche Rezeptionsprozesse untersucht, statt kognitive Gedächtnisfunktionen als Schlüssel einer diachronen Beschreibung der Jesustradition zu verwenden, wird ... den Texten eher gerecht« (a. a. O. 395).

3. Das Theologumenon vom gewaltsamen Prophetengeschick

In der Logienquelle wird die Vorstellung vom *gewaltsamen Prophetengeschick* zum zentralen Deutemuster (Q 6,22f.; 11,47–51; 13,34f., wie wir bereits gesehen haben: s. o. II.2.5.2 und III.4.1). In diesem Theologumenon, das in frühjüdischer Literatur weit verbreitet war und auch in die spätere neutestamentliche Literatur Eingang gefunden hat, wird die Annahme vertreten, dass alle wahren Propheten Israels mit Ablehnung und Verfolgung (bis hin zum Tod) konfrontiert waren. Dieses Schema erweist sich als *Weiterführung der dtr Geschichtsdeutung* und wird für die Logienquelle – gemeinsam mit dem Menschensohn-Begriff – zu dem *roten Faden* schlechthin, der das ganze Werk erzähltechnisch verbindet: Der bereits gekommene Menschensohn wurde abgelehnt wie alle anderen wahren Propheten vor ihm und wie die Q-Boten nach ihm. Nun wird er wiederkommen und seine abgelehnten Boten im unmittelbar bevorstehenden Eschaton in ihr Recht setzen. Theologisch gewährleistet die Vorstellung vom *gewaltsamen Prophetengeschick* somit:

1) ... die Einbindung von Johannes und Jesus in die Geschichte des Gottesvolkes Israel.
2) ... die Anbindung der eigenen Mission an den Auftrag, die Nachfolge und das Geschick Jesu.
3) ... die Verknüpfung des eigenen Geschicks (der Q-Boten und der Q-Gemeinde) mit dem Geschick aller wahren Propheten Israels.
4) ... eine Deutung des Scheiterns – nicht nur von Jesus selbst, sondern auch des eigenen Scheiterns in der Israelmission.

Über das *gewaltsame Prophetengeschick* gelingt also die Verschränkung der *Vergangenheit der Geschichte Israels* mit der »*Mitte der Zeit« in Jesus* (vgl. Q 10,23f., die Erfüllung der alttestamentlichen Verheißungen in Jesus) und der *unmittelbaren Gegenwart der Q-Missionare*. Das Scheitern – sowohl der alttestamentlichen Propheten, wie auch das Scheitern Jesu und ebenso das Scheitern der aktuellen Q-Missionare in ihrer Israelmission – wird dabei ins Gegenteil verkehrt und zu einem sinnstiftenden Zeichen der eigenen prophetischen Legitimation gemünzt.

4. Q und Israel

Weiter oben konnten wir schon feststellen, dass die Logienquelle noch nicht mit Israel gebrochen hat und die Q-Missionare sich in einem letzten Versuch an Israel wenden (s. o. II.2). Die theologischen Implikationen wurden allerdings noch nicht in allen Aspekten ausgeschöpft.

4.1 Das gewaltsame Prophetengeschick

Wie gerade das *gewaltsame Prophetengeschick* verdeutlicht, steht die rein auf Israel zentrierte Mission der Q-Missionare kurz vor dem Scheitern. Als Antwort darauf wird allerdings nicht mit dem Übergang zur Heidenmission geantwortet, sondern mit der *dtr Geschichtsdeutung* ein bereits existierendes, jüdisches Deutemuster herangezogen, das nun allerdings *eschatologisch radikalisiert* wird: Ähnlich wie in den frühjüdisch-palästinischen Texten *Musar leMevin*, *Henochs Epistel*, *Zehnwochenapokalypse* und *viertes Esrabuch* kommt es zu einer »Scheidung in Israel« zwischen Gerechten und Ungerechten.[384] Das allerdings ist dort wie auch in der Logienquelle noch keine *denotativ-objektive* Information über eine bereits erfolgte irreparable Glaubensspaltung, sondern ein *appellativ-performatives* Werben für die eigene Sache in einem innerjüdischen Positionsstreit (s. o. II.2.4.2).

4.2 Der Tempel

Ganz auf dieser Linie ist dann auch die Stellung der Q-Gemeinde zum Tempel in Jerusalem zu deuten. Wie wir schon gesehen haben (s. o. II.2.5.2), bedeutet Q 13,34f. keine Abrogation des Tempels, sondern gibt Gemeinplätze frühjüdischer Tempelkritik und die Erwartung eines neuen, von Gott selbst errichteten eschatologischen Tempels wieder. Dazu im Folgenden noch einige weiterführende Aspekte.

4.2.1 Tempelwort und Tempelaktion Jesu in Q

Die Logienquelle kennt weder ein Tempellogion Jesu nach Art von Mk 14,58 noch berichtet sie von einer prophetischen Tempelaktion Jesu. Da die Tempelaktion Jesu

---

384 Vgl. dazu Tiwald, Scheidung, 105.

und das damit verbundene Deutewort Mk 14,58 jedoch als *ipsissima verba et facta* Jesu[385] eingestuft werden müssen, gilt es, das Schweigen der Logienquelle hier zu erklären. Dass die Tempelaktion Jesu in der Logienquelle nicht existiert, kann auf das weitgehende Fehlen narrativer Passagen in Q zurückgeführt werden. Statt des mk Tempellogions bringt Q jedoch die oben schon erläuterte Passage Q 13,34f. Es gibt Gründe anzunehmen, dass im Q-Jerusalemwort ein Reflex der jesuanischen Tempelhandlung theologisch weiterverarbeitet wurde. Dies gilt umso mehr, als Jesus mit seiner Tempelaktion keine grundsätzliche Infragestellung des Tempelkults intendierte, sondern lediglich den Anspruch der *basileia* auch gegenüber dem Tempelinstitut durchsetzen wollte. In Wort und Tat ruft er dazu auf, sich auf die heilsstiftende Nähe der *basileia* einzulassen und dies nicht mit dem Verweis auf den ohnehin schon heilsstiftenden Tempelkult abzutun,[386] wie es auch schon in Jer 7,4–7 heißt:

> 4 Vertraut nicht auf die trügerischen Worte: Der Tempel des Herrn, der Tempel des Herrn, der Tempel des Herrn ist hier! 5 Denn nur wenn ihr euer Verhalten und euer Tun von Grund auf bessert, ... 7 dann will ich bei euch wohnen hier an diesem Ort, in dem Land, das ich euren Vätern gegeben habe für ewige Zeiten.

Wenn diese Deuteschiene stimmt, dann hätte Q 13,34 zwar nicht die Aktion samt Deutewort wiedergegeben, aber die Konsequenzen aus der Nichtannahme des Anspruchs Jesu prägnant auf den Begriff gebracht:

> Jerusalem, Jerusalem, du tötest die Propheten und steinigst die, die zu dir gesandt sind! Wie oft wollte ich deine Kinder sammeln wie eine Henne ihre Küken unter die Flügel sammelt, aber ihr habt nicht gewollt.

Auch nach dem Befund der Logienquelle wird deutlich, dass Jesus seine Sammlung Israels im Jerusalemer Tempel konkretisieren wollte.[387] In der von Q gewählten Formulierung drückt sich beides aus: eine gewisse Ehrfurcht vor Jerusalem und dem Tempel, doch auch eine gewisse Distanz zu den Ereignissen im – aus galiläischer Perspektive – »fernen« Jerusalem. Beides soll in den nächsten Punkten näher beleuchtet werden.

4.2.2 Tempelfrömmigkeit in Q

Abseits von Q 13,34f. suchen wir »in Q ... vergebens nach Tempelkritik.«[388] Gerade das Gegenteil ist der Fall: In der Versuchungsgeschichte der Logienquelle (Q 4,9)

---

385 Zur Tempelhandlung Jesu vgl. Tiwald, Protologie, 377–379; ders. Frühjudentum, 206f.
386 Vgl. Söding, Tempelaktion, 62f.
387 Die Rückführung der in die Diaspora versprengten »Kinder Jerusalems« (PsSal 11,2) wird bereits thematisiert in Jes 43,5; Ps 106,3 LXX; Sach 8,7–8; Bar 4,36f.; 5,5; PsSal 11,2; Philon SpecLeg 1,69 (hier nicht apokalyptisch, sondern Tempelwallfahrten beschreibend); wohl auch 1 Hen 57,1; in Sib 5,428 bleibt der Befund unsicher. Vgl. Zeller, Jesus, 359 und ders. Logion, 84f.
388 Karrer, Israel, 146.

wird – im Gegensatz zum MkEv, wo diese Tradition fehlt – ganz selbstverständlich die Vorstellung des Tempels »als heiligen, Gott gemäßen und Gott gebührenden Raums eingebracht.«[389] In gleicher Weise unterstreicht auch Q 11,51 indirekt die Heiligkeit des Tempels: »Ein Mord im Herzen des Tempelbezirkes gilt als die Spitze des Unrechts.«[390] Hier wird gut ersichtlich, wie tief und grundsätzlich unhinterfragt Q die alte jüdische Theologie der Heiligkeit des Tempels übernimmt.

4.2.3 Rivalitäten der Galiläer gegen Jerusalem

Eine prinzipiell gegen den *Tempel als Heiligtum* gemünzte Polemik lässt sich in der Logienquelle also nicht finden. Dennoch könnte in Q latent eine gewisse Distanz der Galiläer zum »fernen« Jerusalem und zum *Tempel als Machtfaktor* mitschwingen.

Exkurs: Der Jerusalemer Tempel als Machtfaktor

Der Jerusalemer Tempel war ohne Frage einer der einflussreichsten Faktoren im Frühjudentum – und das nicht nur in religiöser, sondern auch in politischer und ökonomischer Hinsicht.[391] Während der langen Bauzeit (Baubeginn unter Herodes dem Gr., nach Joh 2,20 werden 46 Jahre Bauzeit angegeben, nach Ant 20,215 wird das Ende der Bauten erst mit dem Übergang von Albinus zu Gessius Florus 64 n. Chr. fixiert) waren nach Ant 20,219 etwa 18.000 Bauarbeiter am Tempel beschäftigt. Diese Zahl ist natürlich weit übertrieben – für Jerusalem wird man in der damaligen Zeit mit 30.000 bis max. 50.000 Einwohnern rechnen dürfen.[392] Auch wenn Josephus die Zahl der Arbeiter also viel zu hoch ansetzt, könnte die Schätzung aufgehen, dass rund ein Viertel der Bevölkerung Jerusalems und seines Umlandes[393] vom Tempel lebten, nämlich wenn man neben den Bauarbeitern auch noch das gesamte Kultpersonal, die Zulieferer der Opfertiere, die Geldwechsler (für die Tempelsteuer), das Reinigungspersonal u.v.m. samt deren Frauen und Kindern mitrechnet. Es ist kein Wunder, wenn der Vorwurf aus Jer 7,11, der Tempel sei eine »Räuberhöhle«, in Mk 11,17 (parr. Mt 21,13; Lk 19,46 – in Q allerdings fehlend!) bereitwillig aufgegriffen wurde. Solche Bilder erhielten noch mehr Gewicht, wenn man bedenkt, dass man die Tempelsteuer in tyrischen Silberschekeln entrichten musste, einer Münze, die aufgrund ihrer Wertbeständigkeit als »Dollar der Antike«[394] gelten konnte. Allerdings zeigte ausgerechnet

---

389 Karrer, Israel, 147.
390 Karrer, Israel, 148.
391 Vgl. im Folgenden Ego, Attitudes, 168–175; Tiwald, Frühjudentum, 272f.
392 Die Schätzungen gehen hier weit auseinander: Theißen, Tempelweissagung, 155f., veranschlagt unter Berufung auf A. Byatt für Jerusalem 220.000 Einwohner, eine Zahl, die, wie er selbst zugibt, weit über anderen Schätzungen liegt. Man muss bedenken, dass die größten Städte des Reiches, Alexandria in Ägypten, Antiochia in Syrien und Karthago in Nordafrika, auf 200.000 bis 300.000 Einwohner geschätzt werden und große Städte wie Ephesus, Pergamon oder Smyrna auf 50.000 bis 100.000 Einwohner (vgl. Ebner, Stadt, 85). Einzig Rom kam im 2. Jh. n. Chr. an die Millionengrenze. Für ganz Palästina kann man im ersten Jh. n. Chr. mit eineinhalb bis zwei Millionen Juden rechnen (Tiwald, Frühjudentum, 163). Somit scheint eine Schätzung von 30.000 bis 50.000 Einwohnern für Jerusalem am wahrscheinlichsten.
393 Zu ähnlichen Prozentsätzen kommt auch Theißen, Tempelweissagung, 155f. Selbst wenn er andere Zahlen zugrunde legt, bleibt doch die Relation identisch.
394 Ebner, Stadt, 115.

diese Münze ein heidnisches Götterbild: Melkart, den Stadtgott von Tyros. Zugunsten der eigenen ökonomischen Absicherung setzten sich die Tempelpriester also selbst beim Tempelschatz über das ansonsten so strenge jüdische Bilderverbot hinweg!

Auf dem Hintergrund der im damaligen Israel weit verbreiteten Polemiken gegen den Tempel (s. o. II.2.5.2) nimmt sich die Prophezeiung in Q 13,34f. bemerkenswert milde aus. Lediglich *subkutan* spiegelt sich in den Q-Texten eine »scribal resistance to a southern, hierocratically defined vision of Israel«[395] – also der Widerstand kleinbürgerlicher galiläischer Dorfschreiber als Verfasser der Logienquelle gegen die priesterdominierte reiche Jerusalemer Oberschicht. Schon G. Theißen hat darauf hingewiesen, dass in der Tempelprophetie Jesu auch Spannungen zwischen reichen hellenisierten Stadtbewohnern und armen, von der Hellenisierung ausgeschlossenen Dorfbewohnern mitschwingen.[396] Wie wir schon gesehen haben (s. o. II.1.2.5), war die Jesusbewegung zunächst ein rurales Phänomen, die die Städte misstrauisch mied! In der Logienquelle sind solche Reserven zwar implizit spürbar, aber noch nicht in konkreten Polemiken oder Abgrenzungen geronnen. Auch die Prophezeiung in Q 13,34f. ist lediglich stehenden Mustern frühjüdischer Tempelkritik verpflichtet. Die kleinbürgerlich-rurale Perspektive des fernen Galiläa prägt den Blick der Logienquelle auf den Tempel: Es sind Gemeinplätze der Verehrung wie auch der Kritik, wie sie »der kleine Mann/die kleine Frau« im ländlichen Galiläa fern vom großen Tempel haben mochte.

---

395 Kloppenborg, Gospel, 27.
396 Vgl. Theißen, Tempelweissagung, passim. Neuere *urban-studies* belegen zwar, dass das Verhältnis Stadt-Land in der damaligen Zeit keineswegs monodimensional war (vgl. dazu von Bendemann/Tiwald, Stadt, 9–33, besonders 12, 25–28). Trotzdem bleibt das unverrückbare Faktum, dass Jesus die galiläischen Städte mied – und der Besuch in Jerusalem ihm den Tod brachte (s. o. II.1.2.5).

5. Die »Ekklesiologie« der Logienquelle

5.1 Das Gottesvolk

Genauso wie bei der »Christologie« gehört auch der Begriff der »Ekklesiologie« in Bezug auf die Logienquelle unter Anführungszeichen gesetzt: Für die Trägergruppe von Q gab es keine von Israel losgelöste »Kirche«, das im Blickfeld stehende Gottesvolk ist ganz Israel, an das ein letzter Appell zu Glauben und Umkehr ergeht (s. o. II.2).

5.2 »Amtsträger« in Q?

In der Logienquelle gibt es auch noch kein kirchliches »Amt«.[397] Aber auch innergemeindliche Funktionsträger, wie sie etwa schon in Phil 1,1 oder später in 1 Tim 3,2; Tit 1,7 und Apg 20,28 vorkommen, sucht man in Q vergebens. Dies ist kein Wunder, die Dienste von Episkopen und Diakonen entstanden in heidenchristlichen Gemeinden. Die charismatischen Wandermissionare der Logienquelle verstanden ihre Sendung als Fortsetzung der alttestamentlichen Propheten, mit denen sie sich über das Theologumenon vom *gewaltsamen Prophetengeschick* verbunden wussten (s. o. II.2.5.2; III.3 und III.4.1). Da auch in 1 Kor 12,28 die alte Trias der Funktionsträger »erstens Apostel, zweitens Propheten, drittens Lehrer« auftaucht, darf man annehmen, dass die Logienquelle hier tatsächlich sehr ursprünglich ist.

Dass der Aposteltitel in Q fehlt, darf nicht weiter verwundern: Der Titel ἀπόστολος, *apóstolos*, war ein urchristlicher Neologismus, der erst auf griechischer Sprachebene gebildet wurde und nicht auf den historischen Jesus zurückgeht.[398] Der Terminus ist zunächst bei *wundercharismatischen Heidenmissionaren* (2 Kor 12,12; Apg 14,1–20) belegt, wurde später eingeengt auf den *österlichen Erscheinungsapostolat* (1 Kor 9,1; 15,7f.) und noch später lediglich auf den *Zwölferkreis* bezogen (bereits Mk 6,30; dann Lk 6,13; Apg 1,15–26). Weder der österliche Bezug noch die Heiden-

---

397 Zur Rede vom »Amt« in Bezug auf das frühe Christentum vgl. Tiwald, Entwicklungslinien, 101f. Für das gesamte NT kann man den Begriff noch nicht im Sinne einer voll ausdefinierten Institution verstehen, sondern rein heuristisch. Besser spricht man wohl von »Funktionsträgern«. Vgl. dazu im Weiteren a. a. O. 101–128, und Luz, Matthäus I, 89f.
398 Vgl. Frey, Apostelbegriff, 180.

mission sind Themen der Logienquelle – daher fehlt auch der damit verbundene Terminus »Apostel«.

Der Begriff des »Lehrers« ist in Q noch ganz auf Jesus zentriert: »Der Schüler ist nicht über dem Lehrer; es genügt dem Schüler, dass er wie sein Lehrer wird« (Q 6,40). Doch schimmert in Q 11,49 (»Daher sagte die Weisheit auch: Ich werde zu ihnen Propheten und Weise senden«) neben dem Selbstverständnis von »Propheten« auch das Bewusstsein von »Weisheitslehrern« hinter den Trägern von Q durch. Da allerdings Jesus in Q 7,35 nur als »Kind der Weisheit« und noch nicht als die personifizierte Weisheit (so schon Mt 11,19) gedeutet wird, ist diese Zurückhaltung von Q bezüglich der (Weisheits-)Lehrer gut zu verstehen.

Die Entwicklung innergemeindlicher Leitungsfunktionen wird bei den Erben der Logienquelle weitergehen:[399] In Mt 23,34 wird die Aussage von Q 11,49 erweitert: Nicht mehr die »Weisheit« sendet »Propheten und Weise«, sondern Jesus als personifizierte Weisheit (vgl. Mt 11,19c) selbst sendet »Propheten, Weise und *Schriftgelehrte*«. Die Schriftgelehrten werden auch in Mt 13,52 (vgl. 8,19) erwähnt und führen wohl die Aufgabe der »Weisen« aus Q weiter. In der Didache geht die Entwicklung noch einen Schritt weiter (s. o. II.3.1.4–5). Zusätzlich zu den »Aposteln und Propheten« (Did 11,3) oder den »Propheten und Lehrern« (Did 15,2) soll sich die Gemeinde nun auch »Bischöfe und Diakone« (Did 15,1) wählen.

Summa Summarum: Auch im Punkt der Ausprägung kirchlicher »Ämter« ist die Logienquelle ein »Übergangsfossil« (s. o. II.5.1), ein *missing link*, das die Überlieferungslücke zwischen Jesusbewegung und Urkirche schließt.

---

399 Vgl. dazu Luz, Matthäus I, 89f.

6. Q und die Frauen

6.1 Anfragen und Monita

Eine Kritik der besonderen Art wurde von Seiten der feministischen Exegese an G. Theißens Modell der »Wanderradikalen« herangetragen. Dabei wird nicht die Existenz von Wanderradikalen in Frage gestellt, sondern der einseitig männliche Blickwinkel kritisiert. So etwa moniert E. Schüssler Fiorenza: »Obwohl Theißen niemals deutlich seine Annahme ausspricht, daß die Wandercharismatiker Männer gewesen sind, setzt er unreflektiert voraus, daß dies der Fall gewesen ist ...«[400] L. Schottroff geht in ihrer Kritik noch einen Schritt weiter, wenn sie Theißens Ansatz in einer »antisozialistisch orientierten Geschichtsschreibung innerhalb der herrschenden Theologie«[401] verortet. Ob man dem Ansatz Theißens, wonach ein gewisser »Liebespatriarchalismus« bald den ursprünglichen radikalen Impuls der Jesusbewegung abgelöst habe, gerecht wird, wenn man ihn unter dieser Sichtweise subsumiert, bleibe dahingestellt.[402] Man könnte hinter dem Ansatz Theißens auch das Sichtbarmachen repressiver patriarchalischer Muster erkennen, die den emanzipatorischen Impuls Jesu schon recht bald wieder in eine »bürgerliche Moral« zurückgedrängt haben und die man wohl treffend mit dem Ausdruck »Liebespatriarchalismus« umreißen kann.[403] Dem Desiderat aber, feministische Optik in die Q-Forschung einzubringen, soll im Folgenden entsprochen werden.

---

400 Schüssler Fiorenza, Gedächtnis, 195. Vgl. ebenso: Schottroff, Schwestern, 128 und 220f., Anm. 129.
401 Schottroff, Schwestern, 226.
402 Zu diesem Konzept vgl. Theißen, Wanderradikalismus, 102, und ders., Schichtung, 268. Dazu Schottroff, Wanderprophetinnen, 338: »Durch dieses Modell [sc. Theißens »Liebespatriarchalismus« und »Wanderradikalismus«] werden die wandernden ProphetInnen zu moralischen Exoten und die urchristliche Gemeinde zu einem Modell einer patriarchalischen Kirche in der Gesellschaft.«
403 Auch Schottroff selber tut dies, wenn sie den Versuch von 1 Tim und Tit aufzeigt, »vorhandene nichtpatriarchale Gemeindestrukturen für die patriarchale Ordnung zurückzuerobern« (Schottroff, Wanderprophetinnen, 339, Anm. 29). Zu patriarchalischen Mustern in den Pastoralbriefen vgl. Wagener, Ordnung, 242: »Unter dem Aspekt seines Verhältnisses zur Gemeinde erfüllt der leitende Amtsträger die Aufgaben des Hausherrn ...« Zur bürgerlichen Moral in den Pastoralbriefen vgl. die Monographie von R. Schwarz, Bürgerliches Christentum im Neuen Testament.

6.2 Frauen in der Logienquelle

6.2.1 Die Sichtbarmachung von Frauen ...

Die Präferenz der Logienquelle für Doppelgleichnisse/Doppelbildworte, in denen paarweise jeweils ein Bild aus der Männerwelt einem Bild aus der Frauenwelt gegenübergestellt wird, ist in der Wissenschaft nicht unbeachtet geblieben. S. Bieberstein nennt hier:[404]

Q 7,32	Jungen: flöten, tanzen/Mädchen: klagen
Q 11,31–32	Königin des Südens/Männer von Ninive
Q 12,24–28	Raben: säen, ernten/Lilien: spinnen, weben
Q 13,19–21	Bauer: Senfkorn/Frau: Sauerteig
Q 15,4–10	Hirt: verlorenes Schaf/Frau: verlorene Münze
Q 17,34–35	Männer auf dem Bett/Frauen beim Mahlen.

Frauenhausarbeit wird hier der Männerarbeit paarig und gleichrangig zur Seite gestellt. L. Schottroff bemerkt dazu: »Diese Wahrnehmung von Frauenhausarbeit ist für die patriarchale Gesellschaft ungewöhnlich. ›Normaler‹weise wird Frauenhausarbeit nicht als ›Arbeit‹ im Sinne von Männerarbeit ernstgenommen, in der Regel wird sie nicht erwähnt.«[405]

6.2.2 ... oder konservatives Festschreiben von Rollenbildern?

Zuletzt (2015) war es T. Ilan, die sich den männlich-weiblichen Doppelgleichnissen der Logienquelle gewidmet hat. Sie weist darauf hin, dass in der späteren rabbinischen Überlieferung solche Doppelgleichnisse verbreitet waren (z.B. mNeg 2,4; bAZ 28a–b; WaR 17,2). Daher kommt sie zum Schluss:

> Ilan, Women, 199: I think in light of the examples presented above, and in light of the sort of message the gender-paralleled parables of Q broadcast, the judgment about the uniqueness of this genre for Q should be modified. It is not so unique in acknowledging women's labor, or in pairing and comparing it to male labor.

> A.a.O., 208: In all the aspects that feminist scholars identified unique trends in Q, a Jewish background can be observed.

> A.a.O., 209: All this together may make Q less feminist than some feminists would have liked us to think, but it certainly makes it more Jewish.

---

404 Vgl. Bieberstein, Jüngerinnen, 106. Das »Klagen« war eine weibliche Tätigkeit von »Klagefrauen«. Bei Q 15,8–10 (»Verlorene Münze«) ist nicht sicher zu sagen, ob der Text in Q gestanden ist. Zu Q 12,24–28: Säen und Ernten war Männerarbeit, Spinnen und Weben Frauentätigkeit – daher lässt sich auch dieses Logion für die Genderparität veranschlagen.

405 Schottroff, Wanderprophetinnen, 335. Vgl. Melzer-Keller, Frauen, 331, die betreffs der Logienquelle auf die »große Anzahl von Doppelbildworten und -gleichnissen, die auf einer Art ›Mann-Frau-Komplementarität‹ basieren«, verweist.

Ähnlich urteilen auch M. Labahn und H. Melzer-Keller:

Labahn, Wiederkommender, 76f.: Dementsprechend zeigt das Dokument Q auch ein konservatives Festhalten an Rollenbildern, wenn die Menschen, die mit dieser eschatologischen Situation konfrontiert werden, gerade in den für Mann (Feldarbeit) und Frau (Arbeit an der Mühle) typischen Handlungsfeldern dargestellt werden (vgl. Q 17,34f.). Der Rahmen traditioneller Rollenaufteilung wird im Dokument Q ungebrochen zur Sinnbildung verwendet, da hier der Ort ist, an dem sich die Stellung zum kommenden Geschehen bewährt hat.

Melzer-Keller, Frauen, 345: Zu viel liest man allerdings in die Verwendung der männlich-weiblichen Doppelbildworte und -gleichnisse hinein, wollte man darin einen Beleg dafür erblicken, daß der Jesus der Logienquelle hier direkt die Gleichheit und Gleichwertigkeit der Geschlechter habe zum Ausdruck bringen wollen. Denn die verwendete Metaphorik bewegt sich ganz im Rahmen der herrschenden Gesellschaftsordnung und greift auf die klassische Arbeitsteilung zwischen den Geschlechtern zurück.

Ob man in der geschlechterparitätischen Darstellung von Gleichnissen nun ein positives Sichtbarmachen von Frauenarbeit oder ein Festschreiben von patriarchalisch zugewiesenen Handlungsmustern oder lediglich ein stehendes jüdisches Erzählmuster (»Parallelismus membrorum«) erkennen möchte, bleibe offen. In jedem Fall wird an den Arbeitsfeldern deutlich, dass sich auch in diesem Punkt die Logienquelle als zutiefst den frühjüdischen, kleinbürgerlich-ruralen Strukturen Galiläas verhaftet erweist. Dennoch sollte man Q für feministische Interessen noch nicht ganz abschreiben, wie nächster Punkt zeigen wird.

6.3   »Wanderradikalinnen«

6.3.1   Frauen von Wanderpropheten

Abseits von all diesen Fragen lässt sich am Textbefund der Logienquelle allerdings klar rekonstruieren, dass es tatsächlich auch *weibliche Wanderradikale* gab. In Q 14,26f. heißt es:[406]

ὃς οὐ μισεῖ τὸν πατέρα καὶ τὴν μητέρα
οὐ δύναται εἶναί μου μαθητής
ὃς οὐ μισεῖ τὸν υἱὸν καὶ τὴν θυγατέρα
οὐ δύναται εἶναί μου μαθητής
ὃς οὐ λαμβάνει τὸν σταυρὸν αὐτοῦ καὶ ἀκολουθεῖ ὀπίσω μου
οὐ δύναται εἶναί μου μαθητής

Wer nicht hasst den Vater und die Mutter
kann nicht mein Jünger sein
Wer nicht hasst den Sohn und die Tochter
kann nicht mein Jünger sein
Wer nicht nimmt sein Kreuz und folgt mir nach
kann nicht mein Jünger sein

---

406 Zur Rekonstruktion des Textes und im Folgenden vgl. Tiwald, Wanderradikalismus, 213.

Unschwer lässt sich hier ein Dreizeiler mit stehendem Refrain (»kann nicht mein Jünger sein«) rekonstruieren, den man rhythmisch skandieren konnte. Der erste Satzteil zerfällt dabei jeweils wiederum in zwei Glieder, die paarig gedoppelt (Vater-Mutter/Sohn-Tochter/Kreuz nehmen-nachfolgen) und mit καί, *und*, verbunden sind. In diesem rhythmischen Merkspruch lässt sich unschwer der ursprüngliche Befund der Logienquelle erkennen. Die drastische Ausdrucksweise (»hassen«) beleuchtet obendrein das afamiliäre Ethos der Q-Missionare (s. o. II.3.1.1). Im ersten Doppelvers wird die Elterngeneration angesprochen, im zweiten die Kindergeneration, im dritten die Missionare selbst. Dieser Text ist eine Doppelüberlieferung: Q 14,26f. hat Mt 10,37f. und Lk 14,25–27 beeinflusst; die Doppelüberlieferung in Mk 10,29–31 hingegen Mt 19,28–30 und Lk 18,29a; 22,28–30; 18,29b–30. Auffallend dabei ist, dass *weder in Q noch in der Doppelüberlieferung bei Mk vom Verlassen der Ehefrau die Rede ist!* Einzig Lk hat in 14,25 in die Q-Vorlage und in 18,29 in den Mk-Text die zu verlassende Ehefrau interpoliert. Dass Lk hiermit die dreifach paarige Doppelung (Vater-Mutter/Sohn-Tochter/Kreuz nehmen-nachfolgen) zerstört, belegt, dass ihm hier disziplinäre Kirchenordnung wichtiger ist als rhythmische Poetik: Wer Sohn und Tochter nicht großzieht, kann auch nicht mit einer Ehefrau auf Mission ziehen. Angesichts der Naherwartung in der Logienquelle konnte man Kinder für die kurze Zeit bis zur Wiederkunft Jesu auch in die Obhut von Verwandten geben – angesichts der Parusieverzögerung bei Lk ist dies nun nicht mehr sinnvoll.[407] Der Befund bei Mk und Mt, aber auch im Thomasevangelium Logion 55 und 101, sowie die Rhythmik im Text der Logienquelle lassen vermuten, dass *die ersten Missionare ihre Ehefrauen mit auf Reisen genommen haben*, da hier – anders als bei Lk – keine Rede vom Verlassen der Ehefrau ist! Auch aus 1 Kor 9,5 wissen wir, dass »die übrigen Apostel und die Brüder des Herrn und Kephas« (Ü.MT) ebenfalls mit ihren Ehefrauen unterwegs waren.[408] Da Frauen also das Wanderleben ihrer Männer teilten – und damit auch ihre zeichenhafte Armut, Heimatlosigkeit und Friedfertigkeit als prophetische Zeichen der *basileia* –, ist es dringend notwendig, auch deren Engagement zu würdigen und die im Schatten stehenden weiblichen Schicksale ebenfalls ins Licht der Geschichte zu rücken: Auch sie waren »Wanderradikalinnen«, die nicht minder zeichenhaft lebten als ihre Männer!

6.3.2 Missionarische Ehepaare

Darüber hinaus blieb es oft nicht nur beim *passiven* Mittragen des männlichen Wandergeschicks durch die Frauen: Wir haben auch Beispiele für missionarische Ehepaare, in denen die Frau selbst missionarisch *aktiv* war. Ganz besonders gilt das für Priska und

---

407 Auf eine andere Implikation der lk Forderung, die Ehefrau bei Missionsreisen zurückzulassen, hat Heil, 238 hingewiesen: »Während Q 14,26 noch an Jüngerinnen und Jünger gleichermaßen gerichtet war, engt Lk den Nachfolgespruch ... auf männliche Jünger ein.« Hier ist die Logienquelle »feministischer« als der spätere Lk!
408 Vgl. Schrage, 1 Kor, 291f. und 315f.

Aquila (Röm 16,3; 1 Kor 16,19; 2 Tim 4,19; in Apg 18,2.18.26: Priszilla und Aquila): Hier wird sowohl bei Paulus wie auch bei Lk zumeist Priska als Erste genannt – was antiken Konventionen schwer zuwiderlief (ein »Ladies first« gab es damals noch nicht). Wahrscheinlich zeigt sich hier schon eine stehende urkirchliche Tradition, die sogar in Priska die wesentlich aktivere Missionarin sah.[409] Ein weiteres missionarisches Ehepaar begegnet uns mit Andronikos und Junia (Röm 16,7), die als »ausgezeichnet unter den Aposteln« tituliert werden.[410] Missionarische Ehepaare waren also im *paulinischen* Umfeld nichts Außergewöhnliches[411] – doch nach dem oben getätigten Befund der Logienquelle legt sich dies auch für die *Q-Missionare* nahe. M. Ebner vermutet sogar: »Ein schwacher Nachhall dieser Ehepaarberufung hat sich in der Notiz von der Aussendung zu zwei und zwei (Mk 6,7; vgl. Lk 10,1) hartnäckig erhalten.«[412] Ob man diese »Mission im Partnerlook« auch für Q reklamieren darf, muss offenbleiben, da Mt diese Stelle nicht überliefert (weil die Aussendungsrede Q-Mk Doppelüberlieferung ist, lässt sich hier eine hundertprozentig sichere Q-Rekonstruktion nicht gewährleisten, zumal Mt die Mk- und Q-Vorlage an dieser Stelle recht eigenwillig ineinanderblendet).

Festhalten kann man jedenfalls: Da Missionare gemäß Q 14,26f. und Mk 10,29 ihre Frauen mit auf die Reise nahmen, »beschränken die Traditionen der Logienquelle und die vormarkinischen Traditionen den Zugang zur radikalen Nachfolge Jesu nicht auf Männer.«[413] – Es gab also auch »Wanderradikalinnen«!

Schottroff, Wanderprophetinnen, 338: Trotz des Androzentrismus der Logienquelle, trotz ihrer Inkonsequenz in der Wahrnehmung der Frauenarbeit wird in diesen Texten das Leben von Frauen wahrgenommen, es wird ihnen die gleiche Möglichkeit des Handelns in der Nachfolge Jesu wie Männern zugetraut ... A.a.O. 339: Es ist also deutlich, daß auch Frauen zu den wandernden JesusbotInnen gehören und das unbehauste Leben Jesu führen.

Harb, Rede, 225: Schließlich sind mit Q 14,26 auch für die Q-Gemeinde umherziehende und missionierende Frauen anzunehmen. Wahrscheinlich zielt das Wort auf Ehepaare ab, die gemeinsam zur Mission aufbrechen sollten.

Melzer-Keller, Logienquelle, 89: Die Beispiele zeigen, daß sich die Botschaft der Q-Leute selbstverständlich nicht nur an Männer, sondern auch an Frauen richtete. ... In diesem Punkt steht die Logienquelle für die absolute Gleichheit zwischen Männern und Frauen.

6.3.3 Weibliche Missionare ohne Mann

In neutestamentlichen Tradition begegnen auch Frauen, die nicht als Ehefrau, sondern alleinstehend und eigenständig das Wanderleben Jesu teilten oder als Missio-

---

409 Vgl. Müller, Ehepaare, 19. Die launigen Worte Adolf von Harnacks mögen den Kern treffen: »die Missionarin Prisca und ihr Gatte Aquila« (von Harnack, Mission, 85).
410 Dass es sich hier um eine Frau namens »Junia« und nicht um einen »Junias« (so die Einheitsübersetzung) handelte, kann mittlerweile als gesichert gelten. In der Antike gab es den Namen »Junias« gar nicht. Zur Diskussion vgl. Tiwald, Entwicklungslinien, 31.
411 Vgl. dazu die Studien von Müller, Ehepaare.
412 Ebner, Weisheitslehrer, 105.
413 Schüssler Fiorenza, Gedächtnis, 195.

narinnen tätig waren. Mk 15,41 nennt einige Frauen, die Jesus aus Galiläa nach Jerusalem nachgefolgt waren. Diese Notiz wird von Mt ausgelassen, von Lk hingegen stark überformt, da er schon in 8,1–3 Ähnliches angemerkt hat. Dafür, dass Lk 8,1–3 ursprünglich in Q gestanden ist, gibt es keinerlei Anhaltspunkte. Allerdings kann für Jesus selbst ein gewisser »emanzipatorischer Impuls« festgestellt werden: Auch wenn er die patriarchalischen Grundstrukturen nicht *per se* in Frage stellt,[414] nimmt er Frauen doch als vollwertige Ansprechpartnerinnen und Wegbegleiterinnen wahr. So urteilt M. Fander:

> *Fander, Stellung, 320:* Möglicherweise ist Maria von Magdala eine Wandercharismatikerin, sie ist nicht durch einen männlichen Verwandten näher charakterisiert, sondern durch eine Ortsbezeichnung. Diese Charakterisierung ist aber »in der Ferne entstanden«, d. h. die Bezeichnung setzt voraus, daß Maria aus Magdala nicht mehr in Magdala lebt.

Wie repräsentativ ist allerdings eine Frau wie Maria aus dem urban-mondänen Magdala[415] für einen ruralen Text wie die Logienquelle? H. Melzer-Keller urteilt hier ganz negativ:

> *Melzer-Keller, Frauen, 351:* Daß Frauen des Q-Trägerkreises jedoch alleine und unabhängig als Wanderprophetinnen umherzogen, ist ... kaum wahrscheinlich.

Mit großem Nachdruck bemerkt allerdings L. Schottroff:

> *Schottroff, Schwestern, 128:* ... daß es tatsächlich notwendig ist, die Präsenz von Frauen anzunehmen, ehe nicht *erwiesen* ist, daß Frauen tatsächlich *nicht* anwesend waren. Die »Beweislast« kann nicht den KritikerInnen der androzentrischen Sprache angelastet werden, sie muß ihren VerteidigerInnen zugewiesen werden.

Vielleicht könnte man daher schließen: Wenn Frauen nach dem Befund der Logienquelle tatsächlich *mit* ihren Männern wandercharismatisch missionierten, so ist dieser Aspekt auch für *einzelne* Frauen nicht völlig auszuschließen. An Maria von Magdala wird ersichtlich, dass es diesen Fall tatsächlich gab, wenn er auch nicht

---

414 Es wäre falsch, Jesus als »Ausnahmejuden« gegen das damalige Judentum profilieren zu wollen. Solche Fehlentwicklungen wurden von der Feministischen Exegese selbst zu Recht kritisiert. In Bezug auf die Logienquelle vgl. A.-J. Levine, Eden, 8–33, besonders 33: »Reconstructions of first-century Judaism frequently depict a systemic patriarchy that oppressed and repressed Jewish women; such studies also argue that Jesus' message liberated women from their hierarchical, misogynistic social context and located them within an egalitarian community. Addressing the various data on women in ... Judaism and exploring the sayings material of the Gospels that might reflect the Palestinian Jesus movement, this article suggests revisions of both models.« Vgl. dazu auch die Problemanzeigen von L. Siegele-Wenschkewitz, Feministische Theologie ohne Antijudaismus, und S. Heschel, Jüdisch-feministische Theologie und Antijudaismus in christlich-feministischer Theologie.

415 Zu Magdala vgl. Zangenberg, Galiläer, 138–142; Tiwald, Frühjudentum, 239 und 242. Die Stadt war jüdisch (vgl. die dort gefundenen »jüdischen Leitfossilien« wie Ritualbäder, Steingefäße und eine Synagoge aus der Zeit vor 70 n. Chr.), doch auch den Vorzügen der hellenistischen Kultur gegenüber sehr aufgeschlossen (öffentliches Badehaus, Sport- und Freizeitanlagen).

6.3 »Wanderradikalinnen«

die Regel gewesen sein mag. Dass in der Logienquelle weibliche Wandermissionare nicht *expressis verbis* erwähnt werden, mag auch dem Fehlen narrativen Materials geschuldet sein – oder einfach der androzentrischen Sprache, die mit männlichen Formen sowohl Männer *als auch Frauen* benennen konnte.

Schlusswort

Schnelle, Einleitung, 264: Die Erforschung der Logienquelle gehört gegenwärtig zu den dynamischsten Bereichen der ntl. Exegese, so dass noch viele Untersuchungen und Theorien zu erwarten sind.

Diese zutreffende Anmerkung von U. Schnelle stellt eine Steilvorlage für die Q-Forschung dar. In früherer Zeit war es das Schicksal des MkEv, als »Schmuddelkind« der Theologen zu gelten: Schon im *Papias-Zeugnis* (Fragment 5,15 = Eusebius, HE 3,39) – das im katholischen Bereich immerhin bis zum Zweiten Vatikanischen Konzil als historisch zutreffend galt – wird die vermeintliche »Unordnung« des zweiten Evangeliums dadurch entschuldigt, dass »Markus, der Dolmetscher des Petrus« (Μάρκος μὲν ἑρμηνευτὴς Πέτρου γενόμενος) lediglich dessen Predigten »ohne Ordnung« (οὐ μέντοι τάξει) aufgeschrieben habe.[416] Denn Petrus habe »seine Lehrvorträge den Bedürfnissen nach gestaltet, aber nicht, um eine zusammenhängende Darstellung der Logien des Herrn zu schaffen« (ὃς πρὸς τὰς χρείας ἐποιεῖτο τὰς διδασκαλίας, ἀλλ᾽ οὐχ ὥσπερ σύνταξιν τῶν κυριακῶν ποιούμενος λογίων). Die behauptete Mt-Priorität hatte das MkEv auf den zweiten Platz verbannt (daher bis heute die eigentlich falsche Bezeichnung »zweites Evangelium« und die entsprechende Reihung in unserer Bibel) und damit im Vergleich zum »ersten Evangelium« zu einem ungeordneten Pool von »Predigten« degradiert.

Ähnliche Vorwürfe werden von der heutigen Wissenschaft gegen die Logienquelle erhoben, etwa von J. Gnilka: »Denn die Spruchquelle war nicht für den internen Gebrauch der Gemeinde bestimmt. Wir vermuten vielmehr, daß sie als Handreichung ... judenchristlichen Missionaren diente.«[417] Demzufolge war Q also nur eine Art »Spickzettel« für wandernde Missionare, eine lose Sammlung für Predigtmaterial! So sieht selbst U. Luz (2002) in Q nur eine »Materialsammlung« und »nicht ein literarisches Dokument«; »ein größeres Notizbuch«, das »jederzeit einen Einschub von neuen Blättern« zuließ, aber keine innere Ordnung besaß.[418]

---

416 Vgl. dazu Pesch, Markusevangelium I, 5f., und Kürzinger, Aussage, 258 (»daß der so gekennzeichnete und auch begründet unliterarische ... Stil des Mk-Ev nicht auch seinen Wert als verlässliche Mitteilung der ›Worte und Taten des Herrn‹ ... in Frage stellen wolle«).
417 Gnilka, Neutestamentliche Theologie, 27.
418 Luz, Matthäus I, 48. Diese Sichtweise aber scheint nach der einschlägigen Arbeit von M. Labahn, Wiederkommender, 83, überholt, der den durchgehenden »narrativen plot« der Logienquelle deutlich gemacht hat (s. o. III.1).

Die moderne Forschung hat das negative Urteil *zum MkEv* mittlerweile mehr als revidiert: Immerhin wurde der mk Aufbau von Mt und Lk übernommen; Mk kommt das Ingenium zu, zum ersten Mal einen groß angelegten Spannungsbogen von der Taufe Jesu bis hin zu seinem Tod in Jerusalem erstellt zu haben. Eine ähnliche Rehabilitierung wäre nun *auch für die Logienquelle* wünschenswert, die einen ähnlichen Spannungsbogen von der Taufe Jesu bis zu seiner Wiederkunft im Eschaton entwirft. – Immerhin schätzten Mt und Lk die Logienquelle so sehr, dass sie diesen Text ihren Evangelien zugrunde legten. Für den ersten Evangelisten lässt sich mit M. Konradt sogar sagen, »dass Matthäus als markuskritisch, wenn nicht als antimarkinisch zu klassifizieren ist. Er ... wollte das Mk verdrängen, weil er es für ungeeignet hielt, um in seinen Gemeinden benutzt zu werden. ... Theologisch steht Matthäus Q näher als dem Mk«[419] (s. o. II.4.2). Also rangierte Q in der Wertschätzung des ersten Evangelisten noch vor dem MkEv!

Auch das vermeintlich »defektive« Kerygma der Logienquelle, das Tod und Auferstehung Jesu noch keine salvatorische Wirkung beimisst, sollte man besser als einen eigenständigen, in sich wertvollen Strang der Jesusüberlieferung klassifizieren. Es ist eine spätere Verkürzung aus dem Blickwinkel der kanonischen Evangelien heraus, die Logienquelle deswegen als ungenügend betrachten zu wollen (s. o. I.5 und III.2.7). Immerhin könnte man so auch dem MkEv vorhalten, dass es mit Mk 16,8 (hier enden die ältesten und besten Manuskripte) einen reichlich abrupten Schluss findet und das Osterkerygma noch nicht »voll auskostet«. Doch ist Mk daher im Vergleich zu Paulus schon »defektiv«?

Gerade im vermeintlich »Primitiven« der Logienquelle offenbart sich aber ihr einzigartiger Stellenwert als doppeltes *missing link*:

1) *Als Bindeglied zwischen Frühjudentum und den Anfängen der Jesusbewegung*: Die Quelle Q war Referenztext für die späteren Evangelien nach Mt und Lk, doch mehr noch war Q auch ein Dokument frühjüdisch-eschatologischer Erwartungen (s. o. II.5).

2) *Als Bindeglied vom historischen Jesus zum späteren Christentum* in Entwicklungsprozessen wie der »Christologie« (s. o. III.2.8) und der Entfaltung von Gemeindestrukturen (s. o. III.5).

Anders gelagert sind die Reserven jener Forscher, die Bedenken gegen die Verwendung eines nicht real erhaltenen Textes hegen und darauf verweisen, dass Q ja nur ein Rekonstrukt ist. Dieser Vorwurf ist legitim und ernst zu nehmen. Allerdings irritiert die Inkonsequenz mancher Kritiker, die zwar ablehnen, mit dem Text der Logienquelle zu arbeiten, aber ihrer eigenen Arbeit die Zweiquellentheorie zugrunde legen. Akzeptiere ich die eine Theorie, muss ich konsequenterweise auch

---

419 Konradt, Matthäus, 21.

die andere in Kauf nehmen.[420] Dies gilt umso mehr, als wild-spekulative Q-Rekonstruktionen der Vergangenheit angehören. Das Faktum, dass MtEv und LkEv über das von Mk übernommene Material hinausgehend in weiteren ca. 200 Versen wörtliche Übereinstimmungen aufweisen,[421] lässt (bei Annahme der Zweiquellentheorie) einen *unzweifelhaft gesicherten Kerntext* der Logienquelle entstehen. Wenn ich textkritisch »konservativ« nur mit diesem Befund arbeite, bin ich »auf der sicheren Seite«.

Die Redlichkeit von Forschern vorausgesetzt, die Zweiquellentheorie nicht nur benutzen zu wollen, sondern auch ihre Implikationen zu teilen, kann man in Q einen interessanten Mosaikstein im Bild des Frühjudentums, wie auch des in Entstehung begriffenen Urchristentums erkennen: ein interessantes Zeitdokument, das unsere Wissenslücken betreffs der Übergänge vom Judentum zum Christentum verringert.

In diesem Sinne ist der Logienquelle zu wünschen, dass es immer mehr »*fellow Q-bies*« (wie sich Q-Forscher untereinander auch nennen) werden, die diesem Dokument in seiner Schlichtheit wie auch in seiner atemberaubenden Brückenfunktion Sympathien abgewinnen können. Möge ein Stück der irenischen Liebenswürdigkeit, der eschatologischen Zeichenhaftigkeit, aber auch des ardenten Missionseifers jener Q-Boten auf den Leser und die Leserin überspringen!

---

420 Vgl. dazu den Forschungsüberblick zu jüngeren Entwicklungen der »Synoptischen Frage« bei Lindemann, Problem, passim, und zur Logienquelle bei Lindemann, Logienquelle, passim. Letztendlich kann man schließen: »Aber ähnlich wie beim ›Synoptischen Problem‹ geht es um die unabweisbare Aufgabe, eine möglichst plausible Antwort auf die Frage zu finden, woher der gemeinsame Stoff des Lk und des Mt über Mk hinaus stammt. Da freilich bestätigen dann die entsprechenden Kommentare und Monographien, dass sich mit der Q-Hypothese nicht nur sinnvoll arbeiten lässt, sondern dass die Q-Hypothese auch ohne komplizierte Zusatzannahmen zu einem nachvollziehbaren Bild der urchristlichen Theologie und Literaturgeschichte beiträgt« (Lindemann, Logienquelle, 424).

421 Vgl. Broer/Weidemann, Einleitung, 62.

Abkürzungen und Zitationsmodus

Allgemeine Abkürzungen

Art.	Artikel (zur Kennzeichnung eines Lexikonartikels)
Did	Didache
EÜ	Einheitsübersetzung
Ü.MT	eigene Übersetzung von M. Tiwald
Ev	Evangelium
FS	Festschrift
Jub	Jubiläenbuch
Mk, Mt, Lk, Joh	Markus, Matthäus, Lukas, Johannes
MkEv, MtEv, LkEv, JohEv	Markusevangelium, Matthäusevangelium, Lukasevangelium, Johannesevangelium
mk, mt, lk, joh	markinisch, matthäisch, lukanisch, johanneisch
ThEv	Thomasevangelium
Q	Logienquelle bzw. Texte der Logienquelle (s. u. Bibeltexte)
V	Vers(e)

Weitere Anmerkungen zu Abkürzungen und Zitationsmodus

Sekundärliteratur

Die verwendeten Abkürzungen richten sich nach Schwertner, S. (Hg.), IATG. Internationales Abkürzungsverzeichnis für Theologie und Grenzgebiete (TRE), Berlin ³2013. Die in die anschließende Bibliographie aufgenommene Sekundärliteratur wird in den Anmerkungen mit Verfassernamen und Kurztitel zitiert. Der Kurztitel muss dabei nicht immer das erste Wort des Titels sein. Besteht die Gefahr einer Verwechslung unterschiedlicher Kurztitel vom gleichen Autor, wird nach dem vollen bibliographischen Beleg im Literaturverzeichnis ein Verweis auf den Kurztitel hinzugefügt.

Vorsatzwörter zum Familiennamen in fremdsprachigen Namen (wie »de« oder »van«) wurden – der immer öfter angewandten Praxis Rechnung tragend – als direkter Teil des Namens zitiert. Bei deutschsprachigen Namen bleibt die alte Ordnung erhalten (z. B.: »von Bendemann« findet sich also unter »B«, nicht unter »V«). Umlaute werden nicht aufgelöst, d. h. »ä« wird nicht unter »ae«, sondern gleichgestellt wie »a« zitiert.

Transliteration des Hebräischen

Hebräische Wörter werden ohne Vokal-Punktation wiedergeben. Die Transliteration des Hebräischen erfolgt rein phonetisch und verzichtet auf Sonderzeichen. So werden *matres lectionis* nicht als ô, û etc. gekennzeichnet und auch e und æ etc. werden nicht unterschieden.

Bibeltexte

Als Originaltext liegen das Novum Testamentum Graece von Nestle-Aland (28. Auflage) und die fünfte Auflage der Biblia Hebraica Stuttgartensia zugrunde. Für die deutsche Übersetzung wurde zumeist die Einheitsübersetzung verwendet, wenn nicht explizit auf die eigene Übersetzung des Verfassers verwiesen wird (gekennzeichnet mit »Ü.MT«).

Die Stellenangaben jener Texte, die für die Logienquelle reklamiert werden, erfolgt – wie in der Q-Forschung üblich – durch das vorangesetzte »Q«, wobei dieses die Angabe der beiden Referenztexte aus Mt oder Lk ersetzt (also »Q 11,2–4« statt »Mt 6,7–13 // Lk 11,2–4«). Der rekonstruierte Text richtet sich dabei nach Hieke, T., Die Logienquelle. Eine Übersetzung auf Basis des Internationalen Q-Projekts, in: BiKi 54 (2/1999) I–XXIV.

Qumrantexte

Zählung und Zitation der deutschen Übersetzung erfolgt nach Maier, J. (Hg.), Die Qumran-Essener: Die Texte vom Toten Meer I–II. München, 1995. Der hebräische Text folgt Abegg, M. G. (Hg.), Qumran Sectarian Manuscripts, Electronic Edition BibleWorks 8, 2001.

Zitation der Quellenschriften

Die Zitation aller Quellenschriften erfolgt nach den im Literaturverzeichnis unter »Quellenschriften« angegebenen Textausgaben.

Die Abkürzungen der Werke von Philon von Alexandria und Flavius Josephus richten sich nach dem TRE. Gleiches gilt für die Abkürzungen der Traktate der Rabbinica, mit vorgesetztem »m« für Mischna, »t« für Tosefta, »j« für Talmud Jeruschalmi und »b« für Talmud Bavli. Auch frühjüdische und frühchristliche Pseudepigrapha wurden nach TRE zitiert. Der Einheitlichkeit halber wurde aber 4 Esr statt IV Esr etc. verwendet. Auch wurde äthHen durch 1 Hen ersetzt, ebenso syrBar durch 2 Bar, da die Originalfassungen dieser Bücher ja nicht »äthiopisch« oder »syrisch« waren.

Literatur

1. Quellentexte

1.1 Antike Quellen

1.1.1 Frühjüdische Apokryphen und Pseudepigraphien

1. Henochbuch
Deutsch: Uhlig, S., Das äthiopische Henochbuch (JSHRZ 5/6), Gütersloh 1984.

4. Esrabuch
Deutsch: Schreiner, J., Das 4. Buch Esra (JSHRZ 5/4), Gütersloh 1981.

1.1.2 Qumrantexte

Hebräisch: Abegg, M. G., Qumran Sectarian Manuscripts, Electronic Edition BibleWorks 8, 2001.
Deutsch: Maier, J., Die Qumran-Essener: Die Texte vom Toten Meer I–II. München 1995.

1.1.3 Philon und Josephus

Philon von Alexandria
Griechisch: Cohn, L., Philonis Alexandrini Opera quae supersunt. Bd. 1–6, Berlin 1962.
Deutsch: Cohn, L., Philo von Alexandria. Die Werke in deutscher Übersetzung. Bd. 1–7, Berlin ²1962–1964.

Flavius Josephus
De Bello Judaico
Griechisch/Deutsch: Michel, O./Bauernfeind, O., De Bello Judaico. Der Jüdische Krieg Griechisch und Deutsch. Bd 1–3, München ²1962.
Antiquitates
Griechisch: Niese, B., Flavii Iosephi Opera. Bd. 1–5, Berlin 1888–1889.
Deutsch: Kaulen, F., Flavius Josephus' Jüdische Alterthümer, Köln ²1883.
Vita und *Contra Apionem*
Clementz H., Des Flavius Josephus kleinere Schriften (Selbstbiographie – Gegen Apion – Über die Makkabäer). Halle 1901.

1.1.4 Pagane Autoren

Diogenes Laertios
Griechisch: Hicks, R. D. (Hg.), Diogenes Laertius II (Loeb Classical Library 185) London 1925.
Deutsch: Übersetzung MT

Epiktet
Griechisch/Deutsch: Billerbeck, M., Epiktet. Vom Kynismus, Leiden 1978.

Lukian von Samosata
Griechisch: Nestle, W. (Hg.), Lukian. Der Tod des Peregrinos, München 1925.
Deutsch: Metzler, J. B. (Hg.), Lukian von Samosata. Lucian's Werke, Stuttgart 1827–1832 (hier erfolgte eine Anpassung der Orthographie an das heutige Deutsch).

1.1.5 Rabbinische Schriften

Mischna
Correns, D., Die Mischna ins Deutsche übertragen, mit einer Einleitung und Anmerkungen, Wiesbaden 2005.

1.1.6 Patristische Literatur

Augustinus
Latein: Dombart, B./Kalb A. (Hg.), De civitate Dei (CCSL XLVII/XIV, 1 et 2), Turnhout 1955.

Didache
Griechisch: Rordorf, W./Tuilier, A., La Doctrine des Douze Apôtres (Didachè). Introduction, Texte, Traduction, Notes, Appendice et Index (SC ; 248), Paris 1978.
Deutsch: Lindemann, A./Paulsen, H., Die Apostolischen Väter, Tübingen 1992.

Eusebius
Deutsch: Häuser, P. (Hg.), Eusebius. Ausgewählte Schriften Band II: Kirchengeschichte (Bibliothek der Kirchenväter, 2. Reihe, Band 1), München 1932.

Papias
Griechisch/Deutsch: Körtner, U. H., Papiasfragmente, in: ders./M. Leutzsch (Hg.), Papiasfragmente. Hirt des Hermas (SUC 3), Darmstadt 2011, 1–103.

1.2 Moderne Quellen

1.2.1 Ausgaben der Logienquelle

Griechisch/Englisch/Deutsch/Französisch
Robinson, J. M./Hoffmann P./Kloppenborg J. S. (managing editor: M. C. Moreland), The Critical Edition of Q. Synopsis Including the Gospels of Matthew and Luke, Mark and Thomas with English, German, and French Translations of Q and Thomas, Leuven 2000.

Griechisch/Deutsch
Hoffmann, P./Heil, C. (Hg.), Die Spruchquelle Q. Studienausgabe Griechisch und Deutsch, Darmstadt ³2009.

Griechisch/Englisch
Robinson, J. M./Hoffmann P./Kloppenborg J. S. (managing editor: M. C. Moreland), The Sayings Gospel Q in Greek and English with Parallels from the Gospels of Mark and Thomas (Biblical Exegesis & Theology 30), Leuven 2001.

Griechisch/Spanisch
Robinson, J. M./Hoffmann P./Kloppenborg J. S. (managing editor: Moreland, M. C.), El documento Q en griego y en español con paralelos del evangelio de Marcos y del evangelio de Tomás (Biblioteca de Estudios Bíblicos 107), Salamanca 2002.

Deutsch
Hieke, T., Die Logienquelle. Eine Übersetzung auf Basis des Internationalen Q-Projekts, in: BiKi 54 (2/1999) I-XXII.

Englisch
Robinson, J. M., The Sayings of Jesus. The Sayings Gospel Q in English, Minneapolis (MN) 2002.

Französisch
Amsler F., L'Évangile inconnu. La Source des paroles de Jésus (Q) (Essais bibliques 30), Genève 2001.

1.2.2 Literatur aus der Frühgeschichte der Q-Forschung (bis 1960)

Harnack, A. von, Das Wesen des Christentums. Sechzehn Vorlesungen vor Studierenden im Wintersemester 1899/1900 an der Universität Berlin gehalten, Leipzig 1929, (kommentierter Nachdruck der Auflage von 1929, hg. von Rendtorff, T.), Gütersloh 1999.
Harnack, A. von, Die Mission und Ausbreitung des Christentums in den ersten drei Jahrhunderten, Leipzig ^{4}1924.
Harnack, A. von, Sprüche und Reden Jesu. Die zweite Quelle des Matthäus und Lukas (Beiträge zur Einleitung in das Neue Testament 2), Leipzig 1907.
Harnack, A. von, Die Lehre der zwölf Apostel nebst Untersuchungen zur ältesten Geschichte der Kirchenverfassung und des Kirchenrechts (TU 2), Berlin 1991 (Nachdruck, Erstveröffentlichung 1886).
Holzmann, H. J., Die synoptischen Evangelien, ihr Ursprung und geschichtlicher Charakter, Leipzig 1863.
Lachmann, K., De ordine narrationum in evangeliis synopticis, in: ThStKr 8 (1835) 570-590.
Tödt, H. E., Der Menschensohn in der synoptischen Überlieferung, Gütersloh 1959.
Weiß, J., Die Verteidigung Jesu gegen den Vorwurf des Bündnisses mit Beelzebul, in: ThStKr 63 (1890) 555-569.
Weisse, C. H., Die evangelische Geschichte kritisch und philosophisch bearbeitet (2 Bände), Leipzig 1838.
Wernle, P., Die synoptische Frage, Freiburg i. Br. 1899.
Wrede, W., Das Messiasgeheimnis in den Evangelien, Göttingen 1901.

1.2.3 Kirchenamtliche Texte

Denzinger, H./Hünermann, P. (Hg.), Enchiridion symbolorum definitionum et declarationum de rebus fidei et morum, Freiburg i. Br. ^{37}1991 (abgekürzt DH).

2. Sekundärliteratur

Ådna, J., Jesu Stellung zum Tempel (WUNT, 2/119), Tübingen 2000.
Aland, K./Aland, B., Der Text des Neuen Testaments. Einführung in die wissenschaftlichen Ausgaben sowie in Theorie und Praxis der modernen Textkritik, Stuttgart ^{2}1989.

Allison, D. C., The Intertextual Jesus. Scripture in Q, Harrisburg PA 2000.
Arav, R., Art. Bethsaida (Et-Tell), in: E. Stern (Hg.), The New Encyclopedia of Archeological Excavations in the Holy Land V, Jerusalem 2008, 1611–1615.
Arnal, W., The Q Document, in: M. Jackson-McCabe (Hg.), Jewish Christianity Reconsidered. Rethinking Ancient Groups and Texts, Minneapolis 2007, 119–154.
Arnal, W. E., Jesus and the Village Scribes. Galilean Conflicts and the Setting of Q, Minneapolis 2001, 198–203.
Backhaus, K., Die Vision vom ganz Anderen. Geschichtlicher Ort und theologische Mitte der Johannes-Offenbarung, in: Ders. (Hg.), Theologie als Vision. Studien zur Johannes-Offenbarung (SBS 191), Stuttgart 2001, 10–53.
Backhaus, F.-J./Meyer, I., Das Buch Jeremia, in: E. Zenger (Hg.), Einleitung in das Alte Testament, Stuttgart ³1995, 405–430.
Bagatti, B., Art. Nazareth, in: E. Stern (Hg.), The New Encyclopedia of Archeological Excavations in the Holy Land III, Jerusalem 1993, 1103–1105.
Bauer, U., Das synoptische Problem und die Zweiquellentheorie, in: BiKi 54 (2/1999) 54–62.
Baum, A. D., Der mündliche Faktor und seine Bedeutung für die synoptische Frage. Analogien aus der antiken Literatur, der Experimentalpsychologie, der Oral Poetry-Forschung und dem rabbinischen Traditionswesen (TANZ 49), Tübingen 2008.
Bazzana, G., Village Scribes behind Q. The Social and Political Profile of the Sayings Gospel in Light of Documentary Papyri, in: C. Heil/G. Harb (Hg.), Built on Rock or Sand? Q Studies: Retrospects, Introspects and Prospects, Leuven (im Erscheinen) [Kurzzitation: Profile].
Bazzana, G., Galilean Village Scribes as the Authors of the Sayings Gospel Q, in: M. Tiwald (Hg.), Q in Context II. Social Setting and Archeological Background of the Sayings Source (BBB 173), Bonn 2015, 133–148 [Kurzzitation: Scribes].
Bazzana, G., Kingdom of Bureaucracy. The Political Theology of Village Scribes in the Sayings Gospel Q (BEThL 274), Leuven 2015.
Beck, N. A., Mündiges Christentum im 21. Jahrhundert. Die antijüdische Polemik des Neuen Testaments und ihre Überwindung (VIKJ 26), Berlin 1998.
Becker, J., Jesus von Nazaret, Berlin 1996.
Bendemann, R. von/Tiwald, M., Das frühe Christentum und die Stadt – Einleitung und Grundlegung, in: dies. (Hg.), Das frühe Christentum und die Stadt (BWANT 198), Stuttgart 2012, 9–42.
Berlin, A., Romanization and anti-Romanization in pre-Revolt Galilee, in: dies./J. A. Overman (Hg.), The First Jewish Revolt. Archaeology, History, and Ideology, London/New York 2002, 57–73.
Bieberstein, S., Verschwiegene Jüngerinnen – vergessene Zeuginnen. Gebrochene Konzepte im Lukasevangelium, Göttingen 1998.
Billerbeck, M., Greek Cynicism in Imperial Rome, in: dies. (Hg.), Die Kyniker in der modernen Forschung, Amsterdam 1991, 147–166.
Billerbeck, M., Epiktet: Vom Kynismus, Leiden 1978.
Boccaccini, G., Finding a Place for the Parables of Enoch within Second Temple Jewish Literature, in: G. Boccaccini (Hg.), Enoch and the Messiah Son of Man. Revisiting the Book of Parables, Cambridge 2007, 263–289.
Bovon, F., Das Evangelium nach Lukas I (Lk 1,1–9,50) (EKK III/1), Zürich u. a. 1989.
Broadhead, E. K., Jewish Ways of Following Jesus. Redrawing the Religious Map of Antiquity (WUNT I 266), Tübingen 2010.
Broadhead, E. K., The Fourth Gospel and the Synoptic Sayings Source. The Relationship Reconsidered, in: R. T. Fortna/T. Thatcher (Hg.), Jesus in Johannine Tradition, London/Leiden 2001, 291–301.
Broer, I./Weidemann, H.-U., Einleitung in das Neue Testament, Würzburg ³2010.
Brooke, G. J., Shared Exegetical Traditions Between the Scrolls and the New Testament, in: T. L. Lim/J. J. Collins (Hg.), The Oxford Handbook of the Dead Sea Scrolls, Oxford 2010, 565–591.

Casey, M., An Aramaic Approach to Q. Sources for the Gospels of Matthew and Luke, Cambridge 2002.

Catchpole, D. R., The Quest for Q, Edinburgh 1993.

Charlesworth, J. H., Can We Discern the Composition Date of the Parables of Enoch? in: G. Boccaccini (Hg.), Enoch and the Messiah Son of Man. Revisiting the Book of Parables, Cambridge 2007, 450–468.

Chialà, S., The Son of Man: The Evolution of an Expression, in: G. Boccaccini (Hg.), Enoch and the Messiah Son of Man. Revisiting the Book of Parables, Cambridge 2007, 153–178.

Collins, J. J., Wisdom, Apocalypticism, and Generic Compatibility, in: L. G. Perdue/B. B. Scott/ W. J. Wiseman (Hg.), Search of Wisdom. Essays in Memory of John G. Gammie, Lousville 1993, 165–185.

Crossan, J. D., Der historische Jesus, München 1994 [*Englisches Original:* Crossan, J. D., The Historical Jesus: The Life of a Mediterranean Jewish Peasant, San Francisco 1991].

Derrenbacker, R. A./Kloppenborg Verbin, J. S., Self-Contradiction in the IQP? A Reply to Michael Goulder, in: JBL 120 (2001) 57–76.

Dettwiler, A., La Source Q et la Torah, in: ders./D. Marguerat (Hg.), La source des paroles de Jésus (Q). Aux origines de christianisme (Le Monde de la Bible 62). Genève 2008, 221–254.

Draper, J. A., Wandering Charismatics and Scholarly Circularities, in: ders./R. A. Horsley (Hg.), Whoever Hears You Hears Me. Prophets, Performance, and Tradition in Q, Harrisburg 1999, 29–45.

Dunn, J. D. G., Jesus Remembered (Christianity in the Making 1), Cambridge UK 2003.

Ebner, M., Die Stadt als Lebensraum der ersten Christen. Das Urchristentum in seiner Umwelt I (GNT 1,1), Göttingen 2012.

Ebner, M., Die Spruchquelle Q, in: ders./S. Schreiber (Hg.): Einleitung in das Neue Testament (KStTh 6), Stuttgart 2008, 85–111.

Ebner, M., »Evangelium«, in: ders./S. Schreiber (Hg.): Einleitung in das Neue Testament (KStTh 6), Stuttgart 2008, 113–125.

Ebner, M., Jesus – ein Weisheitslehrer? Synoptische Weisheitslogien im Traditionsprozess (HBS 15), Freiburg i. Br. 1998.

Ego, B., Different Attitudes to the Temple in Second Temple Judaism – A Fresh Approach to Jesus' Temple Prophecy, in: Tiwald, M. (Hg.), Q in Context II. Social Setting and Archeological Background of the Sayings Source (BBB 173), Bonn 2015, 165–177.

Eisele, W./Schaefer, C./Weidemann, H.-U. (Hg.), Aneignung durch Transformation. Beiträge zur Analyse von Überlieferungsprozessen im frühen Christentum. Festschrift für Michael Theobald (HBS 74), Stuttgart 2013.

Enste, S., Kein Markustext in Qumran. Eine Untersuchung der These: Qumranfragment 7Q5 = Mk 6,52-53 (NTOA 45), Göttingen 2000.

Eshel, E./Edwards, D. R., Language and Writing in Early Roman Galilee. Social Location of a Potter's Abecedary from Khirbet Qana, in: D. R. Edwards (Hg.), Religion and Society in Roman Palestine, New York 2004, 49–55.

Evans, C., Opposition to the Temple: Jesus and the Dead Sea Scrolls, in: J. Charlesworth (Hg.), Jesus and the Dead Sea Scrolls, New York 1992, 235–253.

Fabry, H.-J., Methoden der Schriftauslegung in den Qumranschriften, in: G. Schöllgen/C. Scholten (Hg.), Stimuli. Exegese und ihre Hermeneutik in Antike und Christentum. Festschrift für Ernst Dassmann (JAC Erg. 23), Münster 1996, 18–33.

Fander, M., Die Stellung der Frau im Markusevangelium. Unter besonderer Berücksichtigung kultur- und religionsgeschichtlicher Hintergründe (MThA 8), Altenberge 1989.

Fleddermann, H. T., Q: A Reconstruction and Commentary (Biblical Tools and Studies 1), Leuven 2005.

Foster, P., Is Q a »Jewish Christian« Document?, in: Bib. 94 (2013) 368–394.

Foster, P., Matthew's Use of ›Jewish‹ Traditions from Q, in: M. Tiwald (Hg.), Kein Jota wird vergehen. Das Gesetzesverständnis der Logienquelle vor dem Hintergrund frühjüdischer Theologie (BWANT 200), Stuttgart 2012, 179–201.

Frenschkowski, M., Galiläa oder Jerusalem? Die topographischen und politischen Hintergründe der Logienquelle, in: A. Lindemann (Hg.), The Sayings Source Q and the Historical Jesus (BEThL 158), Leuven 2001, 535–559.

Frenschkowski, M., Documenta Q: Sichtung der Forschungsergebnisse, in: BiKi 54 (1999) XXIV.

Frey, J., Apostelbegriff, Apostelamt und Apostolizität. Neutestamentliche Perspektiven zur Frage nach der »Apostolizität« der Kirche, in: T. Schneider/G. Wenz (Hg.), Das kirchliche Amt in apostolischer Nachfolge, Bd. 1: Grundlagen und Grundfragen (DiKi 12), Freiburg i. Br. 2004, 91–188.

Freyne, S., Jesus and the Urban Culture of Galilee, in: id., Galilee and Gospel. Collected Essays (WUNT 125), Tübingen 2000, 183–207.

Fuchs, A., Die Überschneidungen von Mk und »Q« nach B. H. Streeter und E. P. Sanders und ihre wahre Bedeutung (Mk 1,1–8 par.), in: W. Haubeck/M. Bachmann (Hg.), Wort in der Zeit. Neutestamentliche Studien. Festgabe für Karl Rengstorf, Leiden 1980, 28–81.

Gnilka, J., Theologie des Neuen Testaments (HThK.S 5), Freiburg i. Br. 1994 [Kurzzitation: Theologie].

Gnilka, J., Neutestamentliche Theologie (NEB Erg.), Würzburg 1989 [Kurzzitation: Neutestamentliche Theologie].

Goff, M. J., The Worldly and Heavenly Wisdom of 4 QInstruction (StTDJ 50), Leiden 2003.

Goulet-Cazé, M.-O., Le Cynisme à l'Époque impériale, in: W. Haase (Hg.), ANRW Bd. 36/4, Berlin 1990, 2720–2833.

Grabbe, L. L., Judaic Religion in the Second Temple Period. Belief and Practice from the Exile to Yavneh, London 2000.

Harb, G., Die eschatologische Rede des Spruchevangeliums Q. Redaktions- und traditionsgeschichtliche Studien zu Q 17,23–37 (BToSt 19), Leuven 2014.

Harb, G., Die ersten beiden Weherufe gegen die Pharisäer in der Logienquelle (Q 11,42.39b.41), in: M. Tiwald (Hg.), Kein Jota wird vergehen. Das Gesetzesverständnis der Logienquelle vor dem Hintergrund frühjüdischer Theologie (BWANT 200), Stuttgart 2012.

Helfmeyer, F. J., Art. אות, in: ThWAT I (1973) 182–205.

Heil, C., Analphabet oder Rabbi? Zum Bildungsniveau Jesu, in: ders., Das Spruchevangelium Q und der historische Jesus (SBAB 58), Stuttgart 2014, 265–291.

Heil, C., Die Missionsinstruktion in Q 10,2–16. Transformationen der Jesusüberlieferung im Spruchevangelium Q, in: W. Eisele/C. Schaefer/H.-U. Weidemann (Hg.), Aneignung durch Transformation. Beiträge zur Analyse von Überlieferungsprozessen im frühen Christentum (FS M. Theobald) (HBS 74), Freiburg 2013, 25–55.

Heil, C., Nachfolge und Tora in Q 9,57–60, in: M. Tiwald (Hg.), Kein Jota wird vergehen. Das Gesetzesverständnis der Logienquelle vor dem Hintergrund frühjüdischer Theologie (BWANT 200), Stuttgart 2012, 111–140.

Heil, C., Antike Textverarbeitung. Zum Verhältnis von Mündlichkeit und Schriftlichkeit bei Homer und im Spruchevangelium Q, in: C. Wessely/A. D. Ornella (Hg.), Religion und Mediengesellschaft. Beiträge zu einem Paradoxon, Innsbruck 2010, 93–104.

Heil, C., Evangelium als Gattung. Erzähl- und Spruchevangelium, in: T. Schmeller (Hg.), Historiographie und Biographie im Neuen Testament und seiner Umwelt (NTOA 69), Göttingen 2009, 62–94.

Heil, C., Die Absonderung Israels von Sündern und Heiden, in: J. Kügler (Hg.), Prekäre Zeitgenossenschaft. Mit dem Alten Testament in Konflikten der Zeit, Graz 2004, 150–168.

Heil, C., Lukas und Q. Studien zur lukanischen Redaktion des Spruchevangeliums Q (BZNW 111), Berlin 2003.

Heil, C., Die Q-Rekonstruktion des Internationalen Q-Projekts. Einführung in Methodik und Resultate, in: NT 43 (2001) 128–143.

Heil, C., Die Rezeption von Micha 7,6 LXX in Q und Lukas, in: ZNW 87 (1996) 211–222.

Heil, C., Die Ablehnung der Speisegebote durch Paulus. Zur Frage nach der Stellung des Apostels zum Gesetz (BBB 96), Bonn 1994.

Helm, R., Art. Kynismus, in: PRE 23, Stuttgart 1924, 3–24.
Hengel, M. (Hg. R. Deines und C.-J. Thornton), Die Zeloten. Untersuchungen zur jüdischen Freiheitsbewegung in der Zeit von Herodes I. bis 70 n. Chr. (WUNT 283), ³2011.
Hengel, M., Zum Problem der »Hellenisierung« Judäas im 1. Jahrhundert nach Christus, in: ders. (Hg.), Judaica et Hellenistica, Tübingen 1996, 1–90.
Heschel, S., Jüdisch-feministische Theologie und Antijudaismus in christlich-feministischer Theologie, in: L. Siegele-Wenschkewitz (Hg.), Verdrängte Vergangenheit, die uns bedrängt. Feministische Theologie in der Verantwortung für die Geschichte (KT 29), München 1988, 54–103.
Hezser, C., Jewish Literacy in Roman Palestine (Texts and Studies in Ancient Judaism 81), Tübingen 2001.
Hieke, T., Schriftgelehrsamkeit in der Logienquelle. Die alttestamentlichen Zitate in der Versuchungsgeschichte Q 4,1–13, in: J. M. Asgeirsson/K. De Troyer/M. W. Meyer (Hg.), From Quest to Q. Festschrift für James M. Robinson (BEThL 146), Leuven 2000, 43–71.
Hieke, T., Die Logienquelle. Eine Übersetzung auf Basis des Internationalen Q-Projekts, in: BiKi 54 (2/1999) I–XXII.
Hoffmann, P., Mutmaßungen über Q. Zum Problem der literarischen Genese von Q, in: A. Lindemann (Hg.), The Sayings Source Q and the Historical Jesus (BEThL 158), Leuven 2001, 255–288.
Hoffmann, P., Studien zur Theologie der Logienquelle (NTA.NF 8), Münster ³1983 (Erstauflage 1972).
Hoffmann, P./Heil, C. (Hg.), Die Spruchquelle Q. Studienausgabe Griechisch und Deutsch, Darmstadt ³2009.
Hogan, K. M., The Meanings of tôrâ in 4 Ezra, in: JSJ 38 (2007) 530–552.
Hoppe, R., Gerechtigkeit bei Matthäus und Philo, in: R. Kampling (Hg.), Das Matthäusevangelium. Interpretation – Rezeption – Rezeptionsgeschichte (FS H. Frankemölle), Paderborn 2004, 141–155.
Horsley, R. A., Introduction, in: ders. (Hg.), Oral Performance, Popular Tradition, and Hidden Transcripts in Q, Atlanta 2006, 1–22.
Horsley, R. A., Sociology and the Jesus Movement, New York ²1994, 43–46.
Hossfeld, F.-L./Zenger, E., Psalmen 101–150 (HThK.AT), Freiburg u. a. 2008.
Hurtado, L. W., Summary and Concluding Observations, in: ders./P. L. Owen (Hg.), Who is this Son of Man? The Latest Scholarship on a Puzzling Expression of the Historical Jesus, London 2011, 159–177.
Ilan, T., The Women of the Q Community within Early Judaism, in: M. Tiwald (Hg.), Q in Context II. Social Setting and Archeological Background of the Sayings Source (BBB 173), Bonn 2015, 195–209.
Jacobi, C., Jesusüberlieferung bei Paulus? Analogien zwischen den echten Paulusbriefen und den synoptischen Evangelien (BZNW 213), Berlin 2015.
Jacobson, A. D., Divided Families and Christian Origins, in: R. A. Piper (Hg.), The Gospel Behind the Gospels. Current Studies on Q (NT.S 75), Leiden 1995, 361–380.
Johnson, L. T., The New Testament's Anti-Jewish Slander and the Conventions of Ancient Polemic, in: JBL 108 (1989) 419–441.
Joosten, J., Hebrew, Aramaic, and Greek in the Qumran Scrolls, in: T. Lim (Hg.), The Oxford Handbook of the Dead Sea Scrolls, Oxford 2010, 351–374.
Joseph, S. J., Jesus, Q, and the Dead Sea Scrolls. A Judaic Approach to Q (WUNT 2/333), Tübingen 2012.
Kampen, J., Wisdom Literature (Eerdmans Commentaries on the Dead Sea Scrolls), Cambridge 2011.
Karrer, M., Christliche Gemeinde und Israel. Beobachtungen zur Logienquelle, in: P. Mommer u. a. (Hg.), Gottes Recht als Lebensraum. Festschrift für Hans Jochen Boecker, Neukirchen-Vluyn 1993, 145–163.

Klauck, H.-J., Apokryphe Evangelien. Eine Einführung, Stuttgart ²2005.

Klauck, H.-J., Gemeinde ohne Amt? Erfahrungen mit der Kirche in den johanneischen Schriften, in: ders., Gemeinde – Amt – Sakrament. Neutestamentliche Perspektiven, Würzburg 1989, 195-222.

Kloppenborg, J. S., Q, Bethsaida, Khorazin and Capernaum, in: M. Tiwald (Hg.), Q in Context II. Social Setting and Archeological Background of the Sayings Source (BBB 173), Bonn 2015, 61-90 [Kurzzitation: Bethsaida].

Kloppenborg, J. S., A »Parting of the Ways« in Q?, in: M. Tiwald (Hg.), Q in Context I. The Separation between the Just and the Unjust in Early Judaism and in the Sayings Source. Die Scheidung zwischen Gerechten und Ungerechten in Frühjudentum und Logienquelle (BBB 172), Bonn 2015, 123-143 [Kurzzitation: Parting].

Kloppenborg, J. S., Q, the Earliest Gospel. An Introduction to the Original Stories and Sayings of Jesus. Lousville 2009 [Kurzzitation: Q].

Kloppenborg, J. S., The Growth and Impact of Agricultural Tenancy in Jewish Palestine (III BCE – I CE), in: JESHO 51 (2008) 33-66.

Kloppenborg, J. S., Sagesse et Prophétie dans l'Evangile des Paroles Q, in: A. Dettwiler/D. Marguerat (Hg.), La source des paroles de Jésus (Q) (Le Monde de la Bible 62), Paris 2008, 73-98.

Kloppenborg, J. S., The Sayings Gospel Q. Recent Opinion on the People behind the Document, in: Currents in Research: Biblical Studies 1 (1993) 9-34 [Kurzzitation: Gospel].

Kloppenborg, J. S., Literary Convention, Self-Evidence, and the Social History of the Q People, in: Semeia 55 (1991) 77-102.

Kloppenborg, J. S., »Easter Faith« and the Sayings Gospel Q, in: Semeia 49 (1990) 71-99.

Kloppenborg, J. S., Symbolic Eschatology and the Apocalypticism of Q, in: HThR 80 (1987) 287-306.

Kloppenborg Verbin, J. S., Excavating Q. The History and Setting of the Sayings Gospel, Edinburgh 2000 [Kurzzitation: Excavating].

Kollmann, B., Einführung in die Neutestamentliche Zeitgeschichte, Darmstadt ²2011.

Konradt, M., Das Evangelium nach Matthäus (NTD 1), Göttingen 2015.

Konradt, M., Law, Salvation and Christian Identity in Paul and Matthew, in: M. Welker/G. Etzelmüller (Hg.), Concepts of Law in the Sciences, Legal Studies, and Theology (RPT 72), Tübingen 2013, 181-204.

Konradt, M., Die vollkommene Erfüllung der Tora und der Konflikt mit den Pharisäern im Matthäusevangelium, in: ders./D. Sänger (Hg.), Das Gesetz im frühen Judentum und im Neuen Testament (NTOA 57), Göttingen 2006, 129-152.

Kremer, J., Lukasevangelium (NEB 3), Würzburg ³2000.

Kretschmar, G., Ein Beitrag zur Frage nach dem Ursprung frühchristlicher Askese, in: ZThK 61 (1964) 27-67.

Kühschelm, R., »Um zu verkünden ein willkommenes Jahr des Herrn«. Jesu Antrittsrede Lk 4,16-30, in: R. Scoralick (Hg.), Damit sie das Leben haben (Joh 10,10). Festschrift für Walter Kirchschläger zum 60. Geburtstag, Zürich 2007, 147-185.

Kürzinger, J., Die Aussage des Papias von Hierapolis zur literarischen Form des Markusevangeliums, in: BZ 21 (1997) 245-264.

Labahn, M., Der Gekommene als Wiederkommender. Die Logienquelle als erzählte Geschichte (Arbeiten zur Bibel und ihrer Geschichte 32), Leipzig 2010.

Lang, B., Jesus der Hund. Leben und Lehre eines jüdischen Kynikers, München 2010.

Lange, A., Weisheit und Prädestination. Weisheitliche Urordnung und Prädestination in den Textfunden von Qumran (STDJ 18), Leiden 1995.

Levine, A.-J., Second Temple Judaism, Jesus, and Women. Yeast of Eden, in: BibInt 2 (1994) 8-33 [Kurzzitation: Eden].

Levine, L. I., The Ancient Synagogue in First-Century Palestine, in: M. Tiwald (Hg.), Q in Context II. Social Setting and Archeological Background of the Sayings Source (BBB 173), Bonn 2015, 23-41 [Kurzzitation: Palestine].

Lim, T. H., The Qumran Scrolls, Multilingualism, and Biblical Interpretation, in: J. Collins/R. Kugler (Hg.), Religion in the Dead Sea Scrolls, Cambridge 2000, 57–73.
Lindemann, A., Neuere Literatur zum »Synoptischen Problem«, in: ThR 80 (2015) 214–250.
Lindemann, A., Neuere Literatur zur Logienquelle Q, in: ThR 80 (2015) 377–424.
Lohfink, G., Wie hat Jesus Gemeinde gewollt?, Freiburg i. Br. 1993.
Lührmann, D., Die Redaktion der Logienquelle (WMANT 33), Neukirchen-Vluyn 1969.
Luz, U., Das Evangelium nach Matthäus. Bd. 1: Mt 1–7 (EKK I/1), Neukirchen-Vluyn ⁵2002.
Luz, U., Das Evangelium nach Matthäus. Bd. 3: Mt 18–25 (EKK I/3), Neukirchen-Vluyn 1997.
Mack, B. L., A Myth of Innocence, Philadelphia 1988.
Maier, J., Torah und Normensysteme in den Qumranschriften, in: M. Tiwald (Hg.), Kein Jota wird vergehen. Das Gesetzesverständnis der Logienquelle vor dem Hintergrund frühjüdischer Theologie (BWANT 200), Stuttgart 2012, 35–59.
Maier, J., Die Qumran-Essener: Die Texte vom Toten Meer I–II (UTB 1862/1863), München 1995.
Maier, J., Messias oder Gesalbter? Zu einem Übersetzungs- und Deutungsproblem in den Qumrantexten, in: RdQ 17 (1996) 585–612.
Maier, J., Weitere Stücke zum Nachumpescher aus der Höhle 4 von Qumran, in: Judaica 18 (1962) 215–250.
Marguerat, D., Le Règne, Jésus et la Loi (Q 16,16–18), in: C. Coulot/D. Fricker (Hg.), Le Jugement dans l'un et l'autre Testament II. Mélanges offerts à Jacques Schlosser (LeDiv 118), Paris 2004, 113–127.
Marshall, J., Apocalypticism and Anti-Semitism: Inner-Group Resources for Inter-group Conflicts, in: J. S. Kloppenborg/J. W. Marshall (Hg.), Apocalypticism, Anti-Semitism and the Historical Jesus. Subtexts in Criticism, London 2005, 68–82.
McLean, B. H., On the Gospel of Thomas and Q, in: R. A. Piper (Hg.), The Gospel Behind the Gospels. Current Studies on Q (NT.S 75), Leiden 1995, 321–345.
Melzer-Keller, H., Wie frauenfreundlich ist die Logienquelle? in: BiKi 54 (1999) 89–92.
Melzer-Keller, H., Jesus und die Frauen. Eine Verhältnisbestimmung nach der synoptischen Überlieferung (HBS 14), Freiburg 1997.
Merklein, H., Jesu Botschaft von der Gottesherrschaft. Eine Skizze (SBS 111), Stuttgart ³1989.
Meyers, E. M., Sepphoris. City of Peace, in: A. M. Berlin/J. A. Overman (Hg.), The First Jewish Revolt. Archaeology, History, and Ideology, London/New York 2002, 110–120.
Moreland, M., Provenience Studies and the Question of Q in Galilee, in: M. Tiwald (Hg.), Q in Context II. Social Setting and Archeological Background of the Sayings Source (BBB 173), Bonn 2015, 43–60.
Mournet, T. C., Oral Tradition and Literal Dependency. Variability and Stability in the Synoptic Tradition and Q (WUNT II 195), Tübingen 2005.
Müller, C. G., Frühchristliche Ehepaare und paulinische Mission (SBS 215), Stuttgart 2008.
Müller, K., Neutestamentliche Wissenschaft und Judaistik, in: L. Doering/H.-G. Waubke/F. Wilk (Hg.), Judaistik und neutestamentliche Wissenschaft. Standorte – Grenzen – Beziehungen (FRLANT 226), Göttingen 2008, 32–60.
Müller, M., The Expression »Son of Man« and the Development of Christology. A History of Interpretation, London 2008.
Müller, U. B., Die Gerichtsankündigung Q 13,34f. als authentisches Wort Jesu. In: U. Busse/M. Reichardt/M. Theobald (Hg.), Erinnerung an Jesus. Kontinuität und Diskontinuität der neutestamentlichen Überlieferung (BBB 166). Bonn 2011, 133–141.
Myllykoski, M., The Social History of Q and the Jewish War, in: R. Uro (Hg.), Symbols and Strata. Essays on the Sayings Gospel Q, Göttingen 1996, 144–199.
Neusner, J., Das pharisäische und talmudische Judentum. Neue Wege zum Verständnis, Tübingen 1984.
Neusner, J./Thoma, C., Die Pharisäer vor und nach der Tempelzerstörung des Jahres 70 n. Chr., in: S. Lauer/H. Ernst (Hg.), Tempelkult und Tempelzerstörung (70 n. Chr.). Festschrift für Clemens Thoma zum 60. Geburtstag, Frankfurt 1995, 189–230.

Nickelsburg, G. W. E., Art. Son of Man, in: J. J. Collins/D. C. Harlow (Hg.), The Eerdmans Dictionary of Early Judaism, Michigan 2010, 1249–1251.

Nickelsburg, G. W. E., Discerning the Structure(s) of the Enochic Book of Parables, in: G. Boccaccini (Hg.), Enoch and the Messiah Son of Man. Revisiting the Book of Parables, Cambridge 2007, 23–47.

Nickelsburg, G. W. E., 1 Enoch 1. A Commentary on the Book of 1 Enoch, Chapters 1–36; 81–108, Minneapolis 2001.

Nickelsburg, G. W. E., Revealed Wisdom as a Criterion for Inclusion and Exclusion: From Jewish Sectarianism to Early Christianity, in: J. Neusner/E. S. Frerichs (Hg.), »To See Ourselves as Others See Us«. Christians, Jews, »Others« in Late Antiquity, Chico (CA) 1985, 73–91.

Niederwimmer, K., Zur Entwicklungsgeschichte des Wanderradikalismus im Traditionsbereich der Didache, in: W. Pratscher/M. Öhler (Hg.), Quaestiones theologicae. Gesammelte Aufsätze (BZNW 90), Berlin 1998, 70–87.

Niederwimmer, K., Die Didache (KAV 1), Göttingen 1989.

Oakman, D. E., The Political Aims of Jesus, Minneapolis 2012.

Oberlinner, L., Die Verwirklichung des Reiches Gottes – Entwicklung beim Gleichnis von der selbstwachsenden Saat Mk 4,26–29, in: U. Busse/M. Reichardt/M. Theobald (Hg.), Erinnerung an Jesus, Kontinuität und Diskontinuität der Überlieferung (BBB 166), Bonn 2011, 197–214.

Ong, J. W., Orality and Literacy. The Technologizing of the World, London 1982.

Paesler, K., Das Tempelwort Jesu. Die Traditionen von Tempelzerstörung und Tempelreinigung im Neuen Testament (FRLANT 184), Göttingen 1997.

Pesch, R., Das Markusevangelium Teil I (HThK 2/1), Freiburg i. Br. 1976.

Polag, A., Die Christologie der Logienquelle (WMANT 45), Neukirchen-Vluyn 1977.

Pomykala, K. E., Art. Messianism, in: J. J. Collins/D. C. Harlow (Hg.), The Eerdmans Dictionary of Early Judaism, Michigan 2010, 938–942.

Posner, A., Über Abrahams Wanderung, in: L. Cohn (Hg.), Philo von Alexandria 5, Berlin ²1962, 152–213.

Pratscher, W., Der Herrenbruder Jakobus und die Jakobustradition (FRLANT 139), Göttingen 1987.

Reed, J., The Social Map of Q, in: J. S. Kloppenborg (Hg.), Conflict and Invention. Literary, Rhetorical and Social Studies on the Sayings Gospel Q, Valley Forge (PA) 1995, 17–36.

Reiser, M., Numismatik und Neues Testament, in: Biblica 81 (2000) 457–488.

Robinson, J. M., The Sayings of Jesus. The Sayings Gospel Q in English, Minneapolis (MN) 2002.

Robinson, J. M./Hoffmann P./Kloppenborg J. S. (managing editor: Moreland, M. C.), The Sayings Gospel Q in Greek and English with Parallels from the Gospels of Mark and Thomas (Biblical Exegesis & Theology 30), Leuven 2001.

Robinson, J. M./Hoffmann P./Kloppenborg J. S. (managing editor: Moreland, M. C.), The Critical Edition of Q. Synopsis Including the Gospels of Matthew and Luke, Mark and Thomas with English, German, and French Translations of Q and Thomas, Leuven 2000.

Rollens, S. E., Persecution in the Social Setting of Q, in: M. Tiwald (Hg.), Q in Context II. Social Setting and Archeological Background of the Sayings Source (BBB 173), Bonn 2015, 149–164.

Runesson, A., Purity, Holiness, and the Kingdom of Heaven in Matthew's Narrative World, in: ders./C. S. Ehrlich/E. Schuller (Hg.), Purity, Holiness, and Identity in Judaism and Christianity. Essays in Memory of Susan Haber (WUNT I 305), Tübingen 2013, 144–180.

Saladrini, A. J., Matthew's Christian-Jewish Community (CSHJ), Chicago 1994.

Schmeller, T., Brechungen. Urchristliche Wandercharismatiker im Prisma soziologisch orientierter Exegese (SBS 136), Stuttgart 1989.

Schnelle, U., Theologie des Neuen Testaments (UTB 2917), Göttingen 2007.

Schnelle, U., Einleitung in das Neue Testament (UTB 1830), Göttingen ⁸2013.

Schottroff, L., Lydias ungeduldige Schwestern. Feministische Sozialgeschichte des frühen Christentums, Gütersloh 1994.

2. Sekundärliteratur

Schottroff, L., Wanderprophetinnen. Eine feministische Analyse der Logienquelle, in: EvTh 51 (1991) 332–344. *Englisch:* Dies., Itinerant Prophetesses: A Feminist Analysis of the Sayings Source Q, in: R. A. Piper (Hg.), The Gospel Behind the Gospels. Current Studies on Q (NT.S 75), Leiden 1995, 347–360.

Schrage, W., Der erste Brief an die Korinther III. 1 Kor 11,17–17,40 (EKK VII/3), Zürich 1999.

Schreiber, S., Weihnachtspolitik. Lukas 1–2 und das Goldene Zeitalter (NTOA 82), Göttingen 2009.

Schreiber, S., Henoch als Menschensohn. Zur problematischen Schlußidentifikation in den Bildreden des äthiopischen Henochbuches (äthHen 71,14), in: ZNW 91 (2000) 1–17.

Schröter, J., Entscheidung für die Worte Jesu. Die Logienquelle in der Geschichte des frühen Christentums, in: BiKi 54 (1999) 70–74.

Schröter, J., Erwägungen zum Gesetzesverständnis in Q anhand von Q 16,16–18, in: Tuckett, C. (Hg.), The Scriptures in the Gospels (BETL 131), Leuven 1997, 441–458.

Schulz, S., Q. Die Spruchquelle der Evangelisten, Zürich 1972.

Schüssler Fiorenza, E., Zu ihrem Gedächtnis … Eine feministisch-theologische Rekonstruktion der christlichen Ursprünge, München 1988.

Siegele-Wenschkewitz, L., Feministische Theologie ohne Antijudaismus, in: dies. (Hg.), Verdrängte Vergangenheit, die uns bedrängt. Feministische Theologie in der Verantwortung für die Geschichte (KT 29), München 1988, 12–53.

Söding, T., Die Tempelaktion Jesu, in: TThZ 101 (1992) 36–64.

Steck, O. H., Israel und das gewaltsame Geschick der Propheten. Untersuchungen zur Überlieferung des deuteronomistischen Geschichtsbildes im Alten Testament, Spätjudentum und Urchristentum (WMANT 23), Neukirchen-Vluyn 1967.

Stegemann, W., »Hinterm Horizont geht's weiter«. Erneute Betrachtungen von Gerd Theißens These zum Wanderradikalismus der Jesusbewegung, in: P. Lampe/H. Schwier (Hg.), Neutestamentliche Grenzgänge. Symposium zur kritischen Rezeption der Arbeiten Gerd Theißens, Göttingen 2010, 76–95.

Stegemann, W., Wanderradikalismus im Urchristentum? Historische und theologische Auseinandersetzung mit einer interessanten These, in: W. Schottroff/ders., Der Gott der kleinen Leute. Sozialgeschichtliche Bibelauslegungen, München 1979, 94–120.

Stemberger, G., Das klassische Judentum. Kultur und Geschichte der rabbinischen Zeit, München 2009.

Stemberger, G., Judaistik und neutestamentliche Wissenschaft, in: L. Doering/H.-G. Waubke/F. Wilk (Hg.), Judaistik und neutestamentliche Wissenschaft. Standorte – Grenzen – Beziehungen (FRLANT 226), Göttingen 2008, 15–31.

Stemberger, G., The Pre-Christian Paul, in: J. Pastor/M. Mor (Hg.), The Beginnings of Christianity, Jerusalem 2005, 65–81.

Stemberger, G., Pharisäer, Sadduzäer, Essener, Stuttgart 2013.

Stemberger, G., Juden und Christen im Heiligen Land. Palästina unter Konstantin und Theodosius, München 1987.

Stowasser, M., »Dies spricht für dich, dass du die Werke der Nikolaiten hasst« (Offb 2,6) – Ein frühes Zeugnis für den Konflikt um Anpassung oder Widerstand?, in: R. Klieber/M. Stowasser (Hg.), Inkulturation. Historische Beispiele und theologische Reflexion zur Flexibilität und Widerständigkeit des Christlichen (Theologie, Forschung und Wissenschaft 10), Wien 2006, 203–227.

Strotmann, A./Tiwald, M., Das Matthäusevangelium – eine Paulus-Polemik? Überlegungen zum Toraverständnis des ersten Evangelisten, in: M. Ebner/G. Häfner/K. Huber (Hg.), Kontroverse Stimmen im Kanon (QD 279), Freiburg i. Br. 2016 (im Erscheinen).

Stuckenbruck, L. T., 1 Enoch 91 – 108 (CEJL), Berlin/New York 2007.

Stuckenbruck, L. T., An Approach to the New Testament through Aramaic Sources: the Recent Methodological Dabate, in: JSP 8 (1991) 3–29.

Theißen, G., The Sayings Source Q and Itinerant Radicalism, in: M. Tiwald (Hg.), Q in Context II. Social Setting and Archeological Background of the Sayings Source (BBB 173), Bonn 2015, 93–110.

Theißen, G., Die Entstehung des Neuen Testaments als literaturgeschichtliches Problem (SPHKHAW 40), Heidelberg ²2011.
Theißen, G., Kynische und urchristliche Wandercharismatiker. Zu W. Stegemann: »Hinterm Horizont geht's weiter«, in: ders. (Hg.), Von Jesus zur urchristlichen Zeichenwelt. »Neutestamentliche Grenzgänge« im Dialog, Göttingen 2011, 101–116.
Theißen, G., Die Jesusbewegung. Sozialgeschichte einer Revolution der Werte, Gütersloh 2004, 33–98.
Theißen, G., Sadduzäismus und Jesustradition. Zur Auseinandersetzung mit Oberschichtmentalität in der synoptischen Überlieferung, in: L. Fatum/M. Müller (Hg.), Tro og historie. Festskrift til Niels Hyldahl (FBE 7), Kobenhavn 1996, 224–245 [= in: A. Merz, (Hg.) Jesus als historische Gestalt, Göttingen 2003, 111–131].
Theißen, G., Wanderradikalismus. Literatursoziologische Aspekte der Überlieferung von Worten Jesu im Urchristentum (Erstpublikation 1973), in: ders. (Hg.), Studien zur Soziologie des Urchristentums (WUNT 19), Tübingen ³1989, 79–105.
Theißen, G., Die Tempelweissagung Jesu. Prophetie im Spannungsfeld von Stadt und Land (Erstpublikation 1976), in: ders. (Hg.), Studien zur Soziologie des Urchristentums (WUNT 19), Tübingen ³1989, 142–159.
Theißen, G., Soziale Schichtung in der korinthischen Gemeinde. Ein Beitrag zur Soziologie des hellenistischen Urchristentums, in: ders., Studien zur Soziologie des Urchristentums (WUNT 19), Tübingen ³1989, 231–271.
Theißen, G., »Wir haben alles verlassen« (Mc. X,28). Nachfolge und soziale Entwurzelung in der jüdisch-palästinischen Gesellschaft des 1. Jahrhunderts n. Chr. (Erstpublikation 1977), in: ders. (Hg.), Studien zur Soziologie des Urchristentums (WUNT 19), Tübingen ³1989, 106–141 [Kurzzitation: Nachfolge].
Theißen, G., Legitimation und Lebensunterhalt: ein Beitrag zur Soziologie urchristlicher Missionare (Erstpublikation 1974/1975), in: ders. (Hg.), Studien zur Soziologie des Urchristentums (WUNT 19), Tübingen ³1989, 201–230.
Theißen, G., Lokalkolorit und Zeitgeschichte in den Evangelien. Ein Beitrag zur Geschichte der synoptischen Tradition (NTOA 8), Göttingen 1989.
Theißen, G./Merz, A., Der historische Jesus, Göttingen ²1997.
Theobald, M., Das Johannesevangelium und Q. Wie groß ist ihre gemeinsame Schnittmenge und wie erklärt sie sich? in: C. Heil/G. Harb (Hg.), Built on Rock or Sand? Q Studies: Retrospects, Introspects and Prospects, Leuven (im Erscheinen) [Kurzzitation: Q].
Theobald, M., Das Evangelium nach Johannes. Kapitel 1–12 (Regensburger Neues Testament), Regensburg 2009 [Kurzzitation: Johannes].
Theobald, M., Herrenworte im Johannesevangelium (HThK 34), Freiburg/Basel/Wien 2002 [Kurzzitation: Herrenworte].
Tiwald, M., Die bleibende Gültigkeit der Tora nach Q 16, in: C. Heil/G. Harb (Hg.), Built on Rock or Sand? Q Studies: Retrospects, Introspects and Prospects, Leuven (im Erscheinen).
Tiwald, M., Das Frühjudentum und die Anfänge des Christentums. Ein Studienbuch (BWANT 208), Stuttgart 2016.
Tiwald, M., The Brazen Freedom of God's Children: »Insolent Ravens« (Q 12:24) and »Carefree Lilies« (Q 12:27) as Response to Mass-Poverty and Social Disruption? in: M. Tiwald (Hg.), Q in Context II. Social Setting and Archeological Background of the Sayings Source (BBB 173), Bonn 2015, 111–131.
Tiwald, M., Verborgene Weisheit – Wahres Israel. Die eschatologische Scheidung zwischen Gerechten und Ungerechten in Logienquelle und frühjüdischer Apokalyptik, in: M. Tiwald (Hg.), Q in Context I. The Separation between the Just and the Unjust in Early Judaism and in the Sayings Source. Die Scheidung zwischen Gerechten und Ungerechten in Frühjudentum und Logienquelle (BBB 172), Bonn 2015, 85–106.
Tiwald, M., Art. Gesetz, in: Bormann, L. (Hg.), Neues Testament. Zentrale Themen, Neukirchen-Vluyn 2014, 295–314.

Tiwald, M., Die protreptische, konnotative und performative Valeur der Gerichts- und Abgrenzungsmetaphorik in der Logienquelle, in: D. Roth/R. Zimmermann/M. Labahn (Hg.), Metaphor, Narrative, and Parables in Q. (WUNT/1 315), Tübingen 2014, 115–137.

Tiwald, M., Hat Gott sein Haus verlassen (vgl. Q 13,35)? – Das Verhältnis der Logienquelle zum Frühjudentum, in: M. Tiwald (Hg.), Kein Jota wird vergehen. Das Gesetzesverständnis der Logienquelle vor dem Hintergrund frühjüdischer Theologie (BWANT 200), Stuttgart 2012, 63–88.

Tiwald, M., Frühchristliche Pluralität in Ephesus, in: R. von Bendemann/M. Tiwald (Hg.), Das frühe Christentum und die Stadt (BWANT 198), Stuttgart 2012, 128–145.

Tiwald, M., ΑΠΟ ΔΕ ΑΡΧΗΣ ΚΤΙΣΕΩΣ ... (Mk 10,6). Die Entsprechung von Protologie und Eschatologie als Schlüssel für das Tora-Verständnis Jesu, in: U. Busse/M. Reichardt/M. Theobald (Hg.), Erinnerung an Jesus, Kontinuität und Diskontinuität der Überlieferung (BBB 166), Bonn 2011, 367–380.

Tiwald, M., Die vielfältigen Entwicklungslinien kirchlichen Amtes im Corpus Paulinum und ihre Relevanz für heutige Theologie, in: T. Schmeller/M. Ebner/R. Hoppe (Hg.), Neutestamentliche Ämtermodelle im Kontext (QD 239), Freiburg i. Br. 2010, 101–128.

Tiwald, M., Hebräer von Hebräern. Paulus auf dem Hintergrund frühjüdischer Argumentation und biblischer Interpretation (HBS 52), Freiburg i. Br. 2008.

Tiwald, M., Wanderradikalismus. Jesu erste Jünger – ein Anfang und was davon bleibt (ÖBS 20), Frankfurt am Main 2002 [Kurzzitation: Wanderradikalismus].

Tiwald, M., Die Nichterfüllung wanderradikaler Erwartungen als Geburt frühkirchlicher Ethik, in: Protokolle zur Bibel 10 (2001) 105–119.

Tiwald, M., Der Wanderradikalismus als Brücke zum historischen Jesus, in: A. Lindemann (Hg.), The Sayings Source Q and the Historical Jesus (BEThL 158), Leuven 2001, 523–534 [Kurzzitation: Brücke].

Trebilco, P., The Early Christians in Ephesus from Paul to Ignatius (WUNT 166), Tübingen 2004.

Tuckett, C., Apocalyptic – in Q?, in: M. Tiwald (Hg.), Q in Context I: The Separation between the Just and the Unjust in Early Judaism and in the Sayings Source: Die Scheidung zwischen Gerechten und Ungerechten in Frühjudentum und Logienquelle (BBB 172), Bonn 2015, 107–121 [Kurzzitation: Apocalyptic].

Tuckett, C., The Fourth Gospel and Q, in: R. T. Fortna/T. Thatcher (Hg.), Jesus in Johannine Tradition, London 2001, 281–290 [Kurzzitation: Gospel].

Tuckett, C., Art. Q Source, in: L. H. Schiffman/J. C. VanderKam (Hg.), Encyclopedia of the Dead Sea Scrolls, Oxford 2000, 732–733 [Kurzzitation: Art. Q].

Tuckett, C., Q and the History of Early Christianity. Studies on Q, Edinburgh 1996 [Kurzzitation: Q].

Tuckett, C., A Cynic Q?, in: Bibl 70 (1989) 349–376 [Kurzzitation: Cynic].

Tzaferis, V., Art. Nazareth, in: E. Stern (Hg.), The New Encyclopedia of Archeological Excavations in the Holy Land III, Jerusalem 1993, 1103–1105.

Vaage, L. E., Gallilean Upstarts. Jesus' First Followers According to Q, Pennsylvania 1994.

VanderKam, J./Flint, P., The Meaning of the Dead Sea Scrolls. Their Significance for Understanding the Bible, Judaism, Jesus, and Christianity, San Francisco 2002.

VanderKam. J., The Pharisees and the Dead Sea Scrolls, in: J. Neusner/B. D. Chilton (Hg.), In Quest of the Historical Pharisees, Waco 2007, 225–236.

Verheyden, J., Le jugement d'Israël dans la source Q. In: A. Dettwiler/D. Marguerat (Hg.), La source des paroles de Jésus (Q). Aux origines de christianisme (Le Monde de la Bible 62), Genève 2008, 191–219.

Viviano, B. T., Who Wrote Q? The Sayings Document (Q) as the Apostle Matthew's Private Notebook as a Bilingual Village Scribe (Mark 2:13–17; Matt 9:9–13), in: E.-M. Becker/A. Runesson (Hg.), Mark and Matthew II. Comparative Readings. Reception History, Cultural Hermeneutics, and Theology (WUNT 304), Tübingen 2013, 75–91.

Vögtle, A., Die »Gretchenfrage« des Menschensohnproblems. Bilanz und Perspektive (QD 152), Freiburg 1994.

Wagener, U., Die Ordnung des »Hauses Gottes«. Der Ort von Frauen in der Ekklesiologie und Ethik der Pastoralbriefe (WUNT 65), Tübingen 1994.

Walck, L. W., The Son of Man in the Parables of Enoch and the Gospels, in: G. Boccaccini (Hg.), Enoch and the Messiah Son of Man. Revisiting the Book of Parables, Cambridge 2007, 299–337.

Weber, M., Wirtschaft und Gesellschaft. Grundriss der verstehenden Soziologie I, Tübingen (5. Auflage revidiert und hg. v. J. Winckelmann) 1976.

Weiss, Z., Art. Sepphoris I, in: E. Stern (Hg.), The New Encyclopedia of Archeological Excavations in the Holy Land IV, Jerusalem 1993, 1324–1328.

Wenley, R. M., Art. Neo-Cynism, in: ERE 9, Edinburgh ^{2}1974, 298–300.

Wild, R., The Encounter between Pharisaic and Christian Judaism, in: NT 27 (1985) 105–124.

Wolter, M., »Zeremonialgesetz« vs. »Sittengesetz«. Eine Spurensuche, in: S. Beyerle/G. Mayer/ H. Strauß (Hg.), Recht und Ethos im Alten Testament – Gestalt und Wirkung (FS H. Seebass), Neukirchen-Vluyn 1999, 339–356.

Yeivin, Z., Art. Chorazin, in: E. Stern (Hg.), The New Encyclopedia of Archeological Excavations in the Holy Land I, Jerusalem 1993, 301–304.

Zangenberg, J., Jesus der Galiläer und die Archäologie, in: MThZ 64 (2013) 123–156. [Kurzzitation: Galiläer].

Zangenberg, J., From the Galilean Jesus to the Galilean Silence. Early Christianity in the Galilee until the Fourth Century CE, in: C. Rothschild/J. Schröter (Hg.), The Rise and Expansion of Christianity in the First Three Centuries of the Common Era, Tübingen 2013, 75–108 [Kurzzitation: Silence].

Zangenberg, J., Jesus – Galiläa – Archäologie. Neue Forschungen zu einer Region im Wandel, in: C. Claußen/J. Frey (Hg.), Jesus und die Archäologie Galiläas (Biblisch-theologische Studien 87), Neukirchen-Vluyn 2008, 7–38 [Kurzzitation: Jesus].

Zangenberg, J. K./Van de Zande, D., Art. Urbanization, in: C. Hezser (Hg.), The Oxford Handbook of Jewish Daily Life in Roman Palestine, Oxford 2010, 165–188.

Zeller, D., Jesus, Q und die Zukunft Israels, in: Andreas Lindemann (Hg.), The Sayings Source Q and the Historical Jesus (BEThL 158), Leuven 2001, 351–369.

Zeller, D., Kommentar zur Logienquelle (SKK 21), Stuttgart 1984.

Zeller, D., Das Logion Mt 8,11f/Lk 13,28f und das Motiv der »Völkerwallfahrt«, in: BZ 16 (1972) 84–93.

Zeller, D., Redaktionsprozesse und wechselnder »Sitz im Leben« beim Q-Material, in: ders. (Hg.), Jesus – Logienquelle – Evangelien (SBA 53), Stuttgart 2012, 101–117.

Register

Sachregister

Die Kursivsetzung von Seitenzahlen weist im Sachregister darauf hin, dass das betreffende Stichwort nicht nur auf der genannten, sondern auch auf den folgenden Seiten behandelt wird.

4. Esrabuch 100, 152, 169

'am ha-'arez 27

Agrippa I. 110
Amt 145, 173
Amtsstrukturen 83
Analphabetismus 26
Ananos II. 110
Andronikos und Junia 179
Antiochenischer Zwischenfall 112
Apokalyptik 159
Apostel 83
Apostelkonzil 112, 141
Aposteltitel 173
Aramäisch 26 f., 152
Armut 117, 120, 127, 178
Augustinus (Kirchenvater) 15
Ausgaben der Logienquelle 38

Bar Kochba 164
basileia tou theou 117, 119, 125, 133, 135
Beschneidung 112, 141 f.
Betsaida 84, 93
Bildreden (1 Hen) 152

Caligula 72
Charisma 145
Chorazin 84, 93
Christologie 82, 151, 166, 183
Corpus Johanneum 123
Critical Edition of Q 36
cultural split 91

Damaskusschrift 104
Danielbuch 152

DeuteroMk 20
Diakon 146, 173
Didache 121
Documenta Q 37
Doppelgleichnisse 176
Doppelüberlieferung 19, 178
Dorfschreiber 28, 91, 121, 128
Dublette 19

Ehepaare 178
Ehescheidungslogion 115
Ekklesiologie 173
Epiktet 130, 132
»Erzählung des Redens« 150
Essener 89, 96, 132
Ethos 118–120, 133
Eusebius 142
Evangelium 71, 77, 161

Familienlosigkeit 120
Farrer-Goulder-Hypothese 16
Frauenhausarbeit 176
Freudenbote 160
Friedfertigkeit 117, 120, 178
Frohbotschaft
    Siehe Evangelium
Frühdatierung von Q 81
Frühjudentum 23, 94, 116, *144*, 152, 161, 163, 183

Gadara 131
Galiläa 92, 141
Gewaltlosigkeit 117
Griechisch 28, 128
Griesbachhypothese 16

Harnack, A. v. 22
Heidenchristen 112, 142
Heidenmission 83, 94, 111, 141, 155, 169, 174
Heimatlosigkeit 117, 128, 178
Hellenisierung 172
Henochs Epistel 97, 159, 169
Herder, J. G. 15

Institutionalisierung 146
Internationales Q-Projekt 35
Israel 173
Itineranz 121, 124, 127

Jakobus (Herrenbruder) 110, 112
Jakobusklauseln 112, 142
Jerusalem 93, 171
Jerusalem-Zentrismus 87
Jesus von Nazaret 151
Jesusbewegung 145, 183
Jesuskerygma 167
Johannes der Täufer 156
Johannes Hyrkanos 163
Johannesevangelium 75
Johannesoffenbarung 123
Judäa 88
Judenchristen 142
Judenmission 112

Kafarnaum 84 f., 90
Kanonwerdung 74
Kerygma 183
kōmogrammateís
    Siehe Dorfschreiber
Kyniker 130
Kynismus 130

Lehrer 83, 174
Lehrer der Gerechtigkeit 96, 99
»Liebespatriarchalismus« 175
logia 18
Logienquelle 17, 43, 76
logos protreptikos 101
Lokalkolorit in Q 83
Lücke, »große Lücke« 20
Lukian von Samosata 122
LXX 29

Magdala 90
Mark-Q Overlaps 21, 31, 75
Markus-Priorität 17
Matthäusevangelium 121, 138

Meleagros 131
Menippos 131
Menschensohn 150 f.
Messias *163*
Messiasprätendenten 164
minor agreements 19
missing link 23, 76, *144*, 166
Musar leMevin 99, 158, 169

Naḥal Ḥever 30
Naherwartung 155
Nazaret 85, 90, 93
Ninive 93

Option für die Armen 90
Ostern 161
»O-Ton« Jesu 23, 29

Papias 18, 182
Passion 161
Paulus 83, 110, 145, 155
Pella 142
Pharisäer 96, 104, 110, 114
Philo von Alexandria 140
Polemik 101
Presbyter 146
Priska und Aquila 179
Prophet 83, 109, 156
Prophetengeschick, gewaltsames 82, 108, 110, 130, 150, 155, 162, 166, 168 f.
ProtoMk 20
pseudoklementinische Briefe
    Ad Virgines 128

Q-Akoluthie 33
Q-Rezensionen 32
Qumran 96

raṣ nihjeh, das »Geheimnis des Werdens« 100
Reinheitstora 139
Reinheitsvorschriften 141
Ritualtora 114

Sabbat 141
Sabbatheiligung 112
Sadduzäer 96, 110
secondary orality 20, 27, 32, 75
Sepphoris 90
Sidon 86, 93
Sodom 93
Sohn Gottes 155, 166

Sondergut *18*
Spätdatierung von Q *82*
Speisevorschriften *112*
Spruchevangelium *74, 76*
Stoa *140*
Synagogengemeinde *138*
Synoptische Frage *15*

Tempel *107, 169, 171*
Tempelaktion Jesu *169*
Tempelfrömmigkeit *170*
Tempelkritik *82, 91, 170, 172*
Tenazität *76, 128*
Tendenzsprödigkeit *128*
terminus ante quem für Q *81*
terminus post quem für Q *81*
Thomasakten *128*
Thomasevangelium *36, 74, 149*
Tiberias *90*
Tora *94–96, 100, 115, 141*
Traditionshypothese *15*
tria tempora traditionis *23*

trópoi kyríou *122, 126 f., 145*
Tyros *86, 93*

Unterhaltspflicht *125*
Urchristentum *161*
Urevangeliumshypothese *16*
Urkirche *145*

Verbalinspiration *15*

Wachstumsstrata *23*
Wadi Murabba'at *30*
Wanderprediger *117*
Wanderpropheten *121*
»Wanderradikalinnen« *177*
Wanderradikalismus *117*

Zebedaide Jakobus *110*
Zehnwochenapokalypse *98, 159, 169*
Zeloten *166*
Zweiquellentheorie *17, 183*

Stellenregister (in Auswahl)

1. Altes Testament

Lev 21,7.14f. 115

Num 24,17 164

Dtn 24,1–3 115
Dtn 32,5 108

2 Sam 18,20.22 71

1 Kön 9,1–10 107

2 Kön 4,29 119
2 Kön 17,7–20 105

Neh 9,26–33 105

Ps 117,26 LXX (Ps 118 MT) 106

Jes 5,1–7 107
Jes 31,5 107
Jes 52,7 72, 160
Jes 57,4 108
Jes 61,1–3 72
Jes 61,1–2 160

Jer 7,4–7 170
Jer 7,27 105
Jer 22,5 107
Jer 27,2 119

Ez 4,12 119

Dan 11,30 164

Hos 1,2–9 119

Sach 4,14 164

2. Frühjüdische Apokryphen und Pseudepigraphien

1 Hen 37–71   152
1 Hen 48,5   152
1 Hen 62,5   152
1 Hen 69,27–29   152
1 Hen 89,51 – 90,19   105
1 Hen 92,1–5   97
1 Hen 93,1–10   98
1 Hen 93,9f.   108
1 Hen 103   97
1 Hen 104   98

2 Bar 8,2   107

2 Bar 10,18   107

4 Esr 12,31f.   152
4 Esr 13   152

Jub 1,7–26   105
Jub 23,21b   107

PsSal 2,3–5   107

TestMos 5,5   107

3. Qumrantexte

CD IV,20 – V,2   115
CD VIII,12f.   104
CD XII,23-XIII,1   164

1QH XXIII (XVIII),14   72
1QH XXIII,15   160

1QpHab II,1–10   96
1QpHab II–V   105
1QpHab VII,1–5   157, 164
1QpHab VII,17 – VIII,3   96
1QpHab XII,6–10   164

1QS III,4–6   97

1QSa I,6–8   26

4Q118 Frg. 123 Kol. 2,4f.   99
4Q161 Frg. 8 + 9, 5–13   164
4Q174 III,7   107
4Q212 (= 4QEng ar) Frg. 1c II,12f.   98
4Q254 Frg. 4   163
4Q285   164
4Q521 Frg. 2 + 4 II,12   72, 160

11Q13   160
11Q19 LVII,17–19   115

4. Philon von Alexandria

Leg 18f.   72
Leg 231   72

Migr 94   140

5. Flavius Josephus

Bell 1,68   163
Bell 2,119–166   96
Bell 2,124–127   132
Bell 2,254–257   137
Bell 2,258–260   165
Bell 2,262f.   165
Bell 2,433f.   165
Bell 2,588   86
Bell 4,618   72
Bell 6,299–311   107
Bell 6,300   107
Bell 6,323   107

Ant 9,265–267   105
Ant 13,171–173   96
Ant 13,299   163
Ant 13,401–423   104
Ant 17,41   104
Ant 18,85–87   165
Ant 20,97–99   165
Ant 20,164–178   137
Ant 20,167   165
Ant 20,167f.   165
Ant 20,169–172   165
Ant 20,188   165

Ant 20,200   110
Ant 20,215   171
Ant 20,219   171

Vita 196f.   28, 89

Ap 1,194   86
Ap 2,204   26

6. Pagane Autoren

Epiktet, Vom Kynismus 10   131
        Vom Kynismus 47   130
        Vom Kynismus 50   133
        Vom Kynismus 57   132

Lukian von Samosata, Peregr. 13   122
        Peregr. 15   134
        Peregr. 17   134

7. Neues Testament (samt Logienquelle)

Q 3,16   153, 156
Q 4,1–13   76, 94
Q 4,3   151, 155
Q 4,9   170
Q 4,16   84
Q 6,20   118
Q 6,20–22   91
Q 6,22   110, 154
Q 6,22f.   82, 105, 110, 156, 168
Q 6,23   83, 163
Q 6,29   118
Q 6,29f.   118
Q 6,33f.   112
Q 6,40   174
Q 6,49   95
Q 7,1.3.6b–9   76
Q 7,9   113
Q 7,22   73, 95, 160
Q 7,26   156
Q 7,27   156
Q 7,31f.   108
Q 7,31–35   157
Q 7,32   110, 176
Q 7,33   154
Q 7,34   135, 151
Q 7,35   174
Q 9,58   83, 118, 154
Q 9,59   118
Q 10   86, 93, 118, 122
Q 10,3   118
Q 10,4   118
Q 10,4e   118
Q 10,7f.   125, 145
Q 10,9   119
Q 10,13–15   84, 88, 113
Q 10,16   95

Q 10,21   95
Q 10,21f.   160
Q 10,21–24   99
Q 10,22   98, 156
Q 10,23   98
Q 10,23f.   157
Q 10,24   156
Q 11,14   76
Q 11,20   73
Q 11,30   151, 153
Q 11,31–32   176
Q 11,39.41.42–44   114
Q 11,42   94
Q 11,44   104
Q 11,47–51   156, 168
Q 11,49   83, 157f., 174
Q 11,49–51   108
Q 11,50   109
Q 11,51   171
Q 12,8f.   152
Q 12,11   141
Q 12,11f.   109
Q 12,22–31   126
Q 12,22–32   145
Q 12,24–28   176
Q 12,40   151, 153
Q 12,51   118
Q 13,19–21   176
Q 13,20f.   72 f.
Q 13,27   108
Q 13,34   104, 157
Q 13,34f.   82, 101, 106, 156, 168 f., 172
Q 13,39f.   125
Q 14,16–23   111
Q 14,26   118
Q 14,26f.   177, 179

Q 15,4–10   176
Q 16,17   95, 115
Q 16,18   115, 124
Q 17,23f.   83
Q 17,24   153
Q 17,34–35   176
Q 22,28.30   136

Mt 3,13–17   158
Mt 4,15   27
Mt 5,18–20   139
Mt 8,17   162
Mt 9,35   141
Mt 10,5   141
Mt 10,6   86
Mt 10,8f.   145
Mt 10,8–10   134
Mt 10,10   125
Mt 10,37f.   178
Mt 11,19   174
Mt 11,19c   174
Mt 12,40   154
Mt 13,52   174
Mt 13,55   90
Mt 15,1   89
Mt 15,1f.   28
Mt 15,21   86
Mt 19,28–30   178
Mt 21,13   171
Mt 22,6   105
Mt 23,2f.   139
Mt 23,34   174
Mt 28,7   87
Mt 28,19f.   141

Mk 1,7–11   158
Mk 3,20f.   25
Mk 3,8   86
Mk 4,26–29   25
Mk 6,3   90
Mk 6,7   179
Mk 6,30   83, 173
Mk 7,1   89
Mk 7,1f.   28
Mk 8,38   152
Mk 9,12   162
Mk 9,31   83
Mk 10,29   179
Mk 10,29–31   178
Mk 10,35   166
Mk 11,15–19   91
Mk 11,17   171

Mk 12,1–9   105
Mk 13,9   109
Mk 14,58   170
Mk 15,40   90
Mk 15,41   180
Mk 16,7   87

Lk 1,40–45   158
Lk 4,17–21   160
Lk 5,17   28, 89
Lk 6,13   173
Lk 6,15   166
Lk 6,17   86
Lk 8,1–3   180
Lk 10,1   179
Lk 14,25–27   178
Lk 18,29a   178
Lk 19,46   171
Lk 21,20–24   82
Lk 24,13–35   87
Lk 24,46   162

Joh 1,25–37   158
Joh 2,20   171
Joh 7,49   27

Apg 1,13   166
Apg 1,15–26   173
Apg 3,18   162
Apg 3,22   164
Apg 5,36   165
Apg 7,51f.   105
Apg 7,56   152
Apg 12,17   110
Apg 13,1   83
Apg 14,1–20   173
Apg 15   142
Apg 15,1–29   112
Apg 15,20   112
Apg 18,2.18.26   179
Apg 18,25   158
Apg 19,3   88
Apg 20,17f.   124
Apg 20,28   173
Apg 20,28f.   146
Apg 21,38   165

Röm 1,1   83
Röm 3,25   162
Röm 11,11   114
Röm 11,30–32   73, 161
Röm 16,3   179

Röm 16,7   179

1 Kor 7,29   136
1 Kor 9,1   173
1 Kor 9,4-14   126, 145
1 Kor 9,5   178
1 Kor 12,28   83, 173
1 Kor 16,19   179

2 Kor 5,1   136
2 Kor 11,5   127
2 Kor 11,7   126
2 Kor 11,13   127
2 Kor 12,12   173
2 Kor 12,13   126

Gal 2,7-9   112
Gal 2,11-14   142

Phil 1,1   83, 173
Phil 1,23f.   136

1 Thess 2,14-16   82, 109f.
1 Thess 2,15   105
1 Thess 4,13-18   136
1 Thess 4,17   112

1 Tim 3,2   173

2 Tim 4,19   179

Tit 1,5-7   146
Tit 1,7   173

Hebr 2,6-8   152

3 Joh 5f.   125
3 Joh 10   124

Offb 1,13   152
Offb 1,3   124
Offb 14,14   152

8. Targumim

TgJes 28,1   107

9. Rabbinische Literatur

mBer 9,5   132
mNeg 2,4   176

jTaan 4,8, fol. 68d   164

bAZ 28a-b   176
bBer 47b   27
bPes 49a-b   27

WaR 17,2   176

10. Patristische Literatur

Augustinus, De civitate Dei 14,20   132
Augustinus, De consensu evangelistarum
    I,2,4   15

Did 8,2   122
Did 11,3   174
Did 11,3-8   122, 127, 145
Did 11,8   126
Did 12,5   122, 125, 134, 145
Did 15,1f.   123, 146
Did 15,2   174

Epiphanius, Haer 30,11,10   85

Eusebius, HE 3,5,3   142
Eusebius, Onom 138   85

Papias-Fragment 5,15
    (= Eusebius, HE 3,39)   182
Papias-Fragment 5,16
    (= Eusebius, HE 3,39)   18

11. Christliche Apokryphen und Pseudepigraphien

Thomasakten 30.39.42.62.68   128

Thomasevangelium: Logion 55   178
Logion 101   178

12. Kirchenamtliche Texte

Sancta mater ecclesia (DH 4404)   23